中国审计史料收集、整理与研究系列成果

近代中国审计法治的推动力量
——以民国审计人物为例的考察

◎ 谢冬慧 朱灵通 方宝璋 李相森 许梦阳 夏 寒 著

知识产权出版社
全国百佳图书出版单位
—北京—

图书在版编目（CIP）数据

近代中国审计法治的推动力量：以民国审计人物为例的考察/谢冬慧等著.—北京：知识产权出版社,2022.12
ISBN 978-7-5130-8469-7

Ⅰ.①近… Ⅱ.①谢… Ⅲ.①审计—经济史—研究—中国—近代 Ⅳ.①F239.22-09

中国版本图书馆CIP数据核字（2022）第218532号

内容提要：

近代中国审计法治的发展，除了民国社会对审计需求的政治经济背景之外，其背后的推动力量源自三大因素：孙中山先生审计监督思想的指引，民国历届审计官员对审计立法与实践的重视，民国众多会计学家兼审计学者的精心研究与实践。本书以文献史料为依据，结合审计法律、法规，对民国时期的审计官员、学者等历史人物进行客观分析，聚焦他们的生平事迹、成长背景和思想观点，挖掘他们在审计立法、审计管理实务及维护财政经济过程中的思想贡献和历史业绩，总结近代审计法治发展演变的规律及其可供参考之处。

本书可供从事审计史、审计文化研究的学者参考使用。

责任编辑：张　珑　　　　　　执行编辑：苑　菲
责任印制：孙婷婷

近代中国审计法治的推动力量——以民国审计人物为例的考察
JINDAI ZHONGGUO SHENJI FAZHI DE TUIDONG LILIANG——YI MINGUO SHENJI REN-WU WEILI DE KAOCHA

谢冬慧　朱灵通　方宝璋　李相森　许梦阳　夏　寒　著

出版发行	知识产权出版社 有限责任公司	网　　址	http://www.ipph.cn
电　　话	010—82004826		http://www.laichushu.com
社　　址	北京市海淀区气象路50号院	邮　　编	100081
责编电话	010—82000860转8574	责编邮箱	laichushu@cnipr.com
发行电话	010—82000860转8101	发行传真	010—82000893
印　　刷	北京中献拓方科技发展有限公司	经　　销	新华书店、各大网上书店及相关专业书店
开　　本	710mm×1000mm　1/16	印　　张	18.75
版　　次	2022年12月第1版	印　　次	2022年12月第1次印刷
字　　数	324千字	定　　价	88.00元

ISBN 978—7—5130—8469—7

序

　　"中国审计史资料收集、整理和研究"是2017年11月获批的南京审计大学校内重大项目。本课题的设计旨在加强审计文化研究,推动审计学科建设。其具体意义表现在三个层面:首先,在学科发展层面,中国审计史资料是中国审计史、审计法学研究以及审计学科建设的基础性工作,也是南京审计大学人建设高水平特色大学义不容辞的责任。其次,在学术创新层面,中国审计史料散落在各种文献之中,迄今尚无人进行系统整理和研究,制约了审计史研究的效率和质量。因此,将此类资料收集、整理、汇编和研究,并在此基础上重修审计史、创建审计法史等,开拓出学术研究的新天地,定会产生全国性学术影响,也有助于确立南京审计大学学校特色研究、高水平办学的地位,甚至打造出全省、全国性的研究基地。最后,在人才锻造与馆藏提升方面,本课题的研究也具有重大意义,收集、整理、汇编和研究审计史资料,不仅可以整合学校现有研究力量,造就专门人才,形成特色研究队伍,而且可以发现有重要价值的文献,再通过仿制的方式制作展品,弥补目前审计馆馆藏的不足。

　　立项之后,我们经过认真谋划,将所收集的资料范围锁定在中国古代、中国近代(民国时期与革命根据地)及现当代(中华人民共和国成立以来的审计)三个大的历史时段涉及的有关财政监督、官员监察等活动所产生的审计资料。在此基础上,我们确定了具体的课题实施路径。首先,分成四个课题组,即中国古代审计课题组、民国审计课题组、红色审计课题组、现当代审计课题组。课题组通过梳理中国古代传统典籍、近代以来的档案及现代法律、法规、文件等资料,析出与审计相关的内容,如审计体制、审计制度、审计机构、审计人物、审计案例等,然后分期、分类整理汇编,形成初步成果——资料选编。其次,鉴于本项工作的难度和工作量,本课题先从审计制度的史料收集和整理切入,然后逐渐全面铺开。这样先期形成中国古代审计制度、民国时期审计法规、根据地审计立法及现当代中国审计法规的系列资料选编。最后,开展审计人物专题研究,包括民国时期的会计学家与审计长官研究、根据地红色审计人物研究等。

本课题是南京审计大学博物馆(审计文化与教育研究院)一项极其重要的工作,也是提升和传承审计文化的重要载体和学术平台。我们期待未来几年,通过本课题平台大家的共同努力,最终形成一支热衷于审计文化研究的专兼职研究队伍,出版一批富有分量的审计文化研究成果,真正为推动审计学科建设和提升南京审计大学学术影响力作出一点贡献。

目　　录

引　言

民国作为中国近代一个非常重要的历史阶段,是中国社会由传统向现代转型,广泛学习效仿西方的时期,也是近代中国审计法治发展的特殊时期。民国时期政府当局,在孙中山监督审计思想的引领下,于治理国家的过程中,重视国家财政的审计监督工作,并将中国固有的权力监督理论与西方国家的权力制约机制融为一体,形成了民国时期特有的审计监察理念与制度体系,从而较好地发挥了审计在国家治理中的作用。当然,这一成就离不开包括审计官员和审计学者在内的审计人的贡献,正是在民国重要审计官员和审计学者的共同努力下,形成了推动民国审计制度发展及执行的强大动力,因此,这些审计人物值得关注。

具体研究哪些人物,经过课题组成员的认真讨论,最终决定选三类人员作为我们研究的对象:一是孙中山先生,他的审计监督思想是整个民国时期审计的指导思想;二是民国时期的审计官员,特指中央审计机构负责人,包括北洋政府审计处的王璟芳,审计院的丁振铎、李兆珍、孙宝琦、庄蕴宽,国民政府审计院于右任,审计部的茹欲立、李元鼎、林云陔等十位审计官员;三是审计学者,主要选取民国时期著名的会计兼审计学者,包括杨汝梅、徐永祚、谢霖、潘序伦、蒋明祺、吴应图、奚玉书七位审计界有名的学者。这些人物谙于审计,具备较为丰富的审计学识或者较强的审计思想,重视审计立法,加强执法,他们的努力使民国时期的审计法治向前迈进了一大步,值得探讨。这里,着力研究最高审计官员与审计学者。

一、关于民国时期的最高审计官员研究

具体排序,按照民国时期审计机构发展演变的顺序,即从北洋审计处到审计院,再到南京国民政府审计院和监察院之下的审计部。总体上,按照任职时间的先后次序排列,而为了对民国时期的审计官员有一整体印象,我们将对这一时期所有被任命过中央审计机关正职一把手的审计官员逐一简要介绍,其中对没有

正式任职或者任职时间短暂,缺乏史料的审计官员,仅列举他们的简历。

其一,根据民国时期职官志,1912年9月,北洋政府中央设审计处,地方设审计分处。其中,中央审计处在不到两年的时间里,先后有三任总办任职,他们是陈锦涛、王璟芳和章宗元。

陈锦涛(1871—1939),广东中山人,美国耶鲁大学博士,曾被聘北洋大学教授。"历任大清银行监察、度支部预算案司长、统计局局长、印铸局局长、币制改良委员会会长和资政院资政等"❶。1912年1月中华民国建立,陈锦涛任南京临时政府首任财政总长,9月被任命为审计处的第一任总办(相当于今天的审计署审计长),但是他未到任,1913年去欧洲担任中国财政专员。

王璟芳(1877—1920),湖北恩施人,清末秀才。1912年9月任北洋政府审计总办,也即审计处第二任总办,由于第一任总办陈锦涛并未到任,所以王璟芳是北洋政府审计处实际上的第一任总办。今天的学界公认王璟芳为"财政与审计实务专家"和"中国审计立法先驱"。❷王璟芳留学日本高等商业学堂、专攻商科的专业教育背景奠定他后来审计事业的基础。上任北洋政府审计处总办之后,王璟芳十分重视审计法治建设,主持起草审计法规法令,并且严格执法,凸显审计的规范性。此外,他还将人才培养、实地调研、整顿税务等作为基础工作,逐件落实。作为民国审计事业的开创者,王璟芳虽然任职时间短暂,但是意义深远。

章宗元(生卒年代不详),浙江吴兴(今湖州)人,早年赴美留学,于1907年回国,先后任外务部主事、翰林院编修、北京财政学堂总办、北洋政府财政部次长。1913年10月任审计处总办,应为审计处第三任总办。但是,随着1914年5月中央审计处改为审计院,章宗元也从审计机关领导岗位上退出,7月担任币制局副总裁。

其二,到了1914年5月,中央审计处改为审计院,取消审计分处。北洋政府审计院先后有五任院长,其中任职时间最长的是第四任院长庄蕴宽。

丁振铎(1842—1914),河南罗山(今信阳市罗山县周党镇黄湖村)人。审计院第一任院长,1914年6月至10月在任。72岁的丁振铎任职北洋政府审计院首任院长,虽只有短暂的4个月时间,但在民国的审计史上,却留下了一席之地。

---

❶ 佛山市地方志编纂委员会.佛山人物志[M].北京:方志出版社,2011:121.

❷ 陈元芳.中国会计名家传略[M].上海:立信会计出版社,2013:354.

他性格禀直刚毅,敢于碰硬,严格执法,具备做审计管理的潜质,是审计院院长的好人选。在审计院院长岗位上,他勤勉工作,殚精竭虑,从组织机构及人才队伍抓起,统筹配备审计人才。在管理审计院期间,他非常重视审计法治,将审计院内部机构的职责范围及工作程序制度化,并严格落实到审计实践之中。他的工作为后来审计院的事业发展奠定了良好基础。

李兆珍(1846—1927),福建福州长乐人,审计院第二任代理院长。原本任命李经羲(1860—1925)为第二任审计院院长,但因故未到任,则由李兆珍代理。李兆珍于1914年10至1915年1月之间担任代理审计院院长。民国社会动荡不安,审计官场异常复杂。1914年10月,北洋政府大总统任命李经羲为第二任审计院院长,且明定未到任以前由李兆珍暂行代理。事实上,李经羲自称身体原因,一直没有到任,李兆珍以代理审计院院长之名,履行了审计院院长之实。在审计院的人事管理中,李兆珍注重对员工的廉洁自律教育,对工作得力人员实行奖励。在业务工作中,规范文书格式、改革簿记方式、加强日常管理等,他有条不紊,勤奋敬业,取得了一定的业绩。李兆珍这段代理审计院院长的经历,值得后人称颂。

孙宝琦(1867—1931),浙江钱塘(今杭州)人,1915年1月至1916年4月担任审计院第三任院长。民国时期的审计官员对审计制度及其管理影响深远。出身于官宦家庭的浙江籍官员孙宝琦,曾是清末民国有相当影响的人物。少小时代的孙宝琦潜心学习,精通法文和电码。外文的优势,使得他的人生发展获得了顺畅的通道。他关心国家前途,积极建言献策,倡导学习西方,同情革命事业。在后来的从政生涯中,他重视立法并严格执法,将法治作为审计管理工作的重要内容,北洋政府时期的大部分审计法规是由他主持或牵头制定的。其目的和宗旨是加强审计管理,包括强化对审计人员的品德修养和思想教育,充分发挥审计在国家开源节流及经济监督方面的作用。孙宝琦也是一位清正廉洁的人,他的品格深被后人敬仰。

庄蕴宽(1866—1932),1916年4月至1927年11月,担任审计院第四任院长。庄蕴宽是民国北洋政府任职时间最长的审计院院长,他自小得到良好的家庭教育和学校培养,此后一生为官,他总是顺应社会转型的潮流,把握时代的脉搏,敏锐地领悟到财政经济对国家发展和人民生活的价值,为官中处处坚持原则,严抓财政经济管理。在长期的审计管理工作中,他将人才管理、制度建设、职业操守等内容作为重心,狠抓审计困难不放松,堪称民国财政经济的守护者。他身先士卒的奉献精神和清正廉洁的风范值得后人学习。

鲍贵卿(1867—1934),辽宁盘锦人,1928年2月,受北洋政府特任担任审计院第五任院长。虽然鲍贵卿出身贫寒,自小失去父母,但他能力出众,办事干练。并且,他与张作霖关系非同一般,他们既是同乡兼发小,又是儿女亲家,在张作霖的支持下,鲍贵卿发展成为"北洋军阀统治时期的显要人物,是张作霖的左辅右弼,是奉系军阀的一员大将"●,算得上民国的风云人物。在担任审计院院长之前,曾任过芜湖镇守使、黑龙江督军、吉林督军等职。1928年2月,被任北洋政府审计院院长时,南京国民政府已先期成立,军阀混战,政局动荡,鲍贵卿所在的审计院工作无法正常开展。1928年12月,东北易帜之后,南京国民政府实现了形式上的统一,北洋政府正式结束,审计院随之消失。

其三,南京国民政府初期,审计机构仍沿袭北洋政府时期的机制,中央设立审计院,院长于右任。

于右任(1879—1964),陕西三原人,作为国民党元老,其任职国民政府监察院院长三十余载,他的短暂审计院院长长经历几乎被忽略,少有研究。然而,于右任在审计院管理方面的思想及做法,却是探讨国民政府财政经济监督不可绕开的主题。于右任自幼家庭困难,在别人帮助下接受过良好教育,早年萌生审计思想,为官清廉公正;国民政府初期,于右任在任审计院院长期间(1927—1931),狠抓员工思想,重视人的管理特色;他的注重以审计挽救经济,关注民生实际等一系列做法,都值得后人追忆和参考。

其四,1928年10月,随着五权宪法的实施,中央审计机构隶属关系发生变化,在监察院下设审计部。根据1929年10月29日公布施行的《审计部组织法》,审计部隶属国民政府监察院,审计部首长称"部长"。1931年2月,审计院正式更名为审计部,此后,共有四位部长任职国民政府审计部。

茹欲立(1883—1972),陕西三原人,与于右任同乡,1931年2月至1933年2月为南京国民政府第一任审计部部长,在任整两年时间。茹欲立从小勤奋苦读并关注国家命运,将自己的前途同国家未来紧密联系在一起。任职国民政府期

● 赵世贤. 鲍贵卿居津琐记//天津文史资料选辑(第13辑)[M]. 天津:天津人民出版社,1980:178.

间,茹欲立与审计结缘,从审计院的副院长做到审计部的部长。他先协助于右任经办各类审查事项,严格依法查办案件,加强员工思想教育。后来,他主政国民政府审计部,重视法制,依法审计;坚持原则,秉公办事;为官简朴,清正廉明;创刊办报,接受监督等,在南京国民政府的审计历史上留下了深刻记忆。

李元鼎(1879—1944),陕西蒲城人,1933年2月至1935年2月为南京国民政府第二任审计部部长,也是在任两年整。李元鼎自小接受良好的教育,除了祖父的启蒙之外,还曾就读宏道学堂,留学日本。在火热的革命环境中,他积极投身革命,从事教育工作,继而跟随于右任辗转南京,开始与审计结缘。他主政审计部,为民国时期审计工作的法制化、审计人员队伍的专业化等做了大量工作。他经办的审计案件都很出名,堪称"经典记录",他严把人员及财务审核关,不私分公共资金,拒签不合法的军费支付命令等,他刚正不阿、清正廉洁的品格,值得后人敬仰。

林云陔(1936—1948),广东信宜人,为南京国民政府最后一任审计部部长,林云陔早年追随孙中山先生参加辛亥革命,后出国留学,又在广东从政历任要职,对于财经工作一丝不苟,颇具美名。两广事变后,林云陔出任审计部部长,锐意革新,不断改善审计制度,推动审计立法,任职不久便取得较好的成效。抗日战争全面爆发后,林云陔根据战时情形,不断因地制宜变革审计制度,先后推广巡回审计、就地审计,还推动修订《审计法》等一系列法律,并一直恪守审计工作的原则,始终坚持厉行审计制度,对抗战时期国家审计监督有一定的功绩。

二、关于民国时期会计学家兼审计学者研究

民国时期,审计界学者通过学习和引进西方的审计理论,结合本国的国情,进行深入细致的研究,为本国审计机构的设立、审计制度的建立,以及会计师事务所的创办,提供了很多建设性建议,成为推动近代中国审计事业的一支不可或缺的生力军。

杨汝梅(1882—1966),湖北随州人,会计学家、审计学家。在近代中国的两位同名同姓的会计学家杨汝梅当中,湖北的杨汝梅具有丰富而深邃的审计思想,他在审计教育、审计管理及审计研究等方面都有独到的想法,为审计事业作出了一定贡献。他所开展的审计教育,为社会塑造了众多新型的会计审计人才;在民

国审计处及审计院的审计管理工作中,他勤于思考,为提升现代审计监督水平,作出了很多创造性工作;而更值得关注的是他对审计领域诸多学术问题的精深研究,著述颇丰,他从审计组织的设置方法、审计院与相关部门的协作关系、审计范围的决定因素及中国审计制度的法系归属四个层面,将审计领域最核心的问题进行深入分析和思考,借鉴国外的经验,结合中国的实践,做了认真构想,彰显近代中国审计科学的魅力,也为后人提供了很多启发。

徐永祚(1893—1961),浙江海宁人,民国时期最早从事会计师职业的著名会计专家,改良中式簿记的倡导者,对中国会计审计事业的发展作出了重要贡献。他引介英美会计师制度,大力向国人宣扬会计师职业,明确了会计师职业的范围,并将审计作为会计师职业的重要内容;在从事会计师业务过程中,积极探索审计程序,自制审计文书,对中国会计师审计工作的规范化具有开拓之功;呼吁进行社会公共团体审计,并积极投身公共团体审计实践;倡导改良旧有的中式簿记,促进了近代中国会计制度的进步。

谢霖(1885—1969),江苏常州人,作为中国近代著名的会计学家,谢霖也是审计学家。会计师的业务开展离不开专门机构的管理,必须依托于会计师事务所,才能开展包括民间审计在内的各项业务。为此,谢霖积极筹创会计师事务所。会计师的培养及会计师事务所的管理都离不开教育与科研。谢霖身兼数家教育机构的会计学教授,不惜出资办学,大力培养从事民间审计为主的会计专业人才。他很早即走上了科研道路,出版了被认为是中国最早的审计理论著作《审计学》。谢霖不仅是民间审计制度的创始人、审计业务实干家,还是著名的审计教育家与审计理论研究者。

潘序伦(1893—1985),江苏宜兴人,近代中国著名的会计专家。他系统接受西方现代会计审计教育,积累会计审计工作经验,并受国内审计学术研究的影响,形成了自己的审计思想。潘序伦对于审计定义、审计种类、审计方法及程序、审计学的地位等都有独到的思想见解,促进了近代中国审计理论和实务的发展。潘序伦还积极投身会计审计教育事业,提倡适应社会需要培养会计审计人才,主张理论教学与实践教学相结合,重视学生诚实守信职业道德的培育。潘序伦的审计学术思想及审计教育思想启示我们应当立足国情开展审计工作,从实践出发学习研究审计理论,加强审计职业道德建设。

蒋明祺(1906—1960),江苏南京人,近代政府审计专家,其关于审计人员运用的思想影响深远。蒋明祺这些思想给我们提供了借鉴价值:因岗设人和因人增岗相结合、制定各种岗位工作标准制和目标责任制、开展审计工作竞赛、合理调度审计人员、审计人员跨组织定期交流和轮换、实行审计领导籍贯回避。蒋明祺从事政府审计工作多年,审计实务经验丰富,理论功底深厚,在学术界有一定的影响。其对政府审计定义、审计组织机构、审计人员、审计职权、审计法规等都有独到的思想见解,这些思想不仅促进了近代政府审计理论和实务的发展,对于今人构建当代的具有中国特色的国家审计理论体系也有着历史借鉴作用,其中有些思想诸如强调审计的积极功能、审定总决算、加强职业道德等思想对今人仍有一定的启发意义。

吴应图(1885—1925),湖南邵阳人,会计学家,会计实务专家,审计学家,中国编撰《审计学》著作第一人。吴应图青年时出国留学日本山口高等商业学校,回国后曾在上海开设吴应图会计师事务所,并兼任上海多个大学的会计学教授。他又是上海市中华民国会计师公会发起人之一和公会理事。方圆提出吴应图是中国审计拓荒者,高度评价了吴应图对中国审计学发展的贡献。❶本书在此基础上,进一步深入系统地分析吴应图的审计思想,以丰富民国审计人物的审计思想研究。

奚玉书(1902—1982),上海人,有着良好的家庭教育与法科学习背景,他幼小的心灵里种下了"公平正义"及"热爱人民"的种子。经过东吴法学的学习之后,他对法律有了实质性的把握与观念层面的提升。在会计师行业,奚玉书坚定不移地践行公平理念,贯彻法治精神,坚持会计师必须具备法律素养。他对审计及其制度有其独到的理解,就审计业务实践而言,他认为会计师不但要把握审计规范,而且要熟悉审计程序,在具体审计工作中娴熟地处理相关案件,发挥审计对经济发展的鉴证监督作用,更好地为投资者保驾护航。

那么,在近代中国审计法制发展乃至审计制度运行实践中,孙中山的审计监督思想是什么,对审计有何指导,九位最高机构的审计官员和七位著名的会计学家兼审计学者发挥了哪些作用,他们的家庭教育背景、成长成才经历,学识思想、政治品格如何成就了审计事业,推进了审计制度进步乃至依法审计的发展等,这

---

❶ 方圆. 中国审计拓荒者:吴应图[J]. 财会通讯,2012(3):135–136.

些问题是本书研究所要呈现的重要内容。

本书研究基于以下主要观点：①孙中山的审计监督思想是整个民国时期审计的指导思想；②民国的审计官员们对审计立法与实践均是重视的；③民国审计法治的进步，离不开会计学家兼审计学者们的精心研究和实践。如此等等，正是这些思想火花照亮了近代中国审计法治前进的道路。

本书采用的研究方法有三。①唯物史观的方法。本课题属于历史人物研究，而对历史人物的思想及贡献等方面进行评判，都必须采用辩证的眼光与历史分析的方法，客观评价审计官员和审计学者对审计制度的制定及运行所起的作用，才具有学术价值。②文献分析的方法。对审计人物的生平、成长背景、思想观点等方面，均得以文献史料为依据进行语义分析与思想提炼。还有这些人物当时所涉及的相关审计法律法规，也必须借助法律文献进行分析和判断。本书中，多处引用文献史料说明和论证审计人物在审计立法、审计管理方面的成绩和贡献。③比较研究的方法。民国不同时段的审计机构发生了演变，体制也有不同，因此不同阶段的审计官员，包括审计学者的品格及对审计制度的需求也有所区分，还有不同审计官员之间、不同审计学者之间，以及审计官员与学者之间对审计制度的制定及运行，存在一定的差异，也有共性，采用比较研究的方法，突出近代审计法治的特征，分析其发展演变的规律及其可供参考之处。

上篇　近代中国审计使命与指导思想

近代审计的使命与反思

——民国审计在国家治理中的架构、作用与不足

民国作为中国近代历史上一个非常重要的阶段，是中国社会由传统向现代转型，广泛学习效仿西方的时期。民国时期政府当局，在治理国家的过程中，重视国家财政的审计监督工作，并将中国固有的权力监督理论与西方国家的权力制约机制融为一体，形成了民国时期特有的审计监察理念与制度体系，从而较好地发挥了审计在国家治理当中的作用。当然，其中也有一些不足的地方，值得我们规避。

一、民国审计在国家治理中的架构

审计，一般是指由国家专门审计机构或专职人员，依法对被审单位财政财务收支活动的真实性、合法性和有效性进行独立审查监督，并作出客观评价，出具审计报告的行为。按照通常的划分标准，民国时期的审计，分为政府审计（也即国家审计）与社会审计两大类，其中国家审计，作为审计的最初形态，在国家治理体系中处于极为重要的地位。

（一）民国审计的产生机制

万事万物的存在，都有其原理。民国审计缘何产生，其机制何在？学界有人认为，中国古代"国家审计产生的内在原因还是皇帝为了维护自己对整个国家财产的所有权，而对财产管理者——各级官吏履行经济责任情况的监督。当皇帝不能亲自检查这种经济责任的履行情况时，代皇帝行使这些监督的审计人员和机构的出现便成为必然"❶。当今审计理论界普遍认可"受托责任观"是国家审计产生和发展的动因，也即审计产生的客观条件是财产管理权与所有权的分离，而"两权分离是审计产生的前提和客观基础，受托责任是审计产生的条件和内

---

❶ 审计理论研究组. 审计基本理论比较[M]. 上海：立信会计出版社，2009：33.

容"❶。受托责任观认为：

　　审计作为一项独立的经济监督活动，随着社会的进步，在剩余产品开始出现并产生私有制以后，不同的人所占有的资源数量不同。随着生产力的发展，这种差异越来越明显。当资源的积累达到一定程度，资源所有者自己无法有效经管这些资源时，就将所拥有的资源委托给专业管理人员经营，这样就形成了委托关系。委托者为了其自身利益，必须对所委托的资源使用和管理情况进行有效监督；受托人为了向委托人证明自己对资源的有效管理，以解脱经管责任，需要独立的第三者加以证明。在委托方和被委托方都存在这种需求的情况下，既具有独立身份、又具有专业技能的审计活动便产生了。❷

　　按照"受托责任观"一说，受托经济责任关系的出现就是国家审计产生和发展的前提和基础，古今审计概莫能外。民国时期，国家事务繁杂，采取分级授权管理，于是形成了所有者(统治者)与管理者(官吏)之间的责任关系，其中，受托经济责任就成为其中最主要、最基本的受托责任。"受托责任观"与当今学界的"财政监督观"❸一致，尽管不同时期对审计动因理解不一，但是财政监督是国家审计的重要职能，国家审计在财政监督方面为国家治理助了一臂之力，乃是不争的事实。民国学者李余生指出：

　　国家财政，居一切庶政之首要，但财政之收支适当与否，则又赖审计之推进，是以近代法治国家，虽其审计制度各有不同，然视审计为监督财政之唯一工具，则一也。……民国成立，因鉴于清代财政之紊乱，由于缺乏财政监督，故效法欧西各国之政体，亦确立审计制度，爰成立中央审计处，及各省分处，嗣又改为审计院，订定审计院编制法，并公布审计法，监督财政机关之形式已略备，其后国民政府成立，执行审计职权者，始为监察院之第三司，继为国民政府审计院。正式之财政司法监督机关，于兹确立。十七年，五中全会决议，颁布约法，建立五院新制，为世界各国创，公布监察院组织法，将审计院改为审计部，直隶于监察院，于是审计职权，亦列为监察权之一，与其他四种治权对立，二十四年，并先后成立各

❶ 审计理论研究组.审计基本理论比较[M].上海：立信会计出版社，2009：30.
❷ 审计理论研究组.审计基本理论比较[M].上海：立信会计出版社，2009：28.
❸ 这是一种比较直观和简单的审计动因观。世界各国都在不同程度上实施着对财政活动的审计工作，都将公共账目作为审计对象。参见李雪.审计理论研究[M].青岛：中国海洋大学出版社，2004：76.

省市审计处,及审计办事处,以监督各地方政府之财政。❶

很显然,在民国时期,审计是监督国家财政的工具,尤其是在政治动荡不定、经济基础薄弱、军费开支巨大的社会背景之下,国家财政监督显得尤为重要。于是,当时的学者从国家财政的重要性推及国家审计在国家治理中的重要地位。

不过,民国时期的国家审计除了源自"受托责任"之外,还有一个非常重要的政治原因就是贯彻孙中山先生的思想和理论。根据当时的相关资料记载:"目前审计制度的根本的法律根据,不是别的,就是中山先生所主张的三民主义内的民权主义,和民权主义内所包括的五权宪法精神。"❷由此得出:民国时期国家审计的机理在于三民主义的重要组成部分——民权主义。三民主义是孙中山政治思想的内核,是振兴中华的救国主张,也是民国时期各项事业总的指导思想,在当时社会生活的各个领域起过重大作用。中华民国建立后,孙中山坚持"主权在民"的原则,《中华民国临时约法》开宗明义写明"主权在民"法则。在孙中山看来:

要把国家的政治大权分开成两个。一个政权,要把这个大权完全交到人民的手内,要人民有充分的政权可以直接去管理国事。这个政权,便是民权。一个是治权,要把这个大权完全交到政府的机关之内,要政府有很大的力量治理全国事务。这个治权,便是政府权。人民有了很充分的政权,管理政府的方法很完全,便不怕政府的力量太大,不能够管理。❸

这种政治权力的二分法,在权责上将行使国家主权的人民与行使行政管理权的政府机关进行了有效划分。与专制时代的所有者(君主)与管理者(官吏)之间的关系有所不同,增加了民主成分,由广大人民共同委托政府机关管理国家事务,或者进行国家治理,而不是君主个人,正如民国学人指出的那样:"人民监督国家财务的要求与其责任,随着政治的民主而逐渐发展明朗。"❹这里,人民的权力包括选举、罢免、创制和复决四部分;政府机关的权力包括司法权、立法权、行政权、考试权与监察权,这五种权力是孙中山先生借鉴西方国家的政权架构,结合中国传统政体而形成的国家治理模式,其中,委托专门机关监督国家财政经济的运行就是人民行使监察权的组成部分——国家审计权,并且审计是国家行使

❶ 李余生. 论吾国审计制度之特质[J]. 计政季刊,1942,1(1):76.

❷ 李权时. 中国目前的审计制度[J]. 商学丛刊,1936(2):58-64.

❸ 孙中山. 孙中山文集(上)[M]. 北京:团结出版社,1997:223.

❹ 蒋明祺. 宪政时期之审计制度[J]. 财政评论,1947(5):11-17.

五权之一的监察权的核心部分。

从根本上说，审计是孙中山的"治权"也即国家治理权力的一种体现。因为"国家审计的产生和发展源于国家治理，国家治理的需求决定了国家审计的产生，国家治理的目标决定了国家审计的方向"；"国家审计在特定历史条件下遵循自身的内在规律不断演进，其目标、任务、重点和方式，都随着国家治理的目标、任务、重点和方式的转变而转变"❶。这些观点对民国时期的审计解释同样适用。整个民国时期也是中国近代探索与建立现代政府审计体制与国家治理体系的时期。"这一时期的审计活动十分活跃，从政府到民间，审计理论萌芽已成态势。"❷为民国国家治理体系的建立奠定了必要的支撑力量和理论基础。与此同时，国民政府相继设置了正式的审计机关，将审计理论付诸实践，见表1。

表1　民国时期的审计机构设置

序号	设立时间	设置地点	设置名称	备注
1	民国初年	湖南	会计检查院	部分独立省份设立专门机构
		广东	核计院	
		湖北、江西	审计厅	
		云南	会计检查厅	
		吉林、贵州	审计科	
2	1912年9月	北京中央	审计处	
		地方各省	审计分处	
3	1914年6月	北京	审计院	不设分院
4	1923年	广州	审计局	
5	1924年5月	广州	审计处	
6	1925年8月	广州	监察院二局审计科	
7	1927年	南京	审计院	必要设分院
8	1928年10月	南京	监察院审计部	地方审计处

资料来源：根据李全华《中国审计史》（第三卷），中国时代经济出版社2004年版整理。

---

❶陈雯.国家审计在国家治理中的定位及作用研究[EB/OL].(2012-07-16)[2016-01-22]. https://www.audit.gov.cn/oldweb/n6/n1558/c111135/content.html.

❷郭华平.中国审计理论体系发展研究[M].北京：经济管理出版社，2007:91.

尤其是1928年10月国民政府实施五权宪法之后,民国的国家治理体系正式确立,由司法、立法、行政、考试与监察五大块组成,"其中监察院为中央政府行使监察权的最高机关,行使弹劾、惩戒、审计各项职权,对国民大会负责"❶。的确,"中华民国国民政府时期,基于孙中山五权分立的思想,审计为五权宪法中监察权之一"❷。当时的学者对审计的地位也有评价:"吾国之审计权,既本于监察权,而监察权又与行政、立法、司法、考试四权,各自独立,是故吾国审计权之地位极高,远非近世一般国家所能及。"❸显然,审计在民国时期国家治理架构体系中占有一席之地,成为国家监察的重要手段和方式之一。可以说,民国时期,基于国家监察与国家治理需要,国家审计承担着重要的职能,无可取代。

(二)民国审计的法律地位

审计权作为国家监察权的分支,必须得到国家法律的确认。因此,审计离不开法律的支撑。民国时期,"政府审计是高层次的经济监督,民国历届政府把审计载入国家的根本大法,是与其在国家经济监督体系中的地位相适应的。同时表明在以商品经济为基础的民主法治国家中,审计是治理国家的重要手段之一"❹。正如学者所言:国家审计是一种法律监督,也即国家审计的监督地位、作用、内容、范围、依据及体系都是由国家法律规定的。❺现代民主国家是推行法治的国家,国家审计的最高准则是法律。法律确认了国家审计的独立地位,使得国家审计作为国家的一种法定权力,可以相对独立于国家其他权力,形成制衡监督。❻国民政府充分地认识到审计的法律属性,从1912年的《中华民国临时约法》到1947年的《中华民国宪法》,历部宪法或宪法性文件均确认了审计的法律地位问题,见表2。

---

❶ 李金华. 中国审计史(第二卷)[M]. 北京:中国时代经济出版社,2004:90.

❷ 易丽丽. 监督大变革:从控制走向治理[M]. 北京:国家行政学院出版社,2012:5.

❸ 闻亦有. 吾国审计制度之检讨[J]. 新中华杂志,1937,5(13):69.

❹ 方宝璋. 民国审计思想史[M]. 北京:中央编译出版社,2010:9.

❺ 李季泽. 国家审计的法理[M]. 北京:中国时代经济出版社,2004:17.

❻ 李季泽. 国家审计的法理[M]. 北京:中国时代经济出版社,2004:21-22.

表2　民国历届政府宪法关于审计条款

序号	立法时间	立法名称	主要审计条款内容	
1	1912年	《中华民国临时约法》	第十九条第二—四款	参议院之职权如左：议决临时政府之预算决算；议决全国之税法币制及度量衡之准则；议决公债之募集及国库有负担之契约
2	1913年	《天坛宪法草案》	第一〇五、一〇六条	国家岁出之支付命令，须先经审计院之核准；国家岁出岁入之决算案，每年经审计院审定，由政府报告于国会
3	1914年	《中华民国约法》	第五十七条	国家岁出岁入之决算，每年经审计院审定后，由大总统提出报告书于立法院，请求承诺
4	1923年	《中华民国宪法》	第一二一、一二二条	审计院之组织及审计员之资格，以法律定之；审计院院长，由参议院选举之
5	1931年	《中华民国训政时期约法》	第七十条	国家之岁入、岁出，由国民政府编定预算、决算公布之
6	1936年	《中华民国宪法草案》	第八十七条	监察院为中央政府行使监察权之最高机关，掌理弹劾、惩戒、审计，对国民大会负其责任
7	1946年	《中华民国宪法》	第一百零四、一百零五条	监察院设审计长，由总统提名，经立法院同意任命之。审计长应于行政院提出决算后三个月内，依法完成其审核，并提出审核报告于立法院

资料来源：源自民国时期各部宪法或草案文本条文，参见卞修全. 近代中国宪法文本的历史解读 [M]. 北京：知识产权出版社，2006：180-235.

由表2可知,民国时期,几乎所有的宪法或宪法性文件当中,都载入了关于审计内容的条款。宪法是国家的根本大法,它规定国家的根本制度与生活原则,具有最高法律效力,审计在国家制度中的地位由此可见一斑。其次,频繁出台具体审计法律法规,1912年11月15日北洋政府颁布了第一部审计国家年度财政收支、财政预算的审计法规《审计处暂行审计规则》,其后又颁布了《暂行审计国债用途规则》。在此基础上,1914年10月2日颁布了第一部《审计法》,见表3。

表3 民国时期国家审计的一般法律法规

历史时期	政府审计组织设置的法规	审计法律	审计部门内部工作规则	政府各部门内审规则
北洋政府 1912—1928年	1912年《审计处暂行章程》 1914年《审计院编制法》	1912年《审计处暂行审计规则》 1914年《审计条例》《审计法》《审计法施行规则》	1915年《审计官惩戒法》 2015年《审计院发给核准状规则》	军队、盐务等内部审计规则
南方革命政府 1917—1927年	1925年《国民政府监察院组织法》	1925年《审计法》和《审计法施行规则》	1925年《监察院单据证明规则》	1924年《陆海军审计条例》
南京国民政府 1927—1937年	1927年《监察院组织法案》 1928年《审计院组织法》《审计部组织法》	1928年《审计法》和《审计法施行规则》	审计例会制度和审计公告制度等具体审计工作规则	
重庆国民政府 1937—1946年	1939年、1942年修订的《审计部组织法》	1938年《审计法》和《审计法施行细则》《公有营业及公有事业机关审计条例》	《审计部和所属各处办理各机关就地审计事务规则》《审计部巡回审计实施办法》	《中央银行稽核处组织规程》

历史时期	政府审计组织设置的法规	审计法律	审计部门内部工作规则	政府各部门内审规则
返宁国民政府1946—1949年	1948年《监察院组织法》《审计部组织法》		《审计部各省市审计处办理中央机关巡回审计办法》	

资料来源：根据李全华《中国审计史》（第三卷），中国时代经济出版社2004年版第15—188页整理。

　　民国对政府审计法制意义的认识也非常深刻："健全之国家必赖有健全之财政，健全之财政必赖有互相联系及互相牵制之分权组织的审计制度。"❶的确，"民国时期审计的一个重要特点是：审计法规的完备达到空前的程度。一方面，它突破了历代将审计内容附于其他刑事法规之内的习惯做法，公布了大量的专门的审计法规；另一方面，所颁布的审计法规涉及审计的各个方面，形成了审计法规的体系"❷。表3所列审计法律法规充分证实了该学者观点的可信度，无疑，民国时期审计的法律地位较为明确。

　　民国政府审计法律制度首次明确了审计人员及审计机构在国家管理当中的独立性地位。如1914年北洋政府《审计院编制法》规定"凡未受惩罚或未受惩戒的审计官、协审官，不得令其退职或减俸"；同年出台的《审计法》规定审计院议决为应负赔偿之责者，应通知该主管长官限期追缴，除大总统特免外，该主管长官不得为之减免。而1938年《中华民国国民政府审计法》第三章规定"各机关应于预算开始执行前，将核定之分配预算送审计机关，其与法定预算不符者，审计机关应纠正之"；第四章规定"审计机关对于机关之一切收支，得随时稽查之……审计机关对于各机关之财物，得随时盘查"。审计法律将审计要求、审计程序做了全面规范，确立了审计的法律地位。

　　通过这些条文，我们不难得出民国时期国家审计人员和审计机关的地位较高的结论。虽然"民国时期存在过各种各样的政权，性质不一，制度各异，但是，

❶ 汤志先.现行审计制度之演进及其现状[J].国立中正大学校刊，1942，2(12)：2-4.

❷ 李凤鸣.审计学原理[M].上海：复旦大学出版社，2007：8.

它们大都重视审计,其审计条规也有相同或相近之处"❶。表明整个民国时期,尽管社会动荡,然而审计在国家治理当中的政治地位没有改变,人们对审计的功能定位与信任程度没有改变。

二、民国审计在国家治理中的作用

按照当下的流行观点:国家审计在国家治理的过程中发挥着举足轻重的作用,无可替代。"在宪法秩序不变的情况下,政府审计定位为国家治理的工具更为妥当。"❷理论上,审计作用是审计内在功能的外部表现,也是审计职能履行过程中所产生的客观效果。❸进言之,民国国家审计作为监督国家财政的重要手段和工具,它是如何履行审计职能,该履行的行为及过程又产生了哪些客观效果? 不妨通过当时的一些史料进行实证分析。

(一)民国审计的法定职能

审计的职能就是审计本身内在固有的作用和功能,"一般来说主要是经济监督、经济评价和经济鉴证"❹。就民国审计而言,主要是经济监督的职能,当然也有经济评价和经济鉴证的职能,这里,著名的民国审计研究专家方宝璋教授认为:

民国时期,审计作为一种新生的经济监督制度,其目的和作用有待于人们加以认识。审计界多数人认为审计目的可分为三个层面:一是通过经济监督层面,审查揭示被审对象的错误与舞弊,从而督促被审对象遵纪守法,使经济活动更加合法有效;二是通过经济鉴证层面,审核和查验被审对象的会计资料和经济活动,报告于委托人或授权人,同时对外公布,以取信于社会;三是通过经济评价层面,对被审对象取得的成绩、存在的不足给予揭示和建议,使被审对象进一步提高管理水平,改进经营或政策,提高经济效益。❺

而在一定的国家及社会当中,审计所能发挥的作用大小,某种程度上取决于

---

❶ 杨天石. 序//李全华. 中国审计史(第三卷)[M]. 北京:中国时代经济出版社,2004.

❷ 易丽丽. 监督大变革:从控制走向治理[M]. 北京:国家行政学院出版社,2012:196.

❸ 易丽丽. 监督大变革:从控制走向治理[M]. 北京:国家行政学院出版社,2012:8.

❹ 李金华. 审计理论研究[M]. 北京:中国审计出版社,2001:102.

❺ 方宝璋. 民国审计思想史[M]. 北京:中央编译出版社,2010:5.

法律法规赋予审计机构或审计组织的职权范围。由于"审计作为一项社会活动是基于一定时间的社会需要而产生的。在不同的历史时期社会对其的需要不同,审计组织担负的职责也就不同"❶。自民国成立之始,即推进了国家审计工作,《中华民国临时约法》规定国家实行预决算制度,奠定了民国审计监督制度的法律基础。随后,专门的审计机构甚至是政府的组织法规对审计机构及其人员的职责范围进行了划分和规范,为审计目标的实现提供了组织及人力资源保障,见表4。

表4　民国不同阶段关于审计职能的规定

时间	法律法规名称	职能规定	备注
1912年10月22日	审计(分)处暂行章程	审计处总的职责:掌理全国会计监督事务审计分处的职责:掌理各省会计监督事务	具体不详
1914年6月16日	审计院编制法	设3厅:第1厅负责审计外交、财政、教育等部及全国国债;第2厅负责审计陆军、海军等部队财务;第3厅负责审计内务、司法、农商等部财务	
1923年	大本营审计局	审核各级政府机关、学校、部队与公营企业的财务收支和特别会计的收支计算;稽察营缮工程及财政采购;考核财务使用效能;监督各机关预决算等	
1924年7月17日	监察院组织法	第二局下设的审计科负责对政府各机关的具体审计事宜,主要审核各机关收支	
1927年11月9日	监察院组织法案	第三司掌管中央和地方审计	未实施
1928年2月	国民政府组织法	政府下设审计院,负责监督预算的执行,审核国家岁入岁出的决算	
1928年3月21日	审计院组织法	审计院负责监督预算执行,审核国家年度财政收支决算	

❶ 李金华.审计理论研究[M].北京:中国审计出版社,2001:103.

时间	法律法规名称	职能规定	备注
1929年10月29日	审计部组织法	设3厅1处:3厅分别负责事前审计、事后审计、稽察事务,秘书处负责文书、统计、会计、庶务等事务	

资料来源：根据李全华《中国审计史》（第三卷），中国时代经济出版社2004年版整理。

显然,民国时期随着政权的更迭、时间的推移,审计机构的职能也在发生着变迁,但是一个宗旨没有变,就是监督国家的财政运行,发挥着治理国家的功能。"审计部为推进审计制度,自经设立江苏、浙江、湖北三省,既上海市各审计处,及津浦铁路审计办事处以来,成效渐著。"❶当然,关于审计职能的规定,民国各个阶段、各个地方不是统一的,有详有简。依据1933年4月24日修正公布的《修正审计部组织法》,审计部掌理下列事项:"一、监督政府所属全国各机关预算之执行;二、审核政府所属全国各机关之计算与决算;三、核定政府所属全国各机关之收入命令及支付命令;四、稽察政府所属全国各机关财政上之不法或不忠于职务之行为"❷。可以说,民国时期不同阶段的政府均重视审计的职能发挥,将审计职能法定化,这也是审计作为国家行为的权威性所在,是审计真正发挥监督国家经济行为的源泉所在。

(二)民国审计的理论价值

审计的理论价值是审计机关在行使审计职能、完成审计任务之后,理应产生的较高层面的社会效果。"一般来说,有什么样的审计职能,并完成了与职能相应的任务,才能产生什么样的作用。"❸古往今来,一切国家机构的工作运行,都离不开财力的支撑。然而,财力总是有限的,如何有效合理地发挥财力的应有效益,杜绝浪费,防止贪污,势必需要监督,这种监督主要是经济监督,其基本手段是国家审计。国家审计在国家财力运行中发挥了巨大的监督作用,也为国家治理提供了重要的监督和保障措施。民国时期,国家审计成为国家监察权的重要组成

❶ 出自监察院1937年发表的《监察院工作报告》(1936年7—12月)第7页。

❷ 李权时.中国目前的审计制度[J].商学丛刊,1936(2):58.

❸ 李凤鸣.审计学原理[M].上海:复旦大学出版社,2007:18.

部分,在国家治理体系当中占有重要的地位,其理论作用比较显著,这里有一份1939年8月国民政府《审计部工作报告》,从中可以领略一下:

本部职司审计,为依据法令,监督财务行政,以增进国家人民之福利,举凡各机关预算执行之监督,收支命令之核定,计算决算之审核,及财政上不法或不忠于职务之行为之稽查,以为法定职权,职责綦要。自抗战建国同时并举,政务增多,政费益繁,而本部职责亦骤形增长。❶

这份审计部的工作报告开篇交代了自己的工作职责"监督财务行政,以增进国家人民之福利……"实际上是在说明审计部所起的重要作用,著名的民国审计法学者方宝璋先生曾用当代审计理论对民国审计的作用做了归纳,他指出:

无论是民间审计还是政府审计,其作用大致有两个方面。其一,制约作用。审计机构或人员通过对被审对象财政财务收支及经营管理活动进行监督和鉴证,揭露防止工商业上的欺诈舞弊,制裁并防止官员的贪污,减少企业股东间和劳资间的纠纷,保证经济活动的正常运行,维护国家、社会公众的利益和社会的安定有序。其二,促进作用。审计机构或人员通过证实被审对象报出的会计资料的真实、正确、可靠,使企业取信于投资者和潜在的投资者,易于取得生产经营所需的资金,便于企业的改组和转让,促进生产的发展;同时通过分析评价被审对象存在的问题与经验,促使其改善经营管理,提高经济效益。❷

从上面的文字中,不难推断:与当下的审计功能一样,"制约"与"促进"也是民国审计的两大作用。然而,这样的评价未必客观全面。"国家审计是国家上层建筑的组成部分,其实质是通过监督,反作用于经济基础,为公共需要和公共利益服务。"❸国民政府时期,国家审计与国家监察混合在一起。有学者评价:民国中后期"审计职司监督国家财政,公证政府度支,属五权宪法监察权之一部。置审计部于监察院之下,这是中国历史上的御史监察制度与西方超然独立的近代审计制度的结合"❹。可见,民国审计还有民主政治上的作用,研究史料记载:

审计总处应该成为审计行政的首脑,其肢体的审计处室组等,应遍设于各机关和各区域。以遂行监督预算之执行和稽察财务上一切行为,尤其是审定总决

---

❶ 出自审计部《审计部工作报告》(1939年8月)第1页。

❷ 方宝璋.民国审计思想史[M].北京:中央编译出版社,2010:5.

❸ 李季泽.国家审计的法理[M].北京:中国时代经济出版社,2004:15.

❹ 方宝璋.民国审计思想史[M].北京:中央编译出版社,2010:60.

算的职权。宪政时期,人民监督国家财务,应该透过审计制度,而达到财务的公开,以贯彻政治民主。所以审计人员所负的责任自更为重大,必须各尽其责,力求进步,使审计职权,充分行使;审计效能尽量发展,而不负人民的夙望。❶

不难判断,通过设置于中央和地方各地的审计机构所开展的审计活动,发挥经济监督作用,进而促动政府财务的透明公开,再由此推进民主政治,是民国时期国家审计的另一个重要目的。当下,我国"政府审计作为一种有效的监督机制和手段在推进民主政治发展进程中发挥重要的作用,也一直受到党和政府的高度重视"❷。无疑,民国时期的国家审计,其政治作用也是比较明显的。可见,民国国家审计除了经济监督作用之外,还有对民主政治的重大意义。

另外,"推进国家治理体系和治理能力现代化,势必要求对国家的行政制度、决策制度、司法制度、预算制度、监督制度等进行突破性的改革"❸。而国家审计恰恰涉及对国家行政决策、财政预算等政府行为的监督,由此,国家审计正好是为国家治理提供帮助的重要力量。从上文史料对民国审计总处职权的"预设"和"期盼"中,可以想见,民国国家审计的理论价值之高,为当时的国家治理提供强力支撑。

(三)民国审计的实际效果

审计是由专门的审计机构或审计组织去实施的,因此,审计的实际效果,要看审计机关的具体工作。民国初年,随着地方专职审计机构的建立,国家审计工作逐步深化。到国民政府时期,审计机构组织严密,分工细致,方式多样,审计的领域不断拓宽,影响逐渐扩大,见表5。

表5　民国时期审计机构所做工作概览

历史时段	审计机构的审计工作要点	审计业绩采摘
北洋政府时期	审查收支计算书,呈请核销	17年编制了105次审查报告表

---

❶ 蒋明祺.宪政时期之审计制度[J].财政评论,1947,16(5):17.

❷ 田秋蓉.政府审计推动民主政治发展的作用研究[M].北京:中国时代经济出版社,2013:10.

❸ 俞可平.国家治理体系的内涵本质[J].理论导报,2014(4):15.

续表

历史时段	审计机构的审计工作要点	审计业绩采摘
北洋政府时期	审查支付命令	1912 年 9 月 28 日—12 月 30 日,审查支付令,核准签字者 127 件,约 8 555 723 元
	监督国债	每当公债还本抽签时,肃政史暨审计院审计官会同财政长官等前往监视
	审查新旧官吏交接	1915 年 11 月,统一规定:出纳官吏遇有交代,应俟审计院发给核准状后,取回保证金,如在交代中发现亏短,官吏必须受到惩罚
	对一些意外事故而引起的经济损失予以审查证明	1915、1922 年,黑龙江和福建分别因兵变和匪变损失公款,审计院予以审查,依法证明,拟予解除责任
	修订普通官厅簿记,举办簿记讲习所、审计讲习所	培养了大批审计人才
国民政府时期	进行预算及收支计算的审计	1931 年前重点审核各机关单位的支出预算和支付命令,1932 年起,审计国家年度总预算支出
	进行军费审计	战争不断,军费占比很高,所以审计
	对建设工程项目和建设事业专款审计	对工程招投标的监视和工程竣工验收
	对银行审计	就地审计

资料来源:方宝璋.中国审计史稿 [M].福州:福建人民出版社,2006:393-397.

　　表 5 所列仅为民国时期北洋政府和国民政府审计机构所做的部分工作业绩,其中涉及国家财务预决算审计、国家债务审计、国家官吏交换审计、军费审计、工程审计、银行审计等诸多国家事务领域,其所起到的实际监督作用是值得肯定的。由于审计在国家治理中的地位之重要,所以审计机关的地位自然要超越其他机关,民国时期也不例外,正如时人所言:"审计机关,既为财政之司法监

督,则所有各机关之一切收支,如有与现行法令及预算不符者,在审计机关,均应依法核驳,毫不予以通融,故欲期审计机关确能行使其职权,须将审计机关立于超然之地位而后可。"❶无疑,民国时期的政府审计机关主导着审计作用的发挥,成为审计事业的推进器,为当时的国家治理奉献力量。具体说来:

第一,实际监督了国家资金的流动。国家资金来源于人民的创造,对其使用理应程序合法、用到实处,充分高效地发挥其应有的作用。民国时期,战争频发,经济动荡,资金更为珍贵,为了每一分钱都花在刀刃上,历届政府都进行了精心的审计监督机制设置,全过程多方式地开展国家资金流动的审计,从预算到决算,从被请核查到主动抽查,有效地监督了国家资金的合理使用和有效运行。参阅当年的审计机关统计资料,就会发现审计监管的力度之大。这里有一份国民政府审计院的审计统计报表,将中央党部的用款途径查得清清楚楚,真的使国家的每一笔资金落到实处,查找有据,见表6。

表6 国民政府审计院第一厅十月份审核支付命令一览

领款机关	用途	支付命令	字号	月份	支付数目	付款机关	报书发出字号	报书发出月日	备注
中央党部	经常费	直	二八〇	九月	一〇,〇〇〇〇〇	交通银行	党四	一〇五	
	党务费	直	四〇二	九月	三〇,〇〇〇〇〇	中国银行	党五	一〇八	
	国庆纪念费	直	三七四	十月	二〇,〇〇〇〇〇	交通银行	党三一〇	一〇三	
	经常费	直	四二六	十月	三〇,〇〇〇〇〇	交通银行	党六一〇	一〇十五	
	党务费	直	四三五	十月	五〇,〇〇〇〇〇	中国银行	党七一〇	一〇十八	

资料来源:本表出自1927年10月《统计》第1页。

---

❶ 李余生.论吾国审计制度之特质[J].计政季刊,1942,1(1):77.

　　第二,有效预防了国家官吏的腐败。国家审计在通过监督国家资金流动的同时,也对国家官吏的行为进行了管控,因为资金流动由人(主要是各级官吏)操纵的。无论是对银行进行审计,还是对军费进行审计,审计机构一旦查出问题,需要承担责任的自然是其负责人或者管理者,也即官吏们。反之,一旦官吏们腐败了,动用了国家资金,必将受到审计而最终败露。因此,国家审计的又一重要作用就是有效预防国家官吏的腐败。对此,民国学者也有类似观点和描述:

　　最近行政院通令各机关严禁一切舞弊恶习,期欲澄清吏治,铲除贪污,造成一廉洁之政府,故欲达到此目的,绝非一纸命令,所可几达,其治本之策,乃在确立超然之审计制度。审计之目的,就积极方面言,在防止贪污之发生;就消极方面言,在解除出纳官吏之责任。❶

　　国家行政,经纬万端,庶绩咸熙,非财莫办,而财政之廉明与否,实为澄清吏治之先决条件。近世各国财政尚未完全廉明,推其原因,则由于财务行政上未有完善制度之确立,贪污者得以上下其手,财政监督未能精确严密……但财务监督之实行,如收入之是否合法与公允,支出是否合法与经济,以及财务处理之是否正常均有赖于审计。❷

　　由此可知,民国时期,人们将反腐败的力量放在了审计上面,可见,审计在当时预防官吏腐败方面所起的重要作用。基于此,有学者指出,国家审计机关的主要职责是从经济角度监督各级官吏是否尽忠于国家,是否充分发挥了对各级官吏的监督制约作用。❸国家审计的各种方式都对官吏的腐败心理及行动等起到威慑和警醒作用,即通过事前审计从源头上预防腐败,通过事后审计揭露腐败,而通过稽察机制随时随地发现腐败,它是国家对各级政府机构官吏权力行使进行有效监督的重要手段。

　　第三,在审计技术和方法上的改进。民国时期,从临时政府,到北洋政府,再到国民政府,随着时间的推移、科技的进步,审计技术和方法也较前有明显改进,由静态的事后核销到事前督查,再发展为动态的不定期抽查审计,以及随时派员

---

❶ 马文钰. 从各国审计制度说到我国今后审计之推进与希望[J]. 会计季刊,1936,2(3):82-104.

❷ 孟宪侨. 政府审计[M]. 西安:大公报西安分馆,1941:1.

❸ 参照李雪. 审计理论研究[M]. 青岛:中国海洋大学出版社,2004:102.

赴各机关就地稽察。诚如学者总结:"民国时期在近二十年的审计实践中逐步形成了事前审计、事后审计和稽察的审计思想体系。"❶审计技术和方法的改进,势必带来审计效率的提升,降低国家治理的成本。因为事前督查审计可以防患未然,事后核销审计可以惩创既往,稽察职权随时行使可以杜绝官吏舞弊事件的发生。民国时期的学者认为:"事实上,从事后审核而进入事前审核和稽察,从收支事实的监督而进入收支原因的监督,正是审计制度的应有的发展。"❷而且"事前、事后、稽察三者,各有联络,又独立各负其责,由三厅分掌之,受审计部部长监督,籍以明了国家财政财务状况的动态与静态"❸。看好了国家的钱袋子,才能把握好国家的经济命脉,也才能更好地进行国家治理在政治、军事、文化等方面的工作。

三、民国审计在国家治理中的不足

事物总是一分为二的,尽管民国时期,审计机关做了上述大量的工作,发挥了极其重要的作用,但是,也存在着一些不令人满意的地方,值得批评和反思。

第一,中国的国情与西方的审计理论尚有差距。民国时期是中国广泛西学、效法西方国家制度理论力度非常大的历史阶段,审计的理论和制度就是其中之一,当时出版的审计论著大都介绍了外国的审计尤其是政府审计,主张模仿日本的审计制度。❹当然,民国学者对欧美国家的审计与法治的关系也极为肯定:"我国计政之重,由来尚矣! 近世欧美法治国家,于财政之司法机关,尤加之意。其厉行审计制度,所以防弊于未然,严惩于既往者,靡不法令彰明,厘然毕具。"❺可以说,民国时期热衷于引进西方的理论。然而,西方的理论与根深蒂固的中国社

---

❶ 方宝璋. 民国审计思想史[M]. 北京:中央编译出版社,2010:57-59.

❷ 蒋明祺. 宪政时期之审计制度[J]. 财政评论,1947(5):11-17.

❸ 方宝璋. 中国审计史稿[M]. 福州:福建人民出版社,2006:418.

❹ 例如,杨汝梅的《近代各国审计制度》(1931)、王培骥的《中国事前审计制度》(1936)、张汉卿的《政府审计述要》(1939)、蒋明祺的《政府审计原理》(1941)、《政府审计实务》(1942)、陶元琳的《中国政府审计》(1942)等。

❺ 参照黄旭初:《广西省政府审计报告集》(上),广西省政府1937年印行,《序》部分。

会传统不相适应,特别是审计专业人员的缺乏❶,审计技术手段的相对落后,以及官文化的影响至深,是当时审计的基本背景条件,可想而知,这种背景决定了当时审计工作的水平和效果。对此,当时的学者就有批评,指出国民政府在推行审计中所遇到的四大困难:第一,缺乏正确之预算;第二,缺乏统一之公库;第三,缺乏统一之会计制度;第四,缺乏正确统计材料。❷这里的困难中有两个涉及"缺乏统一"的问题,表明效仿西方的国民政府制度没能得到有效贯彻和落实,很多地方的审计工作固守过去的传统方法,与西方的审计有一定的距离。

第二,受到当时政治、经济等社会环境的影响。北洋政府时期,"审计制度依法律的规定是很严格的,但实际上对统治者来说没什么约束力,中央部门可以通过种种借口回避审查,地方则军阀割据称雄,审计职能在诸省也难以得到实施。"❸国民政府时期,战乱不停,经济衰败、国家财政混乱,审计工作也受到极大的影响。有如学者所言:

在长期的战乱情况下,完备的审计法规、健全的审计制度在一个军阀专制、吏制腐败的社会背景下,各种弱势利益相关者集团很难直接参与到政府审计事务中。不能充分表达对政府审计制度安排的意见。同时,作为当时社会中的强势利益集团,他们往往直接操纵国民经济的命脉,运用其政治优势,拒绝接受本已十分有限的审计监督,在民主与专制的博弈中审计监督机制只能是名存实亡。❹

从历史上看,国民政府推行五权宪法,其政权形式与美、欧各国均有不同,因而国民政府的国家审计与国家监察权合并,不依附于行政、立法、司法等权力,可谓有其特色。但国家审计效果却不理想,从蒋、宋、孔、陈四大家族资产的形成和贪污腐败成风看,民国政府的国家审计与监察权结合,也是徒具形式。❺

---

❶ 当时有学者指出:"审计之职权范围,普达政府各种公务机关之各项财务处理,从事审计工作者,如习有关审计法令,明了有关审计学识外,尤贵有实地经验,然后办理案件,始能挫置裕如。"见王国鼎《审计实务》,审计部陕西省审计处1946年版,《弁言》部分。还有学者认为:"若系有相当资历之人,且其服务又有悠久之历史者,则其事务上之错误必相当减少。否则,其资历浅,或服务不久之簿记员,其事务上之错误必较为多。"见张辑颜.应用审计学[M].北京:中华书局发行所,1939:31.

❷ 马文钰.从各国审计制度说到我国今后审计之推进与希望[J].会计季刊,1936,2(3):82-104.

❸ 方宝璋.民国审计思想史[M].北京:中央编译出版社,2010:57.

❹ 马曙光.博弈均衡与中国政府审计制度变迁[M].北京:中国时代经济出版社,2009:71.

❺ 李季泽.国家审计的法理[M].北京:中国时代经济出版社,2004:96.

的确,政府审计作为国家审计机关的职务行为,尽管其有明确的法律依据,即使1947年的《中华民国宪法》确定审计长由总统提名,立法院任命,审计长向立法院提交决算审核报告,但是,其在执法的过程中受到某些强势利益集团的阻碍,大大降低了审计的工作效率,也影响了审计的公正性,因而受到社会与民众的质疑。

第三,国民政府创制的审计制度存在不足。完整规范的国家审计,在于审核全国各级政府及其所属机关的收入是否合法,即是否遵照法定预算,是否依据各项财政章则,以及是否适合经济原则,并能增进效率原则等。纵然,民国时期,审计立法频繁,条文众多,但仍然存在较多问题,引起学界关注。依据当时的研究材料,审计法律制度问题见表7。

表7 民国学者对审计所存问题的研究及判定

序号	作者	研究主题	刊载地方	关注的审计问题
1	闻亦有	吾国审计制度之检讨	新中华杂志	一、审计制度改进的前提:预算制度的确立、公库制度之完成、会计制度之改进、决算制度之厉行 二、审计制度改进之途径:审计法规之改订、就地审计之推进
2	汤志先	现行审计制度之演进及其现状	国立中正大学校刊	一、政府审计制度之意义 二、我国审计制度之沿革 三、我国现行之审计制度 四、职权行使之顺序与分类
3	蒋明祺	宪政时期之审计制度	财政评论	一、宪法中关于审计制度之规定 二、监察院组织法中关于审计制度规定 三、宪政时期审计制度之疑义
4	马文钰	从各国审计制度说到我国今后审计之推进与希望	会计季刊	一、县地方财政之监督问题 二、审计机关审计方法问题 三、关于事前审计问题 四、关于审核收入及决算问题

序号	作者	研究主题	刊载地方	关注的审计问题
5	梁春芳	如何平衡三十六年国家总预算	财政评论	特殊国情下的预算审计:国内秩序尚未恢复,物价波动迄未停止,军事政务开支不绝,此时审计的必要性
……	……	……	……	……

资料来源: 根据民国时期的期刊资料整理, 主要是国民政府时期的杂志。

从民国学者关于审计研究的学术成果中,可以发现:民国时期,审计制度建设中尚存的问题,其中涉及与审计密切相关的预算、决算、公库与会计制度问题,还涉及审计组织及审计技术方面的制度问题。可见,民国审计中的不足是实际存在的,并且引起了学界的关注。

第四,审计机构异动频繁。民国时期,虽然设有专门的审计机构,但是,其名称和归属变动较为频繁。前文已列表展示了民国时期的审计机构情况,从民国初年的湖南、广东、湖北、江西等地设立的会计检查院、核计院、审计厅,到当年9月的北洋政府中央层面设立审计处,地方设审计分处,实行两级管理。然而,在接下来的10月、11月,国民政府参议院连续开会要求设立审计院,于是1914年6月新的审计院正式成立,直隶于大总统,且取消地方的审计分处,审计实行一级负责制。而在孙中山统辖下的广州大本营于1923年设立审计局,后又改为审计处。国民政府时期,1927年初始设立了审计院,直属国民政府,但第二年就变成了监察院审计部,审计成了政府的三级机构。无疑,国民政府审计机构的频繁变迁,表明审计在国家治理体系中的地位处于变动不定的状态,自然给审计工作带来一定的影响和冲击。

第五,审计人员队伍素质问题。人是最主要的生产要素,事情的成败取决于人的因素,或者是由一群人所组成的团体的力量。国家审计所发挥的作用自然取决于审计人员队伍的素质。民国时期,审计机构均依法配备了相应数量和资历的审计官、协审官等审计人员。但是,这些审计人员自身素质良莠不齐,有的甚至借职务之便贪赃枉法,特别是在国民政府统治的后期,腐败现象蔓延到审计领域。据史料记载,江西省审计处主任黄凤铨就曾在工程审计中暗示当事人行贿,以此大发横财而遭到查处,见表8。

表8　审计干部黄凤铨腐败经历

序号	时间	腐败案情
1	1946年4月	江西省供应局标卖19粮秣库库粮一案,原已当众开标,但黄凤铨却另行串通宝丰米厂,要求重新比价,硬将没有向其行贿的原决标案推翻。事后,宝丰米厂将其获利的一半送给黄
2	1946年5月	江西省田粮处处理大利米厂欠缴1945年以前沿江疏散赋谷四百余万斤案,由黄凤铨核标,黄遂向大利米厂暗索大米数十万斤
3	1947年初	江西省供应局标卖破旧降军服装一批,黄凤铨诈索手续费十余两黄金
4	1947年5月	江西省供应局卖废铁废品,黄凤铨逼缴黄金五两,方允决标。同期,新建县政府定期标卖赋谷两千石,请审计处监视,黄凤铨一面逼令该县改期,一面暗示开标途径,由此索得2000万元

资料来源：根据中国第二历史档案馆馆藏《江西省审计处黄凤铨利用职权贪污案》整理。

黄凤铨的腐败经历让人感觉:民国时期的审计干部中不乏"败类",作为一名审计干部,其自身素质如此低下,何以监督别人?! 然而,这也不仅仅是个案,尤其在国民政府政权旁落之前的几年里,政治腐败,社会动荡,一些审计干部思想发生动摇,在执行职务过程中,不按照正常程序认真查处,反而乘机捞取当事人的好处,造成恶劣的社会影响。而相关的监督机构也不再严格追究,放任自流,在国民党政权失控的状态下,审计监督功能丧失殆尽,一发不可收拾。

综上,整个民国时期也是中国近代探索与建立现代政府审计体制与国家治理体系的时期。可以说,民国时期,基于国家监察与国家治理需要,国家审计承担着重要的职能,无可取代。虽然存在一些不足,但它的历史地位是不可忽视的,其广纳世界先进的审计理论成果,将中国固有的权力监督理论与西方国家的权力制约机制融为一体,形成了民国时期特有的审计监察理念与制度体系,以及紧密结合本国社会经济发展的现实国情而不断完善审计制度及审计技术的经验是值得汲取的。

孙中山的审计监督思想

审计的最主要功能就是监督❶,审计监督乃国家特定机关通过审计政府各部门财务状况,达到监督经济、防止腐败的目的。民国时期,审计制度较为发达,一个非常重要的根源是孙中山先生基于三民主义和五权宪法理论的审计监督思想。根据资料记载:"目前审计制度的根本的法律根据,不是别的,就是中山先生所主张的三民主义内的民权主义,和民权主义内所包括的五权宪法精神。"❷作为孙中山政治思想的内核,三民主义是民国时期各项事业总的指导思想,在当时社会生活的各个领域起过重大作用。与此相联系的五权宪法,也是由孙中山先生创立、融合中西而形成的中国近现代政治模式。其中,"监察权在孙中山'五权宪法'构想中独为一权,国民政府时期,'五权'思想被付诸实际,监察院成为'五院'之一,执掌监察"❸。可以说,孙中山的审计监督思想是国民政府制定审计法律法规、开展审计监督工作及成立相应审计机构的理论依据。然而,学界这方面的研究成果尚不多见,下文试图做一些探讨。

一、孙中山审计监督思想的形成动因

一个人某种思想的形成跟他的家庭背景和学习成长经历是分不开的。孙中山先生虽然出身于普通农民家庭,但是他从小就接受了良好的学校教育,而且涉猎中西文化。他7岁入村塾,12岁到美国檀香山读书,17岁回国,20岁之后又进入广州的华南医学堂和香港的西医书院学医。这种学贯中西的成长经历,使孙中山对中西方的治国理论和实践有了切身体验和清醒的认识,也逐步形成了他自己的治国主张。他曾说过:"余之谋中国革命,其所持主义,有因袭吾国固有之

---

❶ 根据审计学专家的解释:审计最初最基本的含义,一般是指由原会计人员以外的第三者主要通过查账对有关部门的经济活动进行审查监督。参见方宝璋.中国审计史稿[M].福州:福建人民出版社,2006:1.

❷ 李权时.中国目前的审计制度[J].商学丛刊,1936(2):58-64.

❸ 张仁善.司法腐败与社会失控(1928—1949)[M].北京:社会科学文献出版社,2005:387.

思想,有规抚欧洲之学说事迹者,有吾所独见而创获者。"❶也即孙中山思想是他在认同中国固有思想精华的基础上,结合对西方学说的研究,进行了独到的创新,审计监督思想作为其中的一部分,也不例外。

(一)对中国传统文化价值的认同和传承

孙中山7岁进入本村的私塾读书,深受儒家经典《三字经》等所宣扬的中国优良传统文化的熏陶。成年后,孙中山依然高度认同中国优良传统文化的价值,阅读中国古代文献是他的必修课。他"不仅认为中国传统的物质文化具有先进性,而且认为中国传统的政治文化也是很发达的。他肯定了中国传统政治哲学的优越性,强调了民主革命、五权宪法与中国传统政治文化的内在关联"❷。在长期的研读过程中,中国传统政治理论中所传递的与审计有关的御史监督思想及制度文化,对孙中山审计监督思想的形成起到了重要作用。

中国历史上,御史监察制度源远流长。"御史监察系统独立建制,独立于行政机关之外,由皇帝直接领导,代表皇权监察与控制百官,但同时又对皇权有所制约。"❸民国时期研究中国御史制度的著名学者高一涵认为,"中国的御史制度的特点就在于行使弹劾权外,还享有监督行政、考察官吏、检查会计和注销案卷种种特权"❹。这里的"检查会计"实为审计的职能,因此,御史制度内蕴审计思想,这是中国古人的智慧之处,它属于中国传统政治文化中值得肯定的地方。并且"中国古代审计为近代继续实行和发展审计监督制度提供了基础"❺。虽然孙中山在国外求学时间较长,但是他指出:"吾人采取外国良法,对于本国优点亦殊不可抛弃。"❻审计监督思想正是他对中国传统文化优点及其价值的认同。对此,有学者认为:"为了凝聚人心,推动革命成功,他有理由对传统文化采取温和态度,也有必要从传统文化中寻找发动革命的理论依据和振奋民族精神的文化力量。"❼无论出于什么目的,接受西方文化熏陶的孙中山对中国人民的感情没有

---

❶ 孙中山. 孙中山全集(第7卷)[M]. 北京:中华书局,1985:488.

❷ 柴文华. 论孙中山的中国传统文化观[J]. 社会科学战线,2011(10):20-24.

❸ 崔永东. 御史与监察的特点与反思[N]. 人民法院报,2014-09-21(007).

❹ 高一涵,李红果. 中国御史制度的沿革[J]. 法律文化研究,2007:572-608.

❺ 李金华. 中国审计史(第1卷)[M]. 北京:中国时代经济出版社,2004:9.

❻ 孙中山. 孙中山全集(第3卷)[M]. 北京:中华书局,1984:332.

❼ 张卫波. 孙中山对中国传统文化的认识[N]. 学习时报,2006-09-11(9).

变,他决意要为祖国和人民造福。而政治思想和制度设计是他的最大贡献,其中包括了审计监督思想。

不仅如此,一定程度上,孙中山审计监督思想的理论基础——三民主义及五权宪法是对中国优良传统文化的传承,当然在传承的基础上又进行了必要的创新。诚如学者所言:"孙中山在海外求学的过程中,将中国固有的文化思想作为基础,把外来的西方文化融入其中,并进行文化创新,从而构建三民主义理论体系。"[1]"由于辛亥革命后,孙中山正确地处理了中西方文化间的关系,自觉注重弘扬优秀传统文化,使得其理论更加丰富和趋于中国的实际。"[2]无论是三民主义还是五权宪法,都契合了中国社会实际,因而受到民国社会普遍的关注和欢迎。其中,"孙中山对中国古代的科举制和御史制的改造和运用,实际上反映了他对中国传统法律文化底蕴的把握"[3]。正是基于对中国古代御史制的把握和认同,孙中山主张经济领域的审计是为了监督政治权力。可以说,孙中山五权宪法一定程度上传承了中国传统的监察思想精髓,内蕴审计监督思想的监察权即是最好的例证。由此,不难理解:以监察审计为内容的孙中山监督思想,一定程度上源自对中国优良传统文化的传承。

(二)受西方国家治理思想的影响和启发

孙中山先生学惯中西,不仅受到中国传统文化的熏陶,而且受到西方国家治理思想的启发。因此,有学者认为,"孙中山思想体系的渊源,既继承了传统文化,又吸收了西方文化"[4]。的确,从13岁到26岁,孙中山在人生的黄金时间里去美国和香港求学。其间,他大量阅读了西方国家的政治典籍和思想家们的著作,其思想难免受到所读典籍和著作的影响,他的三民主义和五权宪法理论正是受到了这些经典著作学说启发的产物。

在美国学习期间,孙中山"通过阅读大量书籍,吸取西方最新文化成果,开阔了视野","使他对西方历史中的英雄人物如华盛顿、林肯等产生了敬仰"[5]。华盛

---

[1] 吴鹏飞.孙中山海外求学的经历对三民主义形成的影响[J].牡丹江大学学报,2012(10):85-87.

[2] 胡瑞华.孙中山与中国传统文化[J].陕西师范大学学报(哲社版),1996(2):121-127.

[3] 王海涛.浅谈孙中山"五权宪法"思想的传统文化渊源[J].魅力中国,2010(6):236-237.

[4] 龚书铎.孙中山与传统文化[J].中山大学学报论丛,1995(5):21-26.

[5] 吴鹏飞.孙中山海外求学的经历对三民主义形成的影响[J].牡丹江大学学报,2012(10):85-87.

顿、林肯等人的治国理念对他有所触动。他还直接受到法国思想家孟德斯鸠和卢梭两位大师作品的影响,从而对五权宪法和权力制约问题有了深入的思考,并形成了自己的理论学说。后来,孙中山又去香港求学5年,依然刻苦勤奋,广泛阅读西方的政治历史等书籍,进一步丰富了自己的理论体系。可以说,香港读书使孙中山的思想成长趋于成熟时期,他与友人"纵谈时局,以为邦国光,为社会福"❶。此时的孙中山立志要为国家和民族做一些大事情,以拯救危亡的局势,他一直在寻求中国国家治理的模式。此间,孙中山还结识了何启、伍廷芳、郑士良等一批对他后来事业产生重大影响的中外朋友。更为重要的是,阅读典籍增加了他对美国宪法及审计的理解,因为美国审计起步较早。无疑,美国的学习经历,使孙中山的思想打上了美国政治文化的烙印,包括对美国权力监督机制的印象,也启发了他对中国监督体制的思考。

然而,现实是残酷的。在1895年广州起义失败后,孙中山离开国内,前往日本、美国、英国、加拿大及欧洲诸国。也正是这个时候,他实地考察了西方社会,认真审视了西方国家的政治经济和制度文化,萌生了他对西方学习的态度和信心,主张以开放的态度对待西方文化,积极学习西方的国家治理模式。并且,必须吸收最新的文化成果,孙中山指出:"欧美近来的文化才比中国进步,我们羡慕他们的新文明,才主张革命。此刻实行革命,当然是要中国驾乎欧美之上,改造成世界上最新、最进步的国家。"❷当然,在孙中山那里,学习欧美,最终为了服务和发展中国。也正因为在西方学习生活的经历,促使孙中山接受了西方国家治理思想的影响,这就为他后来构建包括监察权在内的五权宪法理论奠定了思想基础。

(三)密切关注社会腐败问题的解决与反思

腐败无疑是任何时代社会矛盾的焦点,对此,孙中山很早就已经注意到了。尽管孙中山受海外思想熏陶多年,但是他的爱国爱家情怀始终没有割舍,具体表现在他密切关注国内社会矛盾的解决方面。小时候,孙中山经常听村里的老人讲故事,其中"清廷的腐败,人民群众起来反抗官府的故事,深植在孙中山幼小的

---

❶ 肖斌.知识、革命与西医书院:孙中山的求学时代[J].中国研究生,2011(9):21-22.
❷ 孙中山.孙中山全集(第9卷)[M].北京:中华书局,1986:345.

心灵中"❶。他在《伦敦被难记》里尖锐地揭露了清朝官场极端腐败的事实,指出"娄索之风已成习惯,官以财得,政以贿成"❷。决心将来有机会一定要彻底解决官吏贪腐问题。也就在同一年,孙中山在《中国的现在和未来》一文中指出:"其实,中国所有一切的灾难只有一个原因,即就是普遍的又是有系统的贪污。""而这种贪污又是根深蒂固遍及于全国的,所以除非在行政的体系中造成一个根本的改变,局部的和逐步的改革都是无望的。"❸可见,在孙中山的脑海里,贪腐是他一直关注并且决意要从体制上彻底解决的社会问题。

　　在考察西方政治之后,孙中山主张中国也应该重视监督权,且监督权应当独立设置,才能更有效地解决社会腐败问题,并且治理腐败必须全面系统。1900年,孙中山组织广州起义时,曾制定了《平治章程》,试图以增添官俸来治理腐败,但却没有改变吏治腐败的局面,于是他就决定从体制上想办法。此后,孙中山特别关注治贪问题。1906年11月,孙中山在一次重要的谈话中透露:"希望在中国实施的共和政治,是除立法、司法、行政三权之外,还有考选权和纠察权的五权分立的共和政治。"❹这里的"纠察权"就是"监察权",是专门监督国家权力运行的权利,它通过政治审查和经济审计的方式进行监督,对贪腐行为起到预防作用。这一谈话表明孙中山审计监督思想的正式形成。同年12月,孙中山在《民报》创刊一周年的庆祝大会上阐述了"五权分立"的政治设想,第一次提到监察权,后来在他主持起草的《中国国民党党纲》正式使用了监察权概念。而在他的多次演讲中,都表达了权力分治想法,尤其强调监察的独立性。"孙中山意图通过'五权分立'设计,让监察院行使监察权,监督政府权力和国家政治,借以保障民权,这一思想无疑是极具创建的。"❺当然,审计权属于监察权应有的内涵。

　　有学者认为,孙中山"五权分立"里的监察权就包括审计监督❻的内容,该监察权在国民政府时期被付诸实践,也即监察院成立。而监察院下设审计部,此时的监察实际包含政治监察和经济审计两部分内容,审计监督意义明显。更有学

❶ 庚辰.辛亥领袖孙中山的求学生涯[J].党史纵横,2011(10):12-14.

❷ 孙中山.孙中山全集(第1卷)[M].北京:中华书局,1981:51.

❸ 孙中山.孙中山全集(第1卷)[M].北京:中华书局,1981:89-95.

❹ 孙中山.孙中山全集(第1卷)[M].北京:中华书局,1981:319.

❺ 徐德刚.五权宪法监察权研究[D].武汉:武汉大学,2006:2.

❻ 史全生.孙中山与中国近代审计[N].中国审计报,2006-03-15(006).

者认为:"探究中华民国建立较为完善审计职业制度的原因,离不开孙中山提出的'五权宪法'。"❶可以说,孙中山的审计监督思想出于解决社会腐败问题,形成于"五权分立"或五权宪法的酝酿和设置过程中。

后来,孙中山在《中国同盟会革命方略》《建国方略》等文章和一系列的演讲谈话中,都表达了他对中国建立一套完备、高效的监察审计制度的思想。本质上,孙中山审计监督思想旨在监督国家权力运行,杜绝贪腐行为,正如学者所言:"设立监察权,是为了保证政府能更好地按照人民的意愿办事,忠实地履行其职责。"❷当将监察权用于国家财政审计方面,实质上是对国家行政权力的监督,即审计监督。可以说,孙中山的审计监督思想与监察权理论是高度一致的,旨在从政治和经济两个方面更好地预防和杜绝社会的腐败问题。

清末,以孙中山为代表的一些有识之士广泛接触了国外的审计思想,注意到审计院接受君民的委托对内阁进行监督,这种监督思想对民国时期产生近代意义的审计产生了直接的影响。❸这些国外的审计思想也非常重视政治监察和财经审计的结合,更加坚定了孙中山对审计监督的信念。也正是在孙中山审计监督思想的引领下,1911年武昌起义后,湖南、湖北、江西、云南、广东等许多省份设置了审计组织。民国之初,"政府处于维持困难之中,知非切实整理财政不足以救防危也","今民国注重建设,其首要当在财政"❹。孙中山的审计监督思想顺应了促使政治清廉与财政高效运行的新形势,民国时期的审计事业就这样开启了新的篇章。

二、孙中山审计监督思想的内涵实践

作为一位学贯中西的政治思想家,孙中山审计监督思想是受到中西方监察思想共同影响的产物,集中体现在他五权宪法的监察权思想里面。五权宪法是由孙中山先生创立、将西方的三权分立政治模式与中国古代的考试和监察制度综合起来所形成的中国近现代政治模式。而孙中山的五权宪法关于监察权部分内蕴"权能分治"的含义,主要包括以下内容:

❶ 王刚. 以五权宪法为基础的中华民国审计制度[N]. 中国审计报,2009-06-24(008).

❷ 胡瑞华. 孙中山与中国传统文化[J]. 陕西师范大学学报(哲社版),1996(2):121-127.

❸ 方宝璋. 中国审计史稿[M]. 福州:福建人民出版社,2006:380.

❹ 孙中山. 孙中山全集(第2卷)[M]. 北京:中华书局,1982:369.

要把国家的政治大权分开成两个。一个政权,要把这个大权完全交到人民的手内,要人民有充分的政权可以直接去管理国事。这个政权,便是民权。一个是治权,要把这个大权完全交到政府的机关之内,要政府有很大的力量治理全国事务。这个治权,便是政府权。人民有了很充分的政权,管理政府的方法很完全,便不怕政府的力量太大,不能够管理。❶

有学者认为:“权能分治”理论,实际上是内含了孙中山“双向监督”的构想,一方面是人民自下而上的对政府及其一切机构人员进行监督,另一方面是政府机构之间的互相制衡和监督。❷这种政治权力的二分法,在权责上将行使国家主权的人民与行使行政管理权的政府机关进行了有效划分。这一理论与专制时代的所有者(君主)与管理者(官吏)之间的关系有所不同,增加了民主成分,由广大人民共同委托政府机关管理国家事务,或者进行国家治理,而不是君主个人,正如民国学人指出的那样:“人民监督国家财务的要求与其责任,随着政治的民主而逐渐发展明朗。”❸同时也表明民国时期审计监督顺应了国家政治发展和人民权利提升的潮流,但是最根本的动力源自孙中山“权能分治”理论。这里,人民的权利包括选举、罢免、创制和复决四部分。孙中山非常重视人民的权利,《临时约法》开宗明义写明了“主权在民”法则。

对政府机关而言,它的权力包括司法权、立法权、行政权、考试权与监察权,这五种权力就是孙中山先生借鉴西方国家的政权架构,结合中国传统政体而形成的国家治理模式,他说:“政府替人民做事就要有五个权,就是要有五种工作,要分成五个门径去做工。”❹在孙中山看来,政府必须分权,相对独立,以相互制约,维持平衡。而监察机关的权能又十分广泛,包括弹劾、审计、调查、纠举、建议等内容。孙中山认为,“监察院监督各院政务之进行,而弹劾其失职与违法,及监察官吏之行为,监察院稽查政府之财政收支”❺。也就是监察院作为政府的监督机构,对政府各院的政治行政等事务进行监督,发现有失职和违法的行为予以责任追究,对政府各部门的财政收支进行审计,包括监察院内的监察官吏也在监督

---

❶ 孙中山.孙中山文集(上)[M].北京:团结出版社,1997:223.

❷ 孙学敏.试论孙中山的监察思想及其形成[J].辽宁大学学报(哲社版),2001(2):57-59.

❸ 蒋明祺.宪政时期之审计制度[J].财政评论,1947,16(5):11-17.

❹ 孙中山.孙中山全集(第9卷)[M].北京:中华书局,1986:353.

❺ 邹鲁.中国国民党史稿[M].台北:台湾商务印书馆,1976:640.

对象范围之内。毫无疑问,孙中山的监察手段包括对政府机关各部门的政治行政审查和财政状况审计,由监察院统管,对国家最高领导人负责,这是孙中山审计监督思想的集中体现。委托专门机关监督国家财政经济的运行就是人民行使国家审计权,审计权是国家监察权的核心部分。然而,监督国家财政经济的运行,又不可忽视对国家财政经济设计方案背后的政治行政因素的审查监督。实践证明,从政治审查到经济审计,才能达到最佳的监督效果。因此,孙中山审计监督思想是符合国家权力运行逻辑和社会发展规律的。

从根本上说,监察审计是孙中山的"治权",也即国家治理权力的一种典型体现。曾任审计署审计长的刘家义认为:"国家审计的产生和发展源于国家治理,国家治理的需求决定了国家审计的产生,国家治理的目标决定了国家审计的方向。国家审计在特定历史条件下遵循自身的内在规律不断演进,其目标、任务、重点和方式,都随着国家治理的目标、任务、重点和方式的转变而转变。"[1]用这些观点解释民国时期的审计体制和国家治理同样适用,整个民国时期也是中国近代探索与建立现代政府审计体制与国家治理体系的时期。"这一时期的审计活动十分活跃,从政府到民间,审计理论萌芽已成态势。"[2]更深层次上,孙中山的权能分治理论是融贯古今中外监督思想与制度的产物。他以中国古代的监察御史制度为基础,学习借鉴了西方权力制约的理念,将西方监督制度的进步之处融入监察权的设置之中,对政府的治权进行监督和制约,为民国国家治理体系的建立奠定了必要的理论支撑。

南京临时政府有关监察审计权的设置,效仿了西方监督权限隶属于立法机关的体制。由于临时政权存续时间过短,尚未建立起系统的监察审计制度。但是,此时孙中山的审计监督思想仍蕴含在他所主持制定的《中华民国临时约法》里面。根据该临时约法第19条规定,"参议院议决临时政府预算、决算;参议院可以咨请政府查办官吏纳贿违法事件"。有学者认为,该制度"为建立审计监督制度奠定了基础"。以致"从辛亥革命开始,部分地区独立设置审计机关,开展了审计工作"[3]。值得一提的是,临时政府的国家财政审计与政府官员监察均由立

---

[1] 刘家义. 论国家治理与国家审计[J]. 中国社会科学,2012(6):60-72.

[2] 郭华平. 中国审计理论体系发展研究[M]. 北京:经济管理出版社,2007:91.

[3] 李金华. 中国审计史(第2卷)[M]. 北京:中国时代经济出版社,2004:3.

法机构——参议院负责,贯彻了孙中山先生的审计监督思想。

1920年11月,广州军政府重建,孙中山开始建立相应制度,而最先建立的便是审计监督制度,《广州市暂行条例》规定广州市设立审计处。随后,审计处相继制定了审计处暂行章程、审计处暂行审计规则、审计处办事细则等一系列审计法规,宣布对广州市政府及其所属政府机关的预决算、官有物的买卖等实行独立审计。本质上,此时的审计代表了监察或者说是监察的应有功能。"由于制度的支持,审计成果出色,仅1921年,通过对广州市政厅及其6个局的预算审核,即为军政府节约开支300万元,为军政府实施了有效的财政监控。"❶显而易见,孙中山审计监督思想在实践中发挥了巨大作用。随后,广州的经验被推广,汕头市及广东省很快建立了审计处,大本营设立了审计局,各级审计机构逐步建立和完善起来。

1923年3月,孙中山在广东组建大元帅大本营,建立了南方革命政府,设置了审计机构——审计局,由刘纪文出任局长,并制定了审计法规。有学者指出:"为适应政权建设与北伐需要,强化对战时财政和各级官员的监督,南方革命政府坚持实行审计制度,设立审计机关,制订相关审计法规,开展审计活动。"❷也是孙中山审计监督思想的进一步实践,同年8月22日,孙中山签署《给军政各机关长官的训令》,其中对审计局的职能做了明确规定:"权司审计,举凡国库出纳之款项,自应依法审核。"❸在《中国国民党第一次全国代表大会宣言》中,孙中山指出:"近世各国所谓民权制度,往往为资产阶级所专有,适成为压迫平民之工具。若国民党之民权主义,则为一般平民所共有,非少数人所得而私也。"❹"非少数人所得而私"即意味着是廉洁的组织。为此,1924年4月20日,孙中山命令公布实施《陆海军审计条例》,希望依法审计,增加审计监督的效率和权威,实现对陆海军的政治监察和经济审计,确保其忠诚廉洁。

在南方革命政府执政期间,孙中山要求政府的各项财政支出都必须接受审计监督。根据史料,在他1924年之后颁布的训令中,大都强调审计处的工作职责,无论是各机关的年度财政预算,还是月度收支报表,还有官员的薪俸支出,均

---

❶ 史全生.孙中山与中国近代审计[N].中国审计报,2006-03-15(006).

❷ 李金华.中国审计史(第2卷)[M].北京:中国时代经济出版社,2004:51-52.

❸ 孙中山.孙中山全集(第8卷)[M].北京:中华书局,1986:149.

❹ 孙中山.孙中山全集(第9卷)[M].北京:中华书局,1986:120.

须经过审计。特别是1924年5月22日、23日两天,孙中山连续给大本营审计处的处长林翔发去两道指令,且给卸任的原审计局局长刘纪文发去训令,要求他们办好交接手续。1924年5月26日,大元帅大本营兵站总监罗翼群涉嫌舞弊,孙中山给罗翼群发去训令,并命令林翔彻底查算兵站的各项流水簿据。第二天,孙中山再次命令审计处长林翔查核广东兵工厂厂长马超俊任职期间的财务账目,最终因为马超俊月度支出预算书混乱,于当年的10月份被免职查办。可见孙中山对审计工作重视程度之高。同时,这两个例子表明:孙中山先生不仅重视审计监督的理论,更注重审计监督的实践,因而收到了良好的效果。有学者在研究了《陆海军大元帅大本营公报》所载有关审计的公文后,认为"在短短的两年时间里,大元帅大本营所属的审计机构,为监督财政财务收支,廉洁政府和官员,充分利用有限的财力与反动军阀进行斗争,做了大量的工作"[1]。的确,通过审计有力地监督了广州军政府的财政工作,也有效地惩治及杜绝了当时官吏的贪腐现象。

鉴于孙中山审计监督思想所产生的良好实效,国民党中央执行委员会决定广州国民政府全面推行审计监督一体化体制。1924年,孙中山在广州组建审计局,制定《陆海军审计条例》,"从此,军政府的审计工作便从地方到军队全面展开,不仅为军政府财政收支的监督发挥了积极作用,也为后来的广州国民政府以至南京国民政府的审计制度奠定了基础,为整个中华民国的审计事业作出了贡献"[2]。1925年6月,国民政府提出设置监察院,负责监察政府各级机关官吏行为,考核检查款项收支状况。不久,监察院成立,与其他各部、院平级。并且得以传承,后面的武汉、南京两任国民政府基本保持了这种审计体制。可以说,国民政府从广州、武汉,一直到南京,三任政权都秉承了孙中山"五权宪法"所倡导的监察审计一体化的监督思想,并将其运用到具体的审计实践当中。

尤其是国民政府时期,正式按照孙中山的权能分治理论确立监察审计合一的体制,使审计监督的作用更强。1928年10月国民政府实施五权宪法之后,民国的国家监督体系正式确立,其中,监察院为国民政府行使监察权的最高机关,行使弹劾、惩戒、审计各项职权。无疑,监察院统管监察审计工作,从《国民政府建国大纲》到《训政纲领》,从《中华民国国民政府组织法》再到《中华民国宪法》,

---

[1] 方宝璋.中国审计史稿[M].福州:福建人民出版社,2006:401.
[2] 史全生.孙中山与中国近代审计[N].中国审计报,2006-03-15(006).

它们蕴含着一脉相承的内在思想根源,那就是通过设立一个专门且权威的国家机关来监督政府权力,考察官吏的政治、经济表现。并且,在这一思想指导下,国民政府正式公布了《监察院组织法》《审计法》《审计法施行细则》《监察院单据证明规则》《惩吏院组织法》等监察法规,明确了监察机构的内部组织格局诸如审计机构及其职权范围,为监察及审计机关行使职权提供了法律依据。

当时的学者对审计的地位也有评价:"吾国之审计权,既本于监察权,而监察权又与行政、立法、司法、考试四权,各自独立,是故吾国审计权之地位极高,远非近世一般国家所能及。"❶显然,在孙中山的审计监督思想之下,审计在民国后期国民政府的治理体系中占有一席之地,成为国民政府监督财政和官吏的重要手段和方式之一。并且,国民政府的审计机构较广州军政府更为健全,审计制度更加完善。

有学者认为:"孙中山的五权宪法设计了一个人民管理政府、监督政府、监督官吏的治国方案。国民党一大还选出了中央监察委员会,其职权是审核中央执行委员会的经费,审查政策的执行情况,审核党的官员的言行政绩,在国民党内,占有很重要的地位。"❷这里,审核经费的职责自然由审计来完成的,也就是由监察机构统一履行审计的职能,由此可以推断,国民党一大已经开始贯彻孙中山审计监督的思想了。孙中山审计监督思想的核心是让人民监督政府的财政,监察官吏的权力。从广州军政府到南京国民政府,孙中山审计监督思想在实践中得以广泛践行。

三、孙中山审计监督思想的当下借鉴

思想引领行动,孙中山作为伟大的革命先行者,他的审计监督思想所产生的影响是深远的,不仅创新了中国近代的监察审计体制,而且为民国时期监察审计制度设计提供了理论依据,因而其具有较强的借鉴价值,值得当下中国审计体制改革参考。

第一,需要融合中西并富于创新的政治思想引领,创制优良的监督体制。从孙中山审计监督思想的形成过程,不难发现,孙中山先生深入研究古今中外的历

❶ 闻亦有.吾国审计制度之检讨[J].新中华杂志,1937,5(13):69.

❷ 李光正.简论孙中山的民主监察思想及其启示[J].河池师专学报(社科版),1997(1):12-16.

史,考察西方国家的政治经济及文化制度,结合中国固有的优秀传统及当时社会实际,从而构建了适合中国最新发展需要的审计监督思想体系和治理模式。该思想既有对前人优秀思想的吸纳传承,又有对当时社会现实的创新应对,因而成为引领民国时期监察工作的主流思想,指导了当时及后来国民政府的审计实践。对此,有学者认为:"孙中山的监察思想是考察了、比较了中外权力监督制度的利弊,借鉴了中外权力监督思想的基础上产生的,它既与中国传统的依附并服务于君权的监察思想有根本的区别,又与西方的权力监督思想有一定的差异。"❶作为监察思想重要组成部分的审计监督思想正是融合中西思想、借鉴中西理论的产物。特别是于实践中,孙中山在审计监督机构的设计理念上,也同样承袭了中国监察的传统,成立了专门的监察院来实施审计监督权,当然,同时吸纳了西方分权理念,采取监察审计合一的模式,分工不分家,强调监督的整体效应。

受孙中山融合中西思想的启发,当下审计监督相关制度的设计及运行仍有改进的空间,既要吸纳国外审计监督理念与制度中先进的做法,又要回望中国古老的及近代民国特殊的监察体制和审计制度,并且契合当下中国社会实际,重构和完善现有的审计监督机制,加强可行性与科学性,为实现国家治理现代化提供新的知识增长点。传统中国御史"位卑权重",监察机关在编制和地位上不依附于任何机关,这样的监察体制设置才有权威性可言。"御史制度的施行,使中央的法律、政令得以顺利地贯彻执行,能够防止各级官吏擅权越纪……"❷事实证明中国御史制度仍值得当下借鉴。今天,我们应立足国家治理与从严治党的新形势,汲取传统中国御史制度的体制精华和西方先进的审计监督理念,开展国家监察体制改革与机制创新。

第二,发挥国家监察及经济审计的合作互动功能,加强对政府及其官吏的监督。民国时期,由于孙中山思想的引导,基于国家经济高效运行的需要,审计监察同时并举,共同承担着重要的监督职能。纵然随着民国政权的更迭、时间的推移,审计机构的职能也在发生变迁,但是一个宗旨没有变,就是遵从孙中山的审计监督思想,监督国家的政治行政和财政运行,发挥国家治理的功能没变。当下中国的国家治理现代化进程中,审计作为国家财政经济运行的主要监督手段,发

---

❶ 刘云虹.论孙中山的监察思想[J].东南文化,2004(5):62-65.

❷ 桂宇石.我国御史制度及其历史作用[J].武汉大学学报(人文科学版),1982(6):77-81.

挥着不可替代的制约作用,它不仅可以防止贪腐滋生,而且可以防范国家治理所面临的风险。这也是当下审计与监察并重,相互弥补不足的时代需要。

孙中山审计监督思想强调由一个独立的与国家司法、行政平行的机构统管监察审计,实现对官吏的政治与经济双重监督,既节约了两个部门工作的协调成本,又整合了资源,提高了工作效率。正如审计署原审计长刘家义所言:"无论国家政治制度在不同时空如何切换,国家审计制度都始终与之相适应,其稳固性不言而喻。"❶政治监督是监察的重要职责,当然,考察国家工作人员的政治行政表现,不能不考量他们的经济责任问题,必然涉及审计。可以说,通常情况下的监察与审计业务重叠、手段互补,"二者同为国家治理的重要组成部分,同在反腐倡廉的前沿阵地为促进国家治理,保障人民利益而尽职尽责,保驾护航"❷。所以,监察与审计两道防线功能更强,它们的有机配合产生巨大的监督效能,民国史实证明二者配合确有必要性和可行性。

近些年来,随着国家治理现代化进程的推进,审计监察并重的监督体制备受关注。其中,有学者指出:"为更好实现把权力关进制度笼子的要求,应进一步加强审计与纪检监察资源的整合,加大工作配合力度,构建全方位协调监督网络,不断完善监督体制,为深化反腐倡廉建设提供有力支持。"❸事实上,"行政监察与财务监督是一个有机的整体"。"国家公职人员的各种违法违纪行为多涉及钱财,查办案件离不开财务审计。因此,一些国家行政监察机关与财务审计机关合一。"❹也正因为政治监督与经济审计两项工作的有机联系,审计监察并重的监督体制被中国古代及很多国家所采纳,更为孙中山所推崇和创新,在民国的政权建设过程中得以有效运用。当下,我国的"监察"意在对国家机关或工作人员的监督、考察及检举,其中常常伴随经济审计,达到监督行政、防止腐败的目的。因此,孙中山审计监督思想对我们当下审计体制改革有很强的现实意义,为我们提供了较为高效的国家治理新模式。特别是党的十八届六中全会之后,"全面从严

---

❶ 刘家义.国家治理现代化进程中的国家审计:制度保障与实践逻辑[J].中国社会科学,2015(9):64-83.

❷ 郭强,徐会烨.审计与监察的协作机制及发展探讨[J].审计月刊,2014(11):14-15.

❸ 周志祥.如何整合审计与纪检监察资源[J].审计月刊,2014(11):19-20.

❹ 孔祥仁.行政监察专员制度:世界各国行政监察机构设置模式综览之三[J].中国监察,1999(7):46-47.

治党亟待改革国家监察体制"❶。在这样的政治背景之下,国家可以适时整合监察与审计资源,建立更加科学的审计监督体制。

第三,提供了值得借鉴的国家治理新模式,防范国家治理风险。根据孙中山的五权宪法理论,民国时期建立了相互监督的政体模式,设置了独立的监察机构,监督国民政府下属各机关及其官吏的行为和活动,同时对税收及各种经费使用状况进行考核,从而构筑了国家财政经济运行的监督制约机制,试图从顶层设计上将腐败和不公的现象予以屏蔽,其中审计监督思想被正式运用到审计工作实践之中,保障了国家财政高效运行,防止了贪腐现象的滋生。表面上,审计重在对国家经济的监督,其实不尽然,审计作为监察的重要组成部分,它实际上涉及很深层次的政治领域问题。如孙中山所认为的那样,"监察制度,是除了要监督议会外,还要监察国家政治,以纠正其所犯错误,并解决今天共和政治之不足处"❷。无疑,审计作为国家的一项重要监督职权,相对独立于国家其他权力,形成制衡监督。❸基于审计对国家治理的重大作用,它不失为一种国家治理的新模式。

孙中山政治思想的核心是强调对于权力的监督,他曾在上海演说时指出:"本党在野,亦当尽监督之责任,此政党之用意也。互相更迭,互相监督,而后政治始有进步。"❹他的审计监督思想也一样具有监督政治的功能,具体表现在对政府及其官吏的监督。对此,学者给予了高度评价:"孙中山的权力监督理论,在中国历史上第一次将人民视为权力监督的主体,将政府及其官员置于人民监督之下。"❺在此思想理论指导之下,国民政府成立了比较完备的审计机构,制订了比较完善的审计法规。这些法规赋予审计官员的权利是监督各级政府执行财政预算情况、遵守财经纪律情况等。无疑,审计工作顺应了政治和经济监督的需要。

有学者认为:"孙中山提出了自己独特的见解,其监察思想中所蕴涵的民主

---

❶ 马怀德.全面从严治党亟待改革国家监察体制[N].光明日报,2016-11-12(003).

❷ 孙中山.孙中山全集(第1卷)[M].北京:中华书局,1981:320.

❸ 李季泽.国家审计的法理[M].北京:中国时代经济出版社,2004:21-22.

❹ 孙中山.孙中山全集(第3卷)[M].北京:中华书局,1984:5.

❺ 姜永英.中国财政审计制度研究[M].北京:中国时代经济出版社,2011:93.

主义精神和中国传统文化因素对我们今天加强和完善权力监督机制,建设社会主义法治都有重要的借鉴意义。"❶尤其是对现代审计体制和国家治理模式的构建具有参考和借鉴。今天各级政府及其工作人员依然是国家权力的重要载体和施行主体,为防止权力滥用和腐败,已经引入"审计全覆盖"理念,以求形成独立监督体系,其目的就是加强审计监督的力量。在"审计全覆盖"理念之下,应该凸显审计的政治经济双重功能,更好发挥当下审计的监督作用,努力维护政府及其工作人员的形象。

最近,有学者提出:"党的十八大以来,中央层面在强调反腐败的同时,开始越来越多地强调'国家治理'这一时代主题。……相应地,政府审计与纪检监察的协作目标也应当从单纯的反腐败拓展到国家治理风险的控制领域。""应当立足于当前的国家治理所面临的风险,从积极推动我国国家治理体系与治理能力现代化的高度,重新审视并展望二者的协作。"❷从孙中山审计监督思想及其实践经验来看,这种观点很有时代性和必要性。一方面,"随着审计制度的不断完善,经济责任审计在加强干部监督管理、促进经济社会科学发展方面的成效会越来越大,揭示、威慑和抵御功能作用的发挥也会越来越明显"。另一方面,随着世界形势的变化和中国社会的发展,国家治理面临更大的风险和挑战,迫切期待通过国家监察与审计体制改革,提高审计监督的效率,促进国家治理能力现代化,有效防范国家治理风险。

综上所述,孙中山的审计监督思想源自他的三民主义及五权宪法理论,这是他对中国传统文化价值的认同和传承,并受西方国家治理思想的影响和启发,也是他密切关注社会腐败问题的解决而深入思考的结果。该思想内蕴"权能分治"含义,是民国时期成立监察审计机构及开展审计监督工作的重要理论依据。在从政过程中,孙中山将审计监督思想用于权力监督实践,组建监察及审计机构,制定相关法律规范,开展监察审计工作。南京国民政府时期,随着"五权宪法"的实施,监察审计制度更加完善,监察审计并重的监督体制在国家治理中的地位更加凸显,它有力地监督了当时政府的财政工作,也有效地惩治了官吏贪腐的现

---

❶ 刘云虹.论孙中山的监察思想[J].东南文化,2004(5):62–65.

❷ 刘学华.政府审计与纪检监察协作机制:问题与展望[J].会计之友,2016(11):119–120.

象。因此,孙中山审计监督思想,值得参照和思考,它为我们提供了一种较为高效的治理模式。今天应适时调整监察与审计机制,建立独立、高效、权威的审计监督体制,充分发挥政治制约与经济监督的作用,有效防范国家治理风险。

中篇 民国时期审计机构负责人研究

民国审计事业的开创者王璟芳

中国近现代意义的审计事业开启于民国时代,其开创者是王璟芳。1912年9月,北洋政府设中央审计处,地方设审计分处。当时,北洋政府任命原临时政府财政总长陈锦涛为中央审计处的第一任总办(审计长),但是陈锦涛未到任,所以接着上任的审计处总办(审计长)王璟芳就成了实质意义上的第一任审计长。王璟芳具有良好的商科专业背景,在任期间,他高度重视审计法制建设,且严格执行,规范管理,成为民国审计事业的开路者,值得后人探讨和追忆。

一、专业教育背景奠定审计事业基础

王璟芳,湖北恩施人,1877年出生,他没有优越的家庭条件,靠求学起家。早年,王璟芳在家乡就读,学习勤奋刻苦,16岁中秀才,22岁公费留学日本,求学的道路一路顺畅。在留学期间,王璟芳认识了后来的妻子、同为湖北籍的留日女子王莲。王莲知书达理,学业优异,对王璟芳的事业有一定帮助。而王璟芳留学的专业知识背景是商科,他在日本高等商业学堂专攻商科。[1]从学科归属来看,审计与会计同归工商管理学科,即商科。在日本接受商科专业教育的背景,为王璟芳后来从事审计和财政监督,奠定了坚实的专业基础。

留学五年后的1904年夏天,王璟芳从日本学成归国,被委以重任,在度支部、资政院、钱币司等重要岗位任过职务。正如研究史料所载:"归国后,由清廷赏以钦赐商科举人,敕予'破格奖用',任清政府度支部会计司主事,开启仕途之征程。"[2]后来辛亥革命爆发,王璟芳始终持有革命立场,极力支持孙中山。孙中山对王璟芳也很赏识,任命他为广东省财政整理特派员。财政整理特派员掌管财政收支等职责,实际上,此时的王璟芳已经开始从事与审计密切相关的工作,因为审计是财政整理的主要手段。财政整理特派员的工作,为王璟芳后来从事的审计管理工作奠定了专业技能基础,同时又锻炼和积累了能力。

---

[1] 陈元芳. 中国会计名家传略[M]. 上海:立信会计出版社,2013:354.

[2] 陈元芳. 中国会计名家传略[M]. 上海:立信会计出版社,2013:354.

　　其实,"从辛亥革命开始,部分独立省份设置审计机关,开展了审计工作"❶。民国成立初期,袁世凯担任临时大总统,政治专制,经济混乱,财政紊乱,动荡不安的北洋政权亟须审计事业的支持。于是,1912年9月,北洋政府决定设置临时审计机构——审计处。在审计处负责人人选上,北洋政府起初任命陈锦涛为中央审计处的第一任总办,但是由于陈锦涛未到任,王璟芳被任命为审计处总办,成为民国时期第一个实质意义上的审计长。当时的《政府公报》上刊登了王璟芳任职审计处的消息:"为呈报事窃九月二十五日奉大总统令任命陈锦涛为审计处总办,未到任以前,著王璟芳署理此令等因。璟芳遵于九月二十八日到处任事,即用前银行学堂为办公之所……"❷

　　从该公文的信息可以判断,袁世凯等早有预见陈锦涛不会到任审计处总办,所以预先安排王璟芳做替补总办,而且王璟芳明确于9月28日到位于前银行学堂的审计处办公场所任职。而另有研究史料记载:"9月25日,袁世凯任命赵秉钧为国务总理,同天发出大总统令,由赵秉钧、周学熙副署,设立审计处,任命王璟芳为审计处代理总办,并登发《政府公报》,向外宣告中国政府审计机关正式成立。"❸从这里不难发现,北洋政府在这份更为正规的文件里,不仅确认了设立审计处,并且直接任命王璟芳为审计处代理总办。

　　之所以选择陈锦涛和王璟芳作为审计处负责人人选,北洋政府是有考虑的,陈锦涛和王璟芳两位均为留洋归国的高层次人才,都有经济学或商科专业学习背景,且都从事过财政监督工作。陈锦涛是留美博士,在哥伦比亚、耶鲁大学攻读过经济学专业,"历任过大清银行监察、度支部预算案司长、统计局局长、印铸局局长、币制管理委员会会长和资政院资政等"。❹但是,陈锦涛却未就审计处总办之职,根据当时的《时报》报道,他也是事出有因的:

　　陈锦涛决意不就审计院之职,已于本月八号由津浦路赴沪专组办汇业银行,事陈之所以必辞此职者,明言财政总长周学熙之性质难与相容。审计院虽系独立机关,不受财政部之支配,然创办之初,与财政部毗连之事太多,恐将来必无好

---

❶ 李金华.中国审计史(第二卷)[M].北京:中国时代经济出版社,2004:3.

❷ 王璟芳.署审计处总办王璟芳呈大总统报明任事日期暨办公处所文(元年九月)[J].(北洋)政府公报,1912(158):7.

❸ 李金华.中国审计史(第二卷)[M].上海:中国时代经济出版社,2004:15.

❹ 佛山市地方志编纂委员会.佛山人物志[M].上海:方志出版社,2011:121.

果也。❶

从《时报》的报道里,不难发现:第一,陈锦涛另有高就——组办汇业银行,他无心换岗;第二,陈锦涛担心未来,理论上审计监督财政,审计处应与财政部是两个独立的机构,但是事实上,审计与财政紧密联系在一起,将来肯定会出问题。由于这两个理由,陈锦涛无意到任审计处,北洋政府任命王璟芳作为审计处总负责人,是非常明智的选择,王璟芳的商科专业学习背景及他在财政整理特派员岗位的工作经历,足以让他在审计处总办的岗位游刃有余,作用更大。

9月28日,王璟芳到审计处走马上任。紧接着,他主持起草审计处法律法规,确认审计处的法律地位。其中,1912年10月22日北洋政府批准施行的《审计处暂行章程》规定:"审计院法未公布以前,暂设审计处,隶属于国务总理,掌理全国会计监督事务;审计处设总办1人,办理全处事务。"❷这里,总办为审计处的最高行政首长,隶属于国务总理,由大总统任命。因此,可以判断,王璟芳是民国第一位最高审计长官。

然而,审计处作为中央层面的审计管理机构,尽管应该管辖全国的经济审计与财政监督,但是毕竟"天高皇帝远",加上中国幅员辽阔,地方各个省的审计工作需要设置具体的管理机构——审计分处进行管理。于是,王璟芳上任审计处总办后,积极倡导建立地方审计分处,提名任命审计分处处长,构建从中央到地方的审计管理体系。根据史料记载:1913年2月21日的大总统"批国务总理赵秉钧呈据审计处总办王璟芳请派各省审计分处处长并声明审计员资格等情请鉴核施行文"❸,由此我们知道,王璟芳通过国务总理申请派往各省审计分处处长,并确认审计员资格,最终由大总统定夺。又根据1913年6月8日的《临时大总统令》,"代理国务总理段祺瑞呈称:据署审计处总办王璟芳呈请任命赵基年为河南审计分处处长,徐一清为山西审计分处处长,应照准,此令"❹此份大总统令表明王璟芳关于派往各省审计分处处长的想法很快得到了国务总理和大总统的支持,才得以具体落实,由此任命河南、山西等省审计分处的处长。

简言之,湖北恩施的王璟芳基于留学海外的商科专业背景及特殊的历史机

❶ 佚名.陈锦涛不就审计院职之原因[N].时报,1913-02-17(3).

❷ 中国第二历史档案馆藏:《审计处暂行章程》,全宗一〇六六,587卷。

❸ 骆宝善,刘路生.袁世凯全集(第22卷)[M].开封:河南大学出版社,2013:83.

❹ 袁世凯.临时大总统令(中华民国二年六月八日)[J].山东公报,1913(152):2.

遇,成为民国时期第一位最高审计管理者和民国审计事业的开创者。

二、审计法治建设凸显审计的规范性

前文已述,王璟芳于1912年9月上任审计处总办之初,随即开始起草审计管理的法律法规文件。在他心目中,管理工作离不开法规法令的指引和规范。且在审计工作中,依法审计,贯彻审计法规法令,实现了审计法治建设的目标。今天的学界公认王璟芳为"财政与审计实务专家"和"中国审计立法先驱"。❶

(一)主持起草审计法规法令

很快,1912年10月就出台了一系列法规,除了前文所提到的《审计处暂行章程》,还有《审计处附设讲习所章程》《呈总理代呈总统批示〈暂行审计规则〉》《审计处派员实地调查规则》《呈总理审计处采用事前监督文》等。这些系列法规法令,的确为审计工作的规范化提供了强有力的制度保障。

首先,制定有关审计处的系列法规。这是审计处的主要管理依据,包括《审计处暂行章程》《暂行审计规则》《暂行审计国债用途规则》《审计处执务规程》《审计处议事细则》等。❷《审计处暂行章程》共十三条内容,对审计处的内设机构架构及其职能、人事编制及其职责,以及审计处关于编定审计文书的格式、派员外出调查及遇到问题处理的路径等均作了原则性规定。据此章程再制定《暂行审计规则》及《审计处执务规程》等具体的指导性法规。如《暂行审计规则》第九、十五条规定:"各主管官署每月编造决算,应将收入各凭单发款各收据及一切凭单一并送审计处查核,但每年度总决算,应由主管官署编送财政部核办后,送交审计处办理。审计处得随时派员分赴各官署检查其填写簿记等项是否合式。"❸

其次,制定《审计处附设讲习所章程》。王璟芳认为审计工作首先需要专业人才,为此创设审计会计专业人员讲习所。而为了办好簿记讲习所,培养适应社会发展需要的会计审计人才,必须以法规去规范和约束。因此,继《审计处暂行章程》之后,王璟芳主持制定了《审计处附设讲习所章程》,该章程于1912年11月问世,它规定了讲习所的办所宗旨、学员规模、学习期限、学习内容及考核要求

---

❶ 陈元芳.中国会计名家传略[M].上海:立信会计出版社,2013:354.

❷ 第二历史档案馆:《审计处暂行章程等汇编》,全宗一〇六六,卷号587。

❸ 第二历史档案馆:《审计处暂行章程等汇编》,全宗一〇六六,卷号587。

等❶,成为规范讲习所、确保人才培养质量的重要保障。

最后,制定《审计处派员实地调查规则》。审计工作过程有一个重要的实地调查环节,王璟芳要求必须依法依规进行,于是组织起草相应的规则。1913年3月28日,王璟芳主持起草的《审计处派员实地调查规则》正式出台,要求"凡有派员实地调查者,均应遵照办理。凡审查决算遇有疑义及与决算有关系之事,均得行实地调查"❷。该规则还对实地调查的联络程序、调查范围、结果处理方法等均作了详细规定,为审计人员进行实地调查提供了合法公正的依据。

此外,根据档案史料记载,王璟芳任职审计处期间,还就审计分处制定了一揽子法规,如《各省审计分处暂行章程》《各省审计分处暂行审计规则》《各省审计分处执务规程》《各省审计分处议事细则》等。❸还有法规草案,如《审计处办事规程草案》《审计处呈总理审查决算委员会规程》《审计处转呈吉林分处呈请国务院令行该省省长改订放荒收价章程》《审计处拟定检查官有财产暂行规程》等。❹

(二)严格执行审计法规法令

王璟芳不仅重视审计法规的制定,而且严格执行。他认为:"查审计通例,本注重事后监督,而我国兼采事前监督之意,实因财政困难,若不严行稽核,无以昭服中外之人心,故有不正当之用款,本处皆据理拒绝,而又虑与行政活动有碍,故由国务会议负完全责任。"❺也即在国家财政困难的情况下,必须严格执行审计规范,否则不得人心。鉴于此,审计处坚决拒绝审批不正当用款。可见,王璟芳在审计管理工作中,带头严格执法,维护国家经济利益。此外,从王璟芳在任期间的审计文件,我们同样可以发现他依法审计的历史记录:

为陈明办理审计情形,并将支付命令开列清单,恳请代呈。事查审计规则第六条载各官署每月支付概算书之款目中,有以国债筹备者,应依照暂行审计国债用途规则处理之等语,暂行审计国债用途规则第五条载政府所有用款如指定由

---

❶ 审计处附设讲习所章程[J].(北洋)政府公报,1912(203):11-13.

❷ 审计处派员实地调查规则(二年三月二十八日)[J].政府公报分类汇编,1915(22):93.

❸ 第二历史档案馆:《审计处暂行章程等汇编》,全宗一〇六六,卷号222。

❹ 第二历史档案馆:全宗一〇六六,卷号718、8、193、527。

❺ 王璟芳.署审计处总办王璟芳呈国务总理陈明办理审计情形并将支付命令开列清单请代呈文并表(二年八月)[J].(北洋)政府公报,1913(453):12.

国债项下开支者,财政部应先期将发款命令连同领款凭单送交审计处稽核,由审计处承认签字等语,均经奉令通行,遵办在案。❶

该文件所载的是审计国债的相关内容,文中透露了依照审计规则和暂行审计国债用途规则的具体条款,来处理国债审计事宜。"均经奉令通行,遵办在案"高度概括了审计处依法审计的事实。并且,王璟芳在审计处任职的一年时间里,处处依法办案,件件案件落到实处,登报公开,让所有民众知晓。有时,王璟芳还到基层检查审计执法落实情况,1913年3月24日的《时报》第二版曾有标题新闻:"王璟芳将赴各省查审计情形。"

(三)工作总结里体现法令的落实

审计处正式办公之后,王璟芳注重总结经验和不足,以更好调整后面的工作对策。1913年8月,审计处开办近一年时间,王璟芳呈交国务总理的总结报告里处处显示了依法审计的"痕迹",下面是当时刊登在北洋《政府公报》上的审计统计数字,"均系照章办理"。

本处自民国元年九月二十八日开办起,截至十二月三十日止,审查支付命令核准签字者,共一百二十七件,约合八百五十五万五千七百二十三元,即照章承认签字者也,会议签字者共十九件,约合二十七万六千五百四十三元。即经本处拒绝后,由国务会议补行签字也;退还签字者,共三件合八万元,即非国债项下开支无庸签字也。拒绝签字者共十五件,约合四十二万四千零二十六元,即认有疑义及不正常而拒绝签字者也。未决签字者共十三件,约合一百三十八万七千一百九十元,即经本处暂准签字,仍令补备未完手续者也。以上各项均系照章办理而核准之标准,全以预算草案及每月概算为凭。❷

从这段史料里,我们看到了很多冷冰冰的数据,但是却反映了王璟芳在任期间的审计处工作之严谨、执法之严格。该数据明确说明:各项审计结果均是按照规则和章程的规定标准,全是以预算和概算为凭据。尽管民国元年情势复杂多变,社会动荡,但是这种依法审计的工作成为民国初期审计法治的最好状态,它

---

❶ 王璟芳.署审计处总办王璟芳呈国务总理陈明办理审计情形并将支付命令开列清单请代呈文并表(二年八月)[J].(北洋)政府公报,1913(453):12.

❷ 王璟芳.署审计处总办王璟芳呈国务总理陈明办理审计情形并将支付命令开列清单请代呈文并表(二年八月)[J].(北洋)政府公报,1913(453):12-13.

为民国之后的审计法治化提供了样本。民国第二年,审计处在原有工作经验的基础上,审计方式方法做了逐步调整,但是依法审计的原则不变。

"本处自民国元年九月二十八日开办起,截至十二月三十日止,所有一切审计情形及核准签字支付命令之数目,均已具文开单于本年四月十二日呈请代呈。"❶此后改成三个月作为审计的结案周期,"计自本年一月一日起,截至三月三十一日止,由财政部送到支付命令共三百五十件,经本处审查分作六类……"❷

王璟芳主政的审计处在依法审计方面如此突出,凸显了审计工作的规范性。即使离开审计管理之后,王璟芳依然非常重视制度建设,如去山东任财政厅长,立即给袁世凯呈文,要求制定矿务监督制度,指出法令之重要:"为呈请事:窃惟实业、行政、矿务特重,非有完全之法令,则事业无资以保障;非有监督之机关,则法令无由以行使。"❸在王璟芳看来,无论做什么事业,没有完全的法令,事业将无从保障,且要有监督机关监督法令的行使。审计管理恰恰是这样做的,可以说,依法管理是王璟芳职业生涯的基本规律。

三、围绕审计事业开展其他基础工作

王璟芳"学通中外,名誉素著"❹。他有扎实的商科专业知识背景,严谨的工作作风。上任审计处总办之后,除了关注审计法治建设之外,他还将人才培养、实地调研、整顿税务等作为基础工作,逐件落实。并且,王璟芳是民国第一任审计负责人,前面没有效仿的先例。他所做的工作为后人奠定基础,富于开创性。

(一)倡导新式簿记,培养专业人才

王璟芳任职审计处,不仅需要法规,还有人才需求。因为王璟芳首先遇到现实的问题,就是被审计的会计账簿属于旧式簿记,与当时的审计要求极不匹配,

---

❶ 王璟芳. 署审计处总办王璟芳呈国务总理报告第二期审计情形并将支付命令开列清单代呈文并表(二年八月)[J]. (北洋)政府公报分类汇编,1915(22):123.

❷ 王璟芳. 署审计处总办王璟芳呈国务总理报告第二期审计情形并将支付命令开列清单代呈文并表(二年八月)[J]. (北洋)政府公报分类汇编,1915(22):123.

❸ 拟请设立矿务监督署与张謇呈袁世凯文(一九一四年二月四日)//林增平、周积先. 熊希龄集(上)[M]. 长沙:湖南人民出版社,1985:718.

❹ 周学熙. 财政总长周学熙呈大总统据王璟芳等呈请亲赴各省考察财政等语请特发派遣状并加函各省都督民政张俾资接洽文(1913年4月2日)[J]. 政府公报,1913-04-03(326):11.

必须立即改革。"他认为,审计以监督会计为目的,审查会计以簿记为依据。只有簿记整齐而有明确的规则可循,审计工作才能收到监督的实际效果。"❶关于改革簿记的重要性,王璟芳在呈送政府及大总统的文件中,做了明确说明:

> 为呈请附设簿记讲习所事,窃维审计处之设,以监督会计为主旨,际兹临时预算之期,一切会计法规悉未完备,欲实行会计上之审查,自应以簿记为唯一依据,必使记簿者有整齐明瞭之法,监督者始克收综核名实之效。……能令各官厅悉得应用新式簿记,似于审计前途大有裨益。❷

这段文字意在表明:审计就是查账,审计工作是以审查会计账目为主要内容,以监督会计为主要宗旨的事业。这样一来,自然会计账本——簿记就是唯一的审查依据。因此,审计处为办好审计事业,开展好审计业务,不得不关注"簿记"的形式和内容。但是,原有簿记存在很多不足:

> 吾国各官署现用簿记类皆沿习旧式单简者,既失之疏略复杂者,亦茫无系统弊混,易滋清查无术,吾国财政之紊乱未始不由此。参观世界法治国,其簿记有一定之组织,其记录有一定之规程。……本处职司审查,自应有划一官厅簿记之责,现已拟定各种官用簿记之规则并格式及说明书等类似按照暂行章程与各署会商妥协后,再行呈请颁布施行。❸

王璟芳认为,民国之初的北洋政府各个机关所用的会计账簿还是沿习了清末的旧式规格,不仅简单粗糙,而且系统混乱,没有章法可循,为查账带来诸多不便。并且王璟芳认为民国之初,国家财政紊乱的根源就在于簿记落后。外观世界法治化国家,有专门簿记组织和规程。所以自审计处开始,要统一规范簿记,包括各种公用簿记的规则、格式均要予以规范化,出台章程等法规,与各地方机关一起充分商讨后,再颁布施行,为审计提供便利条件。

而开展审计工作,需要培养新式簿记人才。因为新式簿记规则出台后,需要人去执行,无论会计人员还是审计人员,必须熟练掌握新式簿记规则,方可在工作中正确运用,取得应有的收效,于是王璟芳继续给国务总理报告:

---

❶ 陈元芳. 中国会计名家传略[M]. 上海:立信会计出版社,2013:355.

❷ 王璟芳. 署审计处总办王璟芳呈国务总理拟附设簿记讲习所拟定章程请鉴核文(元年十一月)[J]. (北洋)政府公报,1912(203):14.

❸ 王璟芳. 署审计处总办王璟芳呈国务总理拟附设簿记讲习所拟定章程请鉴核文(元年十一月)[J]. (北洋)政府公报,1912(203):14-15.

适用此项簿记,必须有明晰新式簿记之人才登记,始无贻误。现在各官厅从事会计者,虽不乏东西洋留学生,然类多研究学理,不屑执行此种实践事务,即或为之而人数寥寥,亦不敷用,璟芳以为值此过渡时代,一切宜颁布简明易行之新式簿记,俾各官厅先行试用,一面宜养成专门人才,俾渐进于完美之域,兼程并进,其获效自可确操左券。❶

王璟芳强调,适用新簿记,必须有熟悉新式簿记的人才去操作,才不会出错。尽管现在各机关的会计师有的留洋回来,但是他们大多研究学理,实践事务经历不够。所有简单易行的新式簿记,一方面有赖于各机关先行试用,另一方面必须将其培养成专门人才,使他们在会计及审计工作中,稳操胜券,万无一失。那么,如何培养人才,必须要有培训机构。于是,王璟芳有提出建立簿记学校或簿记讲习所的设想:

惟特设一簿记学校,不独经费庞大,亦且时期辽远,拟请附设一簿记讲习所于审计处,所有办事人员均以本处人员兼充,不另支薪,其学员则咨请各主管预算衙门,派现任会计人员赴补习,学习期间以两月为限。❷

在王璟芳看来,如果建设一座簿记学校,不仅耗资巨大,同时也耗时久远,所以不如在审计处设立一个簿记讲习所,作为新式簿记人才的专门培训机构,最适合当时的形势。所有办事人员由审计处派充,既节省开支,又方便安排,先将所有会计人员送讲习所学习,学习期限两个月。有学者认为王璟芳的审计思想就体现在簿记改革及其人才培养方面:改进簿记以适应审计要求和培养簿记人才以推行新式簿记。❸也即改良簿记,培养人才,为审计科学化、规范化提供支持。

(二)考察财政状况,打好审计基础

熟悉财政状况是审计工作必不可少的基础,王璟芳上任审计处总办之后,不仅重视审计制度建设,还注重了解各地财政现状,深入开展实地调研。但是,到基层考察财政不是一件容易的事,需要经过上级批准。于是,王璟芳先向当时的

---

❶ 王璟芳. 署审计处总办王璟芳呈国务总理拟附设簿记讲习所拟定章程请鉴核文(元年十一月)[J].(北洋)政府公报,1912(203):15.

❷ 王璟芳. 署审计处总办王璟芳呈国务总理拟附设簿记讲习所拟定章程请鉴核文(元年十一月)[J].(北洋)政府公报,1912(203):15.

❸ 赵友良. 中国近代会计审计史[M].上海:上海财经大学出版社,1996:329.

财政总长周学熙请求,通过周学熙再进一步取得大总统的认可。根据周学熙
1913年4月2日为王璟芳所做的申请文件记载:

> 璟芳等自外洋毕业回国后,忝列户曹,虽于簿书钱谷稍有涉猎,而各省实际
> 情形全不通晓。旧制中央专司稽核,分别准驳,俱有例案可循。今日财政迥非昔
> 比,国税金库纸币公债军队各问题,非常重大,各省情形又觉不同,其复杂之原
> 因,有伏自前清末造,亦有民国初创而始发生者。璟芳等在部较久,前后关系闻
> 之稍详,尚恐前派视察各员对于部中计划言之未尽透彻,各省不免仍有误会之
> 处,且其时注重国税一事,近因国税而牵及各种问题,若非洞悉,全体情形,自难
> 同时解决。❶

从申请书的内容,可以看出当时的财政部长周学熙是非常支持王璟芳的财
政考察计划的。周学熙指出了三点理由:一是王璟芳从国外读书回来,对国内的
情况特别是各个省的实际情形并不全部知晓,也即了解不透彻;二是全国各地的
财政监督有案可循,了解这些先有的案例,为后面的工作提供参考;三是随着时
间的推移,财政状况发展变化,各省情形不同,状况复杂,亟须了解,施以对策。

王璟芳财政考察的请求当天就得到大总统的回复,根据1913年4月2日的
《临时大总统委任令二号》:“据财政总长周学熙呈称:各省划分税项,设立金库,
推行纸币,银行整理军费,确定预算等事,亟待筹备进行,请派员前往考察情形,
妥商办法等语,应即委任王璟芳李景铭前往各省考察财政。”❷可见,大总统对王
璟芳的财政考察也非常肯定,从经费、人力等方面予以支持。

在接到批准的第二天,王璟芳便开始实施考察计划,1913年4月1日的《时
报》第二版出现标题新闻:“审计院代理总办及调查各省财政会长王璟芳定期四
月三日赴中国各大商埠从事调查,以两月为期。”同年5月20日的《时报》第二版
再次对王璟芳的财政考察做了简单的报道:“财政部派王璟芳赴各省繁盛大埠调
查财政,限两个月成事。”可以说,王璟芳办事雷厉风行,说干就干。

(三)整理税务问题,发挥审计作用

税务,顾名思义,是关于税收的事务。税收是国家依法定程序和标准,强制

---

❶ 周学熙.财政总长周学熙呈大总统据王璟芳等请亲赴各省考察财政等语请特发派遣状并加函
各省都督民政张俾资接洽文(1913年4月2日)[J].政府公报,1913:(326).

❷ 令财政部国税厅总筹备处总办王璟芳会办李景铭[J].浙江公报,1913-04-17(419):4.

地、无偿地取得财政收入的一种方式,它具有调节收入分配,促进经济发展的意义。税务一般涉及税法、征收的条件和对象、税收获得财政收入的作用。民国初期,北洋政府财政状况薄弱,亟待通过整理税务,处理在审计过程中所发现的税务严重问题,提升政府的财力。对此,王璟芳也同样十分关注。他在做审计总办期间,兼任北洋政府财政部税法委员会会长,他主张整理税务是拯救国家财政经济的必要方法,他认为:

> 国家收入以租税为根本,吾国整顿税务向为目前筹款主义,未尝为根本计划,故以辽阔之幅员、繁庶之户口,综计其每岁税额,仅及欧洲一小国,推其原由在整理之未得其法也,光复以后需款日多,财源益竭。拯国之计,舍整理税务之外,别无良策。❶

也即税收是国家收入的根本来源,政府整顿税收向来采用筹集资金的方式,这不是国家的根本计划。中国幅员辽阔,人口众多复杂,综合统计每年的税收额度,却抵不上欧洲的一个小国。究其根源,在于税务整理不得法,加上推翻清政府之后,用款日益增多,财源逐渐枯竭。如果从拯救国家的角度出发,除了整理税务之外,没有别的好办法。也就是说,整理税务是拯救国家财政危局的最佳方案,而审计乃整理税务的最佳方法。

概言之,在做审计总办的同时,王璟芳还兼任统一财政调查委员会会长,通过清理财政,整理税务,盘点收支借款等措施,希图恢复北洋政府十分混乱的财政秩序。

可惜的是,王璟芳在北洋政府审计处的任职时间不长,从1912年9月到1913年9月,只有一年时间,后任山东财政委员、矿务监督、财政部次长等职。但是,1920年年仅43岁的王璟芳因病在北京去世,属于英年早逝。"一位不可多得的经济与社会学家壮志未酬身先逝,给中华民族的经济和会计学界留下了多少不幸和遗憾。"❷也给审计界留下了遗憾。有学者指出:王璟芳先生担任北洋政府审计处总办期间,在草创中华民国审计工作之时,面对百废待兴之现实,根据工作开展之需要,提出了自己的审计思想。❸实属难能可贵,值得后人传承。

---

❶ 王璟芳. 财政部税法委员会会长王璟芳宣言书[J]. 政府公报(通报),1913年8月11日第455号:277.

❷ 陈元芳. 中国会计名家传略[M]. 上海:立信会计出版社,2013:355.

❸ 陈元芳. 中国会计名家传略[M]. 上海:立信会计出版社,2013:355.

　　综上,作为民国第一任审计长,王璟芳任职时间虽然短暂,但是他开创了中国近代审计事业的新纪元,意义深远。王璟芳的商科专业背景奠定他后来审计事业的基础。上任北洋政府审计处总办之后,王璟芳重视审计法治建设,主持起草审计法规法令,并且严格执法,凸显审计的规范性,以及围绕审计工作所开展的人才培养、实地调研、整顿税务等基础工作,令人钦佩。王璟芳不仅学业优异,专业精湛,而且工作作风踏实,雷厉风行的品格也值得后人学习。

北洋政府首任审计院院长丁振铎

北洋政府时期,作为中国近代审计发展的重要阶段,离不开审计机构负责人的贡献,尤其是首任审计院院长的努力。1914年5月,北洋政府中央审计处改为审计院,该审计院的第一任审计院院长名叫丁振铎,他是一位清末民初的重要官员,不过他任职审计院院长的时候已经72岁,且任职4个月时间就因病去世了,这种经历在民国的诸多审计院院长当中也是比较特殊的。相关史料对丁振铎的记载少之又少,尽管他生前学业优秀、任职无数,但是到目前为止,对他的研究及成果尚为罕见。无论如何,在民国的审计史上,丁振铎留下了一席之地,值得后人研究。

一、性格禀直刚毅,是审计院院长的好人选

丁振铎生于第一次鸦片战争之后的1842年,他是河南罗山人,也即今天的河南省信阳市罗山县周党镇黄湖村人。他少小时代具体的教育背景无法考证,但是他的学业是非常优秀的,他于1859年17岁中举,1871年29岁中进士,授庶吉士,相当可观。要知道,在古代社会,考上秀才,就已经不错了,举人更是稀罕。考上了举人,就已经正式踏入了"官"的行列。丁振铎最终拿到进士,被授庶吉士。庶吉士是当时翰林院内的短期职位。庶吉士或为皇帝近臣,负责起草诏书,或为皇帝讲解经籍等任务,是为内阁辅臣的重要来源之一。由此可见,丁振铎是凭着优秀的学业走上仕途的。

丁振铎的仕途经历也很丰富,可以说多处任职。他"先后任翰林院编修、武英殿功臣馆纂修官、国史馆总纂官、监察御史、京畿道台、布政使、云南和广西巡抚、云贵总督、协理资政院事兼弼德院顾问大臣。……1914年,袁世凯起用他为参政、审计院院长兼大总统高级顾问"❶。在这些岗位上,丁振铎是一个不折不扣的"硬官",他刚正不阿,严格执法,举例见表1❷。

---

❶ 详见今天罗山县人民政府网站的"罗山名人"栏目,http://www.luoshan.gov.cn/news.php?cid=13&id=3107。

❷ 河南罗山县地方史志编纂委员会. 罗山县志[M]. 郑州:河南人民出版社,1987:537.

表1　丁振铎在位期间深得朝廷信任的例子

序号	时间	所任职务	印象深刻的几个例子
1	1877年	会试考官	北京富商冯恩照之父贿赂六部官员,赐冯恩照为举人。丁获悉后,奏呈光绪帝,核对冯考卷笔迹,光绪帝下令查处
2	1883年	监察御史	遇京城一王爷住房多年不纳房产税,他用铁链铐锁王府门前石狮,以示王爷犯法。直隶总督兼北洋大臣李鸿章门人恣行京市,勒索银两,丁将其依法查处
3	1901年	云南总督	经查云南普河镇总兵高德元蛮横骄奢,纵兵殃民,立即斩高于总督府外。而对少数民族则采取宽容、争取的政策,苗族首领丁槐不服辖治,屡闹纠纷,丁振铎迎来送往以礼待之。丁槐受感化,纳粮交税,接受管辖
4	1904年	云贵总督	京都大臣攻击其"急于新政",丁以"才不胜任"为由请求引退。光绪帝召他入京,任命为理资政院事,委以禁烟大臣兼弼德院顾问大臣等职

　　从这份表格所列举的例子中,可知在公职期间,丁振铎对待社会不公平现象,其态度是坚决的,毫不手软,并予以惩治。首先,对于人才选拔过程中的贿赂等不正当行为,丁振铎奏请皇帝处理,杜绝不良风气的滋生蔓延。前文已述,考上"举人"就意味着获得做官的资格,"举人"头衔是进入官场的通行证,也是千千万万学子读书所追求的梦想,竟然有人想走捷径,通过贿赂的手段轻松取得。作为会试考官的丁振铎得知此信息,感到非常震惊,同时对此行为的危害性认识很深。于是,丁振铎奏呈光绪帝,要求核对作弊者考卷的笔迹。当时,年轻的丁振铎觉得自己人微言轻,要将此事彻底解决,只有找皇帝。果然,光绪帝立即下令查处,因此而打破了作弊者的美梦,一定程度上纯净了当时的人才选拔环境。

　　而在任职监察御史期间,丁振铎遇到两位骄横的朝府高官违法,他敢于碰硬,毫不畏惧,与恶势力斗争到底。一位是京城的王爷住房多年,却不缴纳房产税,多次催缴就是不交。丁振铎派人用铁链将这位王爷铐锁在王府门前的石狮子上,以示王爷犯法,与民同罪,希望压压恶人的威风,并以此警示世人,起到良好的教育作用。另一位是大名鼎鼎的直隶总督兼北洋大臣李鸿章身边的人到处滋事,勒索银两,丁振铎不畏权势,将其依法查处,无论李鸿章怎么说情也没用。

在丁振铎看来,宁可得罪李鸿章,也要还社会和百姓以公正安宁的环境,足见丁振铎禀直和刚毅的性格。

1901年,丁振铎出任云南总督,在此工作期间,他关心爱护当地老百姓,尤其少数民族同胞,但是对于黑恶势力决不手软。例如,云南普河镇总兵高德元长期蛮横骄奢,纵兵殃民,百姓对他恨之入骨,丁振铎将其绳之以法,并且在总督府外将高德元斩首示众。不久,丁振铎担任云贵总督,总管云南和贵州两省的军民政务,继续为民除害,有史料记载:

曾记先辈谈到,在贵云总督任内,有一旗军统领,谎报匪情,而入深山抢掠,残杀很多良民,激起苗变,丁即派员秘勘,详实缮就密摺,以八百里驿站飞送,直达御前,奉"便于行事"密谕。乃以议事为名,将该统领由军前召回,诱至督署二堂,请出圣旨,就地正法。事后奏闻,朝右愕惊,但未招上怒,一时颇有名气。❶

丁振铎的行动有力地震慑了当地的恶霸势力,保护了老百姓,百姓无不称快。但是,京都有的大臣攻击丁振铎"怠于新政",丁振铎以"才不胜任"为由请求引退。了解丁振铎的光绪皇帝却召他入京,任命他为理资政院事,委以禁烟大臣兼弼德院顾问大臣等职。可见,丁振铎所任的职务及其政绩得到了朝廷的认可。

在任云贵总督期间,丁振铎准备为本地开展一些基本建设,但是落后贫穷的财政状况使丁振铎大伤脑筋,为此,他再次给光绪帝上了奏折:

奏为遵旨议奏,恭摺仰祈圣鉴事。窃云贵总督丁振铎等奏滇越铁路购地设兵需费甚矩请指拨的款一摺,光绪三十年正月二十四日奉硃批:该部议奏,钦此。钦遵由内阁钞出到部,查原奏内称滇越铁路,洋员始则勘由河日以达蒙自,又由蒙自等处抵省,并于红河、新现河一带开修小路,建造栈厂、医院。因原约有备地之议,不能不挪款购买。今该公司又将路线改由南溪河以达蒙自,而蒙自以上则改由弥勒、宜良一路抵省,所有红河、新现河等处前购地段大半作废。然公家已向民间购买,势难退地追价,况数年以来所派会勘员绅、护送弁兵薪饷夫马各项开支,为数已属不少。前因购地需费,奉部指拨江汉关税及四成药釐,共银二十万两。除提还前垫款项及现在开支外,所余无几。虽章程内载明公司每月给津贴四千四百五十两,核计尚不敷各段委员、绅董薪水夫马之用。恩恩饰部指拨的

---

❶ 曹季彦. 丁正铎除恶安民//载政协河南省委员会文史资料研究会. 河南文史资料(第12辑)[M]. 郑州:河南人民出版社,1984:25.

款一百万两解滇以济急需等语。❶

奏折中,丁振铎提到云贵地区的修路、建厂、建医院等项目,皆需要资金支持,可是筹集资金却遇到很多麻烦,不得不请求朝廷拨款。通过此事,丁振铎对于财政管理的重要性有了深刻认识,为他后来从事审计管理,加强财政监督提供了思想准备。

通过研读关于丁振铎的零星材料,笔者有一个基本的判断,就是丁振铎是一位性格禀直刚毅、干事雷厉风行的人,他与民国审计历史上的庄蕴宽、于右任、茹欲立等几位审计长有着共通的秉性,刚正不阿,严格执法,具备做审计管理的潜质,是审计长的好人选。可是,当袁世凯起用他担任审计院院长的时候,他一开始并没有答应。于是,国务卿徐世昌于1914年7月13日向丁振铎转告了大总统的批令要求:"该院长持躬清正、夙著闻望,务应勉为其难,即行就职,勿再固辞。"❷又根据当时的《政府公报》上刊登的《审计院院长丁振铎呈报就职日期请钧鉴文并批令》:

为呈报就职日期事六月二十日奉大总统策令特任丁振铎为审计院院长等因奉此,振铎自量年衰,难胜重任,抵京后曾具呈恭谢鸿慈恩辞剧任,呈请钧鉴在案,奉批令,该院长躬清正夙著闻望,务应勉为其难,即行就职,勿再固辞等因,奉此,蒙温谕之后,加益感惭之无地,遵於七月十六日就职审计院院长之职,所虑缏短汲深终有理有条之难,必即遵定章改组,合群力群策,以进行所有,本院长就职日期缘由,理合据呈陈明谨乞……❸

显然,从这份公文的内容里,可以发现,丁振铎以年老体衰、难胜重任等理由拒绝过袁世凯、徐世昌等人的安排。的确,1914年的丁振铎已经72岁,过了致仕(退休)的年纪,他说的理由也有道理,但是,袁世凯也有他的考虑。最终,丁振铎勉为其难,做了审计院第一任院长。根据当时的《审计院通告》:

为通告事六月二十日奉大总统策令特任丁振铎为审计院院长,此令等因,奉此,振铎遵於七月十六日就审计院院长之职,除呈报大总统外,特此通告。❹

❶ 张振利,张姝.《约章成案汇览》中的两则滇越铁路档案史料[J].云南档案,2010(8):38-40.

❷ 大总统批令(中华民国三年七月十三日)[J].政府公报,1914(786):9.

❸ 大总统批令(中华民国三年七月十九日)[J].政府公报,1914(792):21.

❹ 审计院通告:为通告事六月二十日奉大总统策令特任丁振铎为审计院院长此令等[J].政府公报,1914(794):32.

该《审计院通告》表明:1914年6月20日,北洋政府发布任命,特任丁振铎为北洋政府审计院院长,但是直到7月16日,丁振铎才正式到任,成为北洋政府审计院的首任院长。在正式上任后的第二天即7月17日,丁振铎有几句简短的表态:

> 为恭请观见事,本月14日奉大总统批令:该院长持躬清正、夙著闻望,务应勉为其难,即行就职,勿再固辞等因。奉此,振铎自揣衰庸本不胜审计院长之任,既承钧命,勗勉有加,自不敢不竭虑殚精,力图报效,第受任伊始,诸有未谙伏冀训示俯颁,俾得遵循,有自不胜,悚切待命之至伏祈。❶

虽然只是简短的几句话,却表达了丁振铎对审计院院长岗位的忠诚和尽责。

二、加强队伍建设,统筹配备审计人才

丁振铎是一个身经百战、具有丰富行政管理经验的实干官员,自上任审计院院长一职之时起,他认真谋划整个审计院的发展布局,诚如他在就职之时所表态的那样,勤勉工作,殚精竭虑。他首先从组织机构及人才队伍抓起,加强队伍建设,统筹配备审计人才。

之所以要从组织机构及人才队伍抓起,主要原因在于北洋政府的审计机构前后发生了变迁,"北京政府成立后,中央政府设立审计处,并在各省设立审计分处,统一了各省审计机关。1914年6月,《审计院编制法》颁布,将审计处改为审计院"❷。丁振铎上任审计院院长之职,正是审计院正式运行之始,根据《审计院编制法》,原有的审计架构及人员编制均发生了变化。作为审计院院长的丁振铎需要按照新规定,尽快落实审计院内部机构的设置,安置相应人员,"审计院建院时,全院人员总数为195人。《审计院编制法》所定审计院机构的基本框架是3个业务厅和书记室。首任审计院院长丁振铎提出设立外债室。此后,审计院制定《审查决算委员会规程》,设置了专兼职合一的审查决算委员会"❸。可见,丁振铎的审计院工作富于开创性。

第一,审计院内设机构为3厅2室1会,3厅即3个业务厅,每个厅各设4个股,共12个股。实际上,审计院是将中央各部按照业务划分成12个大系统,业务

---

❶审计院院长丁振铎呈请观见文并批令(中华民国三年七月十七日)[J].政府公报,1914(792):45.

❷李金华.中国审计史(第二卷)[M].北京:中国时代经济出版社,2004:14.

❸李金华.中国审计史(第二卷)[M].北京:中国时代经济出版社,2004:18.

厅的12个股与12个大系统一一对应。每个股从审计所对应的各部开始,逐级延伸到各省、道、县四级行政所属各级机关,形成巨大的"扫帚型"条条审计。审计院内设机构及其职能见表2。

表2　审计院内设机构及其职能

机构		职能
3厅	第一厅	负责审计外交部、财政部、教育部本部,直管各机关以及全国国债收支、使用及各级国库出纳账目
	第二厅	负责审计陆军部、参谋部、海军部和交通部本部以及所辖所属各单位
	第三厅	负责审计内务部、司法部、农商部本部以及所辖所属各单位
2室	书记室	负责机要、会计、庶务、编译、统计、案卷保管等事务
	外债室	负责审计善后借款项下开支事项
1会	审计决算委员会	负责院长交办的审计事项和各厅所有初审报告,并作出审计结论和决定

审计院内设机构的布局,与之前的审计处相比,有明显的进步之处,确保了审计的覆盖面之广泛性,但无疑也增加了财政监督的广度,挽救北洋政府财政困境的危局。但是,事物总有两面性,机构设置的理想性与现实性需要统一起来,往往很难合拍。"在这种体制下,审计院的审计跨度过大,所以有些监督职能划归其他部门,有些不得不委托各级官署代行。"❶即使可行,代行又存在诸多难题需要解决。

第二,审计院职员重新安置。随着审计机构的改革,对审计职员也必然要进行调整和重新安置。根据《审计院编制法》,当时的审计院设审计官15人、协审官27人、审查决算委员会专职1人。同时要求:审计官、协审官必须在30岁以上,在荐任以上任职满3年,且卓有政绩,或者在专门以上学校学习政治、经济3年毕业,担任行政职务满1年。鉴于此,丁振铎于1914年7月21日—8月13日一连发布了23份命令——审计院饬❷,见表3。

❶ 李金华. 中国审计史(第二卷)[M].北京:中国时代经济出版社,2004:18.

❷ 审计院饬(第三号——第二十号)[J].政府公报,1914(824):24–36.

表3　丁振铎任职审计院期间所发布的审计院饬概览

序号	时间	文号	审计院饬的内容
1	7.21	第3号	审计院现已成立,旧审计处即行取消,所有旧审计处职员,应即休职,另候任用
2	7.21	第4号	各省旧设审计分处,查照审计院编制法,审计院成立之日,应即一律取消各该分处,处长暨办事人员均应即休职,另候任用。所有各该审计分处各项案卷册据,先各该分处妥慎解京,其未经解京接收以前,由各该分处处长完全负责
3	7.21	第5号	杨汝梅、陆世芬、陈宗番、汪振声、胡大崇、钱樊勋、冯阅模、张汝翘、李景堃、陈世第、杨文濂……檀家部调院任用
4	7.21	第6号	张润霖、孙葆瑨、万雲路、王士傑、严汝诚……调院任用
5	7.21	第7号	杨汝梅、胡大崇、杨家泷、钱樊勋、冯阅模、张汝翘……严汝诚、欧阳葆真、柳旭派在第一厅办事
6	7.21	第8号	陆世芬、汪振声、李景堃……程世谦派在第二厅办事
7	7.21	第9号	陈宗番、罗忠樊、刘樊祺……马耀宗派在第三厅办事
8	7.21	第10号	张宗彦、夏辛铭、傅凤鸣……秦以钧派在书记室机要课办事
9	7.21	第11号	陈斌麟派在会计科办事,陈华兴兼办会计事务
10	7.21	第12号	葛克、张承、许翔、黄徵祥派在编译科办事
11	7.21	第13号	陆保靖兼领庶务科事务,童维善派在庶务科办事
12	7.21	第14号	杨荫华、姚昂派在收发处办事
13	7.21	第15号	陈绎、樊馥、林埼派在外债室办事
14	7.21	第16号	派杨汝梅暂充本院第一厅主任,陆世芬暂充本院第二厅主任,陈宗番暂充本院第三厅主任
15	7.24	第18号	严汝诚已放热河财政厅长遗缺,以朱昌懋接充
16	7.24	第19号	王士傑详情辞职遗失以叶青接充
17	7.29	第25号	郑成梁、黄正中、顾廷……单镇、严鸥客调院任用
18	7.31	第26号	赵之验呈请辞职,遗缺派熊先畴接充
19	8.1	第27号	郑成梁、黄正中、唐文萃……单镇派在第三厅办事
20	8.1	第28号	于秉信、谭启绪调院任用
21	8.5	第29号	钱震、郭则械、张思叡、罗文庄、秦邦荣调院任用
22	8.6	第30号	梁世纶、徐锡年、汪锟、夏绍文、方培諟、吴华修调院任用

续表

序号	时间	文号	审计院饬的内容
23	8.13	第33号	于秉信、张思叡……派在第一厅办事;钱震、王锟……派在第二厅办事;谭启绪、郭则械……派在第三厅办事

　　从23份《审计院饬》的内容可知,对原审计处的审计职员,丁振铎按照审计院内设机构进行重新聘任。具体哪个人到什么部门,从事什么样的工作,对于不服从安排岗位的人重新调整等,都在饬文里写的清楚明白。这样,新机构和新人员形成新的工作格局,为审计院工作奠定坚实基础。

　　第三,审计院工作职责强化。新成立的审计院任务极其艰巨,当时"审计院的大量业务,是审计中央各部院及其所属各机关送达的一月或数月的支出计算书。这些计算书,加上审计处移交的未审定案卷及各部院历年积压的案卷,每月送到审计院的计算书多达数千份"[1]。所以工作压力巨大,因为其下面没有分支机构,审计院独自承担着全国的财政监督和经济运行效果的把控任务,这对审计人员的职责提出了挑战。如何高效发挥现有有限审计人员的作用,是摆在院长丁振铎面前的一道难题。于是,1914年7—8月,丁振铎仍以审计院饬的形式对员工们提出了要求[2],见表4。

表4　丁振铎对审计职员的要求概览

时间	文号	对审计职员的要求内容
7月23日	第十七号	派杨汝梅、陈廷铭、万雲路点收旧审计处第一股案卷册据;汪振声、陆世芬、萧方騋点收旧审计处第二股案卷册据;胡仁镜、孙葆瑨、陈宗番点收旧审计处第三股案卷册据;柳旭、夏辛铭点收旧审计处机要课案卷册据;陈绎、樊馥点收旧审计处外债室案卷册据;张承哲、万克点收旧审计处编译室案卷册据;陆保靖点收旧审计处一切器具材料书籍等件。各该员点收事竣,即行分别开单,详复存查

❶ 李金华.中国审计史(第二卷)[M].北京:中国时代经济出版社,2004:28.

❷ 审计院饬(第十七、二十一、二十二号)[J].政府公报,1914(824):35-36.

续表

时间	文号	对审计职员的要求内容
7月28日	第二十一号	本院成立伊始,事务殷繁,稍有旷纵,即虞丛脞,办事各员均宜早到迟散,勤慎奉公。除院长室内置签到簿一本,由各员到署时亲自签名以资考核外,各厅室应各置考勤簿一本,由各该厅长、书记官督率各员,每日将到院值时间亲自签画,并由各该厅长、书记官于每日终签阅,每月终送机要课,列表呈阅,以资查考
7月29日	第二十二号	本院成立伊始,书记室机要课所管事项甚为繁重,亟宜按照简则分配执掌,以专责成。除撰拟文书,应由该科人员共同办理外,兹派赵之验专办宣达院饬事务,夏辛铭典守印信事务,傅凤鸣专办关于本院职员之考核及其进退事务,秦以钧专办关于会议事项,陈华舆专办收发及保管文件事务,仰即遵照办理
	第二十四号	派冯阅模、杨国栋、俞玉书点收旧审计处决算委员会案卷册据
8月8日	第三十二号	派陈斌麟、陈华玙点收前审计处款项及一切案卷册据

资料来源:蔡鸿源.民国法规集成(第11册)[M].合肥:黄山书社,1999:255-256。

这里仅选择了丁振铎院长所发布的三份《审计院饬》来展现其管理审计院,强化员工职责的良苦用心。第十七号《审计院饬》实际上是对原审计处的审计卷册、办公文书等资料及设备的清理,且分工明确,几个部门的材料有专人负责清点,最后还要开单存查,确保新旧工作的顺利交接,更好地开展审计院新的审计工作。第二十一号《审计院饬》则对员工的出勤及工作纪律做了明确规定,指出审计院开始运行,工作任务繁重,所有员工不宜迟到早退,勤劳谨慎,努力奉公,并要求从院到各科室的每名员工都必须履行上班签到制度,确保按质按量完成工作任务。作为审计院院长,丁振铎对员工提出这样的要求是合情合理的,也是院长尽职尽责的表现。第二十二号《审计院饬》是对审计院专门的行政部门书记室机要课工作所进行的细化和分工。第二十四号及三十二号《审计院饬》则安排人对原审计处决算委员会的案卷册据,以及原审计处财务款项及其档案材料进行清点。总体安排清晰明了,也强化了每个员工的工作职责。

丁振铎院长之所以要一再强化审计院员工的责任心,还有一个原因,就是《审计院编制法》虽然规定审计院直隶于大总统,并采事后审计的办法,仅审定国家岁入岁出的决算,但事实上,"内外官署大率不照审计手续,即遵照矣,亦依式填注,类多虚伪之事"❶。这也是北洋政府财政处于困局的主要原因之一。可以说,"民国中央政府的财政支出,赔款和外债是一笔沉重的负担。南北统一时,民国财政的另一沉重负担,是军费支出的膨胀。""1914年初的财政局面,基本上尚未改观。"❷这样的财政状况,给审计院的工作增添了巨大的压力。所以,丁振铎要求员工们加强工作的责任心,努力把好财政监督关,希望为国家财政的好转做一点贡献。

总之,丁振铎上任审计院院长之后,在较短的时间内,组织实施审计院内设机构的布局,进行审计院职员的岗位设置,强化审计院员工的工作职责,确保新旧审计机构工作的顺利交接,号召全体员工以崭新的精神状态投入新的工作。

三、重视审计法治,把握审计管理关键

在管理审计院期间,丁振铎院长非常重视审计法治。在他被任命的前几天即1914年6月16日,《审计院编制法》出台,该编制法规定:全国只设审计院一级审计机关,直隶于大总统,各省不设审计分院。同时,该编制法对审计院机构的基本框架作了规定。丁振铎上任之后,依法进行机构设置与人员安置和调配。

首先,重视审计机构工作规范的制定,将审计机构的职责制度化。1914年7月29日,丁振铎院长发布《审计院饬第二十三号》,宣布:"兹制定本院各厅执掌纲要,公布之,此饬。"❸也即《审计院各厅执掌纲要》,将审计院三个业务厅的工作范围法定化。该纲要一共四条内容,除了"本纲要自公布日施行"的第四条之外,其他三条内容分别规定每一个厅的审计工作范围,见表5。

---

❶ 贾士毅.民国财政史(上册)[M].上海:上海商务印书馆,1934:242.

❷ 李新,李宗一.中华民国史(第二编)第一卷:北洋政府统治时期(1912—1916年)[M].北京:中华书局,1987:435、439.

❸ 审计院饬第二十三号(中华民国三年七月二十九日)审计院各厅职掌纲要[J].法政学报,1914,2(8):25-26.

表5 《审计院各厅执掌纲要》的主要内容

第一厅	第一股	掌审查外交部主管之一切收支计算事项
	第二股	掌审查财政部主管全国租税收入计算暨各征收机关之支出计算事项
	第三股	掌审查财政部主管国库国债之出纳计算暨各机关之一切收支计算事项
	第四股	掌审查教育部主管之全国收支计算事项
第二厅	第一股	掌审查陆军部本部及直辖各机关、各军队,并顺天直隶奉天、吉林、黑龙江、山西、山东、河南、四川、陕西、新疆、热河、察哈尔暨边防等处陆防各军收支计算事项
	第二股	掌审查参谋本部及所属各机关,并在京独立军处暨湖南、湖北、广东、广西、福建、浙江、江苏、江西、安徽、云南、贵州等省陆防各军收支计算事项
	第三股	掌审查海军部本部及所属各机关,并舰队学堂局厂等收支计算事项
	第四股	掌审查交通部本部及所属轮路、邮电各局站、学堂,并关于四政之内外公债等收支计算事项
第三厅	第一股	掌审查内务部本部及暨直辖各机关、顺天、直隶、河南、山东、山西、奉天、吉林、黑龙江、山西、甘肃、新疆各省关于内务之收支计算事项
	第二股	掌审查江苏、浙江、安徽、江西、湖南、湖北、四川、广东、广西、福建、云南、贵州、蒙古、西藏暨边防各处关于内务之收支计算事项
	第三股	掌审查司法部本部暨所辖审检厅、监狱,并关于审判经费收支计算事项
	第四股	掌审查工商部本部暨所辖各机关之收支计算事项

从表5可知,丁振铎院长主持制定的《审计院各厅执掌纲要》对审计院的三个业务厅各自掌管的审计范围非常清晰,如第一厅的四个股掌管三个重要的国家机关外交部、财政部和教育部的收支审计,由于财政部下面的收支项目比较多,所以分税收与国库国债两大块,由两个股分别负责。而第二厅主要掌管军队及交通部的审计,第三厅则负责内务、司法及工商等三大领域的审计,其内务审计包括中央内务部及地方省级的内务收支审计。这样的分工和规定,为审计机关开展审计、被审计单位接受审计提供了宏观的法律依据。

为了进一步细化审计院各厅的工作职责,1914年8月13日,丁振铎院长发布《审计院饬第三十五号》,宣布:"兹制定本院各厅办事细则,公布之,此饬。"❶即《审计院各厅办事细则》,该细则共5章30条,系统规定了审计院各个厅的办事程序,包括办理文件程序、收发文件程序及审查决算程序。同日,丁振铎院长还以审计院饬的形式公布了《审计院书记室执掌纲要》(36号饬)、《审计院书记室机要科办事细则》(37号饬)、《审计院书记室机要科收发处办事细则》(38号饬)、《审计院书记室会计科办事细则》(39号饬)、《审计院书记室庶务科办事细则》(40号饬)、《审计院书记室编译科编纂处办事细则》(41号饬)、《审计院书记室编译科翻译处办事细则》(42号饬)等7部关于审计院除了业务机构之外最重要的机构——书记室的工作规范,其中涉及机要科、会计科、庶务科、编译科等具体办事部门的工作程序及职责规范。后来,这些规范均通过北洋政府公布了出来(见表6)。这些办事细则将审计院内部机构的职责范围及工作程序制度化,是审计工作法制化的重要标志,是丁振铎院长重视审计法治的体现。

表6　北洋政府审计院管理法规(仅1914年8月)

序号	法规名称	颁布时间	备注
1	审计院分掌事务规程	1914年8月10日	
2	审计院办事细则	1914年8月21日	
3	审计院各厅执掌纲要	1914年8月21日	
4	审计院各厅办事细则	1914年8月23日	
5	审计院书记室执掌纲要	1914年8月24日	
6	审计院书记室机要科办事细则	1914年8月24日	
7	审计院书记室机要科收发处办事细则	1914年8月24日	
8	审计院书记室会计科办事细则	1914年8月25日	
9	审计院书记室庶务科办事细则	1914年8月25日	
10	审计院书记室编译科编纂处办事细则	1914年8月25日	
11	审计院书记室编译科翻译处办事细则	1914年8月25日	

其次,进行审计职员工作规范的立法,加强人力资源管理规范化。在丁振铎

---

❶ 审计院饬第三十五号(中华民国三年八月十三日):审计院各厅办事细则[J].政府公报,1914(826):28-31.

看来,审计机构的规范最终需要员工去执行,所以进行审计职员的工作规范制定极为重要。所以,与《审计院各厅办事细则》出台的同一天,亦即8月13日,丁振铎院长发布《审计院饬第三十四号》,以审计院饬的形式公布《审计院办事细则》●。尽管是同一天,但是编号在《审计院各厅办事细则》(审计院饬第三十五号)之前,可见,加强人力资源的管理更为重要。

而在内容上,《审计院办事细则》共22条❷,着重强调审计职员的工作规范,第一条即要求所有职员的办事程序必须遵从该细则,后面的条文对职员的办事程序做了具体规定。其一,每项案件均须经过院长、副院长的核定,但院长委托副院长办理时,应由副院长核定;每个员工承办案件都应当盖章或签字,其为多人共同办理的案件,应该联合盖章或签字。其二,关于制定审计法规、解释审计法令、检查簿记等事项,均由院长或副院长指定专员办理。其三,如果审计院员工承办事务有关联者,应由主管方出面备办公文,与有关联者协商。如果彼此意见不同时,应请副院长定夺,但重要事件须呈候院长决定。其四,案件到院,由收发处接受,进行登记备案后,随时分别送交主管机构办理,但若收到电报及机密重要案件,则立即呈送院长、副院长核阅,而后再发交主管各厅室办理。其五,凡以审计院名义发行的文件,必须连同院长或副院长的原稿送机要科用印,其须用院长或副院长名义者,机要科送请签名盖章前项文件监印员及校封员均应盖用名章;收发处于发交时,按照各厅发文簿所摘之事,由年月日登簿发送;收发处每日收发案件,应将登记簿于次晨送院长副院长查阅,并按日油印分送各厅备查。

此外,《审计院办事细则》还对审计院的办公时间、员工考勤及保密工作等方面做了明确规定。❸其一,审计院办公时间:每日自午前十时起,止午后五时止,但自七月一日至八月末日,每日得以自午前八时至午后一时为办公时间,遇有紧要事件得自觉延长●;各员于办公时刻内,烦忧宾客来访,除因公外该不接见。其二,关于考勤的办法:审计院于院长、副院长、厅长室内,悬挂每人的名牌,每日十

● 审计院饬第三十四号(中华民国三年八月十三日):审计院办事细则[J].法政学报,1914,2(8):26-28.

❷ 蔡鸿源.民国法规集成(第11册)[M].合肥:黄山书社,1999:253-254.

❸ 蔡鸿源.民国法规集成(第11册)[M].合肥:黄山书社,1999:253-254.

● 这里可以发现北洋审计院在工作时间方面所实行的是比较人性化的工作制度,平时是8小时工作时间,但是在7、8两个月,由于天气炎热,则缩短2小时,只工作6小时。

点一刻由庶务科于考勤簿内,按照名牌分盖到或未到、事假、病假各项戳记,呈副院长查阅。各个厅室还应准备考绩簿,每日将各个员工的成绩予以记录,每个月末由各厅长分别列表呈送院长副院长。其三,员工有保密的义务。未经宣布的案件,所有经手人员,均应严守秘密;凡译发各处机密电报,不论国内国外发后,应由审计院照原稿另行寄交收电之人或以资查封而防错误;交件上直接署上院长副院长姓名及各职员姓名者,随时分别送交本人拆阅,但机密案件,只需冠名毋庸摘由。

从《审计院办事细则》的内容,就可以非常清晰地了解审计院的职员需要怎样参与审计的业务及其后勤工作,包括工作的时间规定、考勤办法及保密等纪律方面的要求。丁振铎院长将这些要求以法规的形式呈现出来,让员工去执行和遵守,要比院长在大会小会上多次强调的效果好得多,也是一院之长管理规范化、法制化的体现。

此外,丁振铎院长还积极参与《审计条例》的修订,根据记载:"1914年6月审计处改为审计院后,审计院呈请大总统批准对《审计条例》进行修订,于7月20日公布《修正审计条例》。"❶而《审计条例》的修订,为其后《审计法》及《审计法施行规则》的颁布奠定了基础。为了推进审计法规的执行,丁振铎院长还要求审计院各个厅室建立报告制度,"审计院成立后,于1914年8月下发施行《审计院各厅审查报告书模范》,规范了4种审查报告书的式样、适用范围及注意事项"❷。

最后,在实践中,丁振铎院长对审计院内部机构及其员工的法制化要求成效如何呢,这个答案只能存疑,因为丁院长在审计岗位的时间太短,自7月16日正式上任,到10月5日即病逝。尽管时间短暂,但是他在位所公布的若干规定,为北洋审计院后来的工作开展提供了良好的法治基础。

综上,民国时期北洋政府审计院的首任院长丁振铎是一位任职多处的政府官员,他性格禀直,为官刚毅,面对黑恶势力,他敢于出手,雷厉风行,果断解决问题,是审计院院长的好人选。但直到他古稀之年,被袁世凯启用担任审计院第一任院长,且任职只有四个月。在这个短暂的时间内,丁振铎努力加强审计院队伍建设,统筹配备审计人才;高度重视审计法规及制度的制定,把握审计管理之关

---

❶ 李金华. 中国审计史(第二卷)[M]. 北京:中国时代经济出版社,2004:23.

❷ 李金华. 中国审计史(第二卷)[M]. 北京:中国时代经济出版社,2004:26.

键,将审计机构的职责制度化,加强人力资源管理的规范化。在近代中国的审计历史上,丁振铎的审计管理工作,为北洋政府审计院后来的发展提供了良好基础。

北洋政府代理审计院院长李兆珍

整个民国时期,社会的动荡不安也反映到了审计官场。在审计职官史上,民国时期的审计官员任职时间堪称奇葩,令人匪夷所思,有的任命了不到任❶;有的任期时间极短,只有几个月❷;有的任职时间太长,超过10年❸,庄蕴宽与林云陔均做了十几年的审计最高长官。还有一位代理审计最高长官,那就是北洋政府时期的代理审计院院长李兆珍。李兆珍的代理职务与被代理人的职务同时任命,而且在李兆珍代理期间,被代理人一直没履职,直到免职。作为代理院长的李兆珍,没有计较代理关系,正常履行审计院院长职责,从人事把握到业务管理,井井有条,取得了一定的业绩,值得后人关注和探讨。

一、代理审计院院长之缘由

(一)李兆珍其人

李兆珍是福建福州长乐人,1846年10月出生,其父早逝,家道贫寒,与母亲相依为命。但是,史料记载:李兆珍"少时,志在学,过着日樵夜读或晴樵雨读的生活……为了前程,坚持苦读"。"李兆珍从小爱好书法,平时坚持勤练,悉心临摹法帖。"❹还有学者指出:"李兆珍在京都会友拜师博览群书,造诣湛深。"❺这些无不表明年幼的他立志求学,以求知识改变命运。的确,读书终有好结果。1873年,27岁的李兆珍中了举人,从此走向仕途。正如学者总结的那样:"李兆珍一生,从大挑候补知县,历任知县、知府、兵备道、巡按使,直至民国安徽省长、众议

---

❶ 如1912年9月北洋审计处第一任总办陈锦涛未到任,第二任王璟芳实为第一任审计处总办;1914年6月北洋审计院第二任院长李经羲也是未到任,直接任命李兆珍代理。

❷ 如北洋审计处的王璟芳、章宗元,审计院的第一任丁振铎(1914年6—10月),第五任鲍贵卿(1928年2—6月)。

❸ 如北洋政府审计院第四任院长庄蕴宽(1916年4月—1927年11月)、国民政府第四任审计部部长林云陔(1936年7月—1948年10月)。

❹ 林公武,黄国盛.福州近现代名人[M].福州:福建人民出版社,1999:89.

❺ 吴永忠.长乐人杰[M].福州:福建美术出版社,2008:156.

院议员等,为官廉正,政绩不凡,尤其为长乐家乡赈灾,传为佳话。"❶无论求学还是做官,李兆珍都是一位励志和严谨之人。任望都知县期间,他"力倡农事,蠲免赋役,稳民生息,颇有政绩,被誉为'李望都',当地民众以'尧山生佛'匾谢"❷。而且,在后来的豫南道任职期间,他"劝农种桑,兴利除弊,严查政事,行廉肃贪,其倡办师范学堂,振兴教育,为众赞许"❸。足见李兆珍在基层民众的心目中印象良好。

但是,在为官的过程中,李兆珍确有一段任职审计院代理院长的经历,值得探讨。根据1914年10月8日北洋《政府公报》记载:"大总统策令:特任李经羲为审计院院长,未到任以前,任命李兆珍暂行代理,此令。大总统印。中华民国三年十月七日。国务卿徐世昌。"❹该记载表明:1914年10月7日,大总统正式任命审计院代理院长李兆珍与被代理院长李经羲的史实。

又根据10月16日北洋《政府公报》记载:"为通告事十月七日奉大总统策令,特任李经羲为审计院院长,未到任以前李兆珍暂行代理。此令,等因奉此。兆珍遵于十月十三日,就代理审计院院长之职。除呈报大总统外,特此通告。"❺根据当时审计院的通告,1914年10月7日,大总统命令李兆珍暂行代理审计院院长职务,李兆珍表示服从命令,决定于10月13日正式就职。

紧接着10月18日的《政府公报》单独对李兆珍代理职务的大总统令刊出:"大总统令:代理审计院院长李兆珍呈报就职日期,由据呈已悉,此批。中华民国三年十月十七日,国务卿徐世昌。"❻该大总统令表明:确认李兆珍已经就职,正式履行代理审计院院长之职。

还有10月20日的《政府公报》再次刊登:"代理审计院院长李兆珍呈报就职日期文并批令:为恭报就职日期,仰祈钧鉴事民国三年十月七日奉大总统策令,特任李经羲为审计院院长,未到任以前任命李兆珍暂行代理。此令,等因奉此。兆珍遵于十月十三日,就代理审计院院长之职。所有就职日期理合具文呈报伏

❶ 李学官.李兆珍世家.序言//李乡浏.李兆珍世家[M].延吉:延边大学出版社,2002:1-2.

❷ 李乡浏.李兆珍世家[M].延吉:延边大学出版社,2002:3.

❸ 李乡浏.李兆珍世家[M].延吉:延边大学出版社,2002:3.

❹ 大总统策令[J].政府公报,1914年10月8日第872号:1.

❺ 审计院通告[J].政府公报,1914年10月16日第879号:31.

❻ 大总统批令[J].政府公报,1914年10月18日第881号:10.

乞。"❶表明李兆珍的代理审计院院长同样受到重视和关注。

（二）李经羲其人

李经羲，就是李兆珍所代理的审计院院长，他是安徽合肥人，进士出身，比李兆珍年轻10岁。李经羲的家庭背景不简单：其一，他是李鸿章亲弟弟的孩子（李鸿章的侄子），家族地位较高；其二，受袁世凯器重。史料记载："李既系李鸿章之侄，袁世凯乃系李鸿章所提拔，故袁对李经羲亦甚为尊重。"❷凭借这两层关系，李经羲的仕途非常顺利。他历任四川永宁道、湖南盐粮道、湖南按察使、福建布政使、云南布政使、云贵总督、参政院参政等职。❸官运亨通，"光绪二十七年官至广西巡抚，二十八年四月调为云南巡抚，二十九年任贵州巡抚，三十年四月再任广西巡抚，宣统元年任云贵总督……"❹足见，李经羲的职位几乎一年一换，青云直上。

不过，李经羲在平步青云的过程中，有两个职位"徒有虚名"。一个是昙花一现的国务总理。据记载："段祺瑞任第九任国务总理与十一任总理之间，曾由李经羲任第十任国务总理，自民国六年六月二十四日至七月一日，为期仅仅一周，可谓昙花一现。"❺另一个就是一天都没有上任的审计院院长，自始至终由李兆珍代理。令人匪夷所思的是，如上文所述，在一开始的任命公文里，即将代理人与被代理人的名字都写进去了，明确说明在李经羲未上任之前，由李兆珍代理。这就说明当初李经羲并不同意担任审计院院长之职，而大总统一定要他担任此职务，没有商量的余地。而作为大总统也知道李经羲的个性，预料到他不会赴任，所以在任命文件里，一并指定代理人——李兆珍作为代理审计院院长。不过，这种现象是非常异常的，只有在动荡的民国社会才会存在。

缘何审计院院长由大总统策令，可能要与当时的时代背景相联系。1914年的北洋政府审计院，是在对中央财政制度进行大规模改革的基础上建立起来的近代国家审计机关，顺应西学之潮流，在审计官员的任用方面，大胆采用国外的

---

❶ 大总统批令[J].政府公报，1914年10月20日第883号：37.

❷ 张朴民.北洋政府国务总理列传[M].北京：商务印书馆，1984：64.

❸ 何时.北洋政府总理的最后结局[M].北京：中央党史出版社，2008：197.

❹ 张朴民.北洋政府国务总理列传[M].北京：商务印书馆，1984：64.

❺ 张朴民.北洋政府国务总理列传[M].北京：商务印书馆，1984：64.

做法,如在审计法令中明确规定,审计院院长必须由大总统任命等。❶由此可见,审计院院长与代理审计院院长的出现,皆与大总统有关。

(三)代理之因由

根据1914年6月21日的《时报》报道:袁世凯试图任命李经羲为审计院院长,遭到李经羲的谢绝。但到10月8日,袁世凯正式策令李经羲为审计院院长。令人质疑的是,李经羲为什么迟迟不任职审计院院长,我们没有找到佐证材料,但是,有一份反映他向大总统请求辞去审计院院长的材料。并且,从北洋政府的《政府公报》里查到了一则资料❷,实为李经羲的请辞申请与大总统的批令:

请辞:为恳辞审计院院长之职,仰祈钧鉴,事窃经羲前蒙特任为审计院院长,当以体弱多病、精力难胜,电请辞职,仰蒙睿鉴伏思,经羲两年以来荷大总统知遇之隆。值兹国步艰难,讵敢自耽安逸,现难力疾北来,而自揣病体支离,既备员于参政,又滥厕公府高等顾问之席。遇有谘诹,竭尽智能,以时献替犹恐,无补高深。审计院院长一职,责任繁要,若再以孱体躯兼领,势必因竭蹶而误要公。上辜委任用再沥陈,下悯顧恩俯准开去,审计院院长缺,另简贤能,以裨治理。所有恳辞审计院院长,缘由理合,具呈伏乞。大总统钧鉴训示再经羲行抵天津,拟稍憩数日,即行入都。此呈系借用直隶巡按使印信封发合并陈明,谨呈。

批令:据呈已悉,该院长公忠体国德望冠时,为本大总统所深悉。现值时事多艰,正赖二三老成共资匡济,务望勉为其难,同扶大局,所请辞职之处应毋庸议。

从这段文字,我们可以发现:李经羲以身体抱恙为由,要求辞去审计院院长职务,并且得到大总统的许可。辞职请求中多处提到他体弱多病,胜任不了审计院院长艰巨的职责任务,要求另选贤能之人,更利于国家治理。与此同时,也可以推测他不上任的原因。因为从任命到请求辞职,间隔只有两个月时间,所以从请求书当中,也可以推测出,李经羲由于身体原因不接受任命和就职。但是,大总统袁世凯仍让其官至审计院院长。

北洋政府前期,经济状况极端困窘,袁世凯大借外债,据统计:"1912年——

---

❶ 项俊波,文硕,曹大宽,等. 审计史[M].北京:中国审计出版社,2001:175.

❷ 参政院参政李经羲呈病体支离,恳俯准开去审计院院长,另简贤能,以裨治理文并批令[J].政府公报,1914年12月21日第945号:22-23.

1914年,北洋政府先后举债达4亿元之多,并以外债为主,各项政务几乎无一不与外债结缘。"❶1914年8月开始,袁世凯开展帝制活动,各种开支激增,于是袁世凯政府大规模发行公债。为此,袁世凯不惜机构改革,将原属财政部的公债局改为直属的内国公债局,内国公债局一经成立,就开始了三年公债的募集。

审计院作为财政监督机构,对袁世凯借外债的行为有干涉之权。为了使自己举借外债的行为畅通无阻,袁世凯就想任命一个自己最器重的人担任审计院院长。无奈,李经羲因身体原因,不愿意赴任,袁世凯将其另行安排❷,又找到李兆珍做代理。因为李兆珍也是袁世凯在位期间比较受重用的官员,自认为李兆珍做代理审计院院长,不会妨碍他的借债活动。

简言之,北洋政府审计院第二任院长的代理人李兆珍与被代理人李经羲,皆为北洋政府的重要官员,在审计院院长职务上,他们受袁世凯摆布,为袁世凯政权所左右,审计院只不过是个摆设。北洋政府动荡不安的政治生态,在审计院院长任命问题上得以集中体现。

二、代理审计院院长之用人

虽然是代理之职,但是李兆珍还是按期就职履职。他在位期间,设立了专门的业务机构,提升业务质量。在平时的业务管理中,李兆珍采取了诸多措施,提高员工的思想觉悟和业务水平,他注重对员工的廉洁自律教育,对计政领域的得力人员实行奖励。由于他的努力,维持了审计院的正常运行。

(一)设立专门业务管理机构

根据《审计院编制法》,全国只设审计院一级审计机关,直隶于大总统,审计院内部机构的基本框架是3个业务厅和书记室。❸首任审计院院长丁振铎在位时增设外债室。李兆珍上任代理审计院院长之时,实际上是接续丁振铎的工作。正好《审计院编制法》及《审计法》等颁布不久,由李兆珍开始执行这些法律,协助草拟《审计法施行细则》,最主要的是设立专兼职合一的业务机构——审查决算

---

❶ 杜恂诚.中国金融通史(第三卷)[M].北京:中国金融出版社,2002:91.

❷ 根据史料记载,"袁总统拟任李经羲为审计院长,李坚辞已聘为高级顾问"。详见《时报》1914年6月21日0003版。

❸ 李金华.中国审计史(第二卷)[M].北京:中国时代经济出版社,2004:18.

委员会,便于开展审计等相关工作。根据当时官方记载,设立审查决算委员会的目的与细节如下:

本院设审查决算委员会,复审各厅审查报告,编制审查决算总报告书。

院长为委员会会长,副院长为副会长,总理会务,另由院长副院长指定审计官、协审官若干人为委员兼任会务,置佐理员若干人,以核算官充之各等语。本院开办之始,当即遵章组织遴派审计官、协审官、核算官经理会务,所有各厅审查决算之报告,俱由该会汇齐于每月二日抽签,分配各委员复审,至每月二十八日开会公同讨论,议决以期详密,其每月审查之结果,亦由该会随时填制表册,俟总决算造成时,为编制总决算报告书及成绩报告书之准备,办理已及半年,均尚妥协惟该会事务至为繁要,非有专员办理不足,以昭慎重。❶

从审计院给大总统的请示中,可以知道:李兆珍请求设置的审查决算委员会设置的宗旨、委员会的人员组成、具体工作程序,以及设置审查决算委员会的意义等,都非常明确。该请示于1915年1月17日获得了大总统的批准,刊登在1月20日的《政府公报》上。随后,北洋政府专门出台了《审计院审查决算委员会规则》和《审计院审查决算委员会办事细则》,以规范查决算委员会的职责。

随着审查决算委员会的设立,审计院内部机构形成"3厅2室1会"的格局。其中,审查决算委员会负责院长交办的审计事项,以及负责各厅所有初审报告,并作出审计结论和决定。这里,审计院审查决算委员会机构的设想及其筹备,李兆珍作为代理院长,发挥了重要的领导作用。

(二)重视会计人员的廉洁教育

从事审计工作的会计人员自身必须清正廉洁,否则无法担当监督国家财政的重任。深谙此道理的李兆珍在担任代理审计院院长期间,高度重视全国会计人员的廉洁自律教育。这里有一则刊登在《政府公报》上、落款为"代理审计院院长李兆珍"的史料❷,反映了李兆珍对会计人员开展廉洁教育的史实。

为咨行事,查国家支出必有道理,受款人之有确实证据,始能解除出纳官吏

---

❶ 审计院呈遵章组织审查决算委员会派员充任坐办情形请训示文并批令[J]. 政府公报,1915年1月20日第970号:24.

❷ 审计院咨各部(院、将军、巡按使)等处,支出收据勿得伪造,本院将来密查。如果实有伪造情事,应按律惩办,请转饬所属各处之会计员一律注意文[J]. 政府公报,1914年12月10日第934号:25-26.

之责任,是为近世各国监督财政之通例。吾国现行审计法令知本此主旨制定,所以重公款防弊混也。乃近闻各署间,有不肖会计人员,私鉥商号戳记,盖用……掩饰其浮滥者,虽事关传闻,未必确实。然本院为监督财政之机关,究不可不防微杜渐……此种行为触犯暂行刑法,暂定伪造文书印文之罪。本院现拟派员密查,如果实有其事,自应按律惩办。以徵效尤第事关刑法处分极严,恐会计员不明轻重,误触法纲,一经发觉,经手人员既不免身败名裂,国家且已受无形之损失,用特咨送贵部(肃政厅、院、将军、国使馆、巡按使、清史馆、都统、京兆尹、值年旗)转饬所属营业机关会计人员,恪守清廉之训,无存侥幸之心,国家财政前途幸甚相应。咨请查照办理可也,此咨。(中华民国三年十二月四日)

从这份史料可以知道,李兆珍对审计的认识很透彻。他指出:国家财政支出必须受到监督,乃是世界各国监督财政通行的做法,当时的审计法令正是基于这一宗旨而制定的,其主要的目的在于防止公款的滥用。然而,现实中,听闻部分地方表露出不好的现象,少数会计人员私刻商户的公章盖用,造成财政混乱。审计院作为财政监督机关,不能坐视不管,应该派员彻查,严惩不贷,以视警醒,防微杜渐。他还号召所有国家机关转令所属单位的会计人员,恪守清廉,廉洁奉公。只有这样,国家的财政前途才有希望。显然,李兆珍的这些观点通过"审计院饬"的形式发布,对全国各地的会计人员而言,无疑是一次深刻的廉洁教育,也是纯洁审计人才队伍的重要举措。

(三)奖励计政得力人员

审计工作既是一项关乎国家经济命脉的大事,也是一个辛苦和清苦的职业。为了鼓励审计人的奉献精神,李兆珍在位期间,采取了奖励政策,尤其是奖励计政得力人员。以下是李兆珍向大总统请示奖励的公文:

为佐理计政得力人员,拟请择优奖给勋章,仰祈钧鉴,事窃维推行计政量资群策之赞襄,而鼓舞人才,宜有勋章之宠锡伏。查本院署审计官兼署第一厅厅长杨汝梅,前在审计处办事得力,曾奉大总统特令奖给四等嘉禾章。本院成立以来,勤敏奉公,弗辞劳怨,夷考……署审计官兼署第二厅厅长张润霖、兼第三厅厅长万雲路、署审计官单镇、陈宗番、陆世芬……署协审官胡壁城、胡大崇、陆葆靖、陈绎均属办事勤劳、成绩卓著。杨汝梅拟署特准奖给三等嘉禾章;张润霖、万雲路、单镇、陈宗蕃、陆世芬……拟请特准奖给四等嘉禾章;胡壁城、胡大崇、陆葆靖、陈绎拟请各奖给五等嘉禾章,以资鼓励而彰劳动。所有拟请择优奖励。本院办事得力人员缘由伏乞大总统钧鉴训示施行。谨呈批令呈悉交政事堂饬铨叙局核樊此批。(中华民国三年十二月三十一日)❶

这段文字将"奖励"的理由及具体人员都列示出来了,表明李兆珍办事的细致及对计政得力人员的重视,鼓舞人才,表彰劳动,彰显审计领导人对审计工作付出辛勤劳动的工作者的坚定态度。除了集中奖励之外,还在其他工作事项当中,表扬工作得力的审计员工,如"本院试署审计官陈宗蕃办事认真,深资得力,即以该员派充审查决算委员会坐办,以专责任而策进行,所有本院遵章组织审查决算委员会暨派员充任坐办,缘由理合,呈请大总统……"❷可见,奖励得力员工也是李兆珍代理审计院院长用人的一种策略。

三、代理审计院院长之业绩

李兆珍在代理审计院院长期间,除了抓员工的思想教育与专业素养之外,还狠抓审计业务,他在规范审计文书格式,改革传统簿记方式,加强日常审计管理方面,做了很多努力,包括立章建制,虽然时间短暂,却影响深远。

(一)规范审计文书格式

审计文书是审计的重要凭证,为了减轻审计的工作量和压力负担,必须规范审计文书格式。即使当代社会,仍然要求统一相关会计资料的格式,如"商业部系统现行的会计报表格式很不统一,给基层单位和广大财会人员增加很多困难和不必要的工作量"❸。民国北洋政府时期,审计机构已经意识到这个问题。李兆珍任职期间,曾专门谈了规范审计文书格式的必要性,以"审计院饬"的形式告诫:

为咨行事案查审计法第十一条有审计院得编定关于于计算上之各种证明规

---

❶ 审计院呈请将佐理计政得力人员杨汝梅择优奖给勋章文并此令[J]. 政府公报,1915年1月8日第958号:21.

❷ 审计院呈遵章组织审查决算委员会派员充任坐办情形请训示文并批令[J]. 政府公报,1915年1月20日第970号:24.

❸ 刘士杰. 应统一会计报表格式[J]. 财会通讯,1984(7):22.

则及书式之规定。查各机关每月计算书表,曾经前审计处拟定各种格式通行京内外,依式编造已成习惯。惟书表内名称及说明各项依据,现行法令略有变更,不得不量为修正。兹经本院按照现行法令,将各机关支付预算书等格式及用法重行厘定,印成样本,亟应颁发京内外各主管官厅,翻印多本,转发所属各机关,一律遵照,并责令自奉到此项书表之下月起实行,照办以昭划一,相应检同书表样本一份咨请贵部(院、将军、巡按使、京兆尹)查照翻印转发各机关,遵照可也,此咨。❶

这里,"咨"有商议之意,是针对同级机关所用的公文。审计院与京内外各机关协商,希望他们按照审计院制定好的支付预算书表格式样本,填报本机关的每月计算书表。依据是原先的书表格式为审计处所定,有的仍沿袭传统会计做法,民国时期开始逐渐采用西方新式银行簿记,并聘请外国专家查账。因此,旧有的书表格式亟待改革,按照审计院的新格式。且以"代理审计院院长李兆珍"发布:

为咨行事,案查京外各机关支付预算书等格式及用法,各样本业经咨行各主管官厅翻印转发所属,一律遵照并登载于十月二十七日《政府公报》公布施行在案。查该项书式内有营业收支计算书一种,系为营业机关特别编定,以示与普通官厅区别。凡以公家资本设立之场厂局所(含有营业性质者),皆可适用。本院查从前各营业机关所送计算书,有抛却收入单列支出者,有收支并列仅有收入总数者。办法疏略殊不足以昭核实而便钩稽。本院力救此弊,故将计算书重行厘定,嗣后京外各营业机关收支计算书,务须遵照新颁定式,办理其前此业经送院之支出计算书有抛却收入或仅列收入总数者,仍应依照收入计算书内之收入一式,补报各月收入详细数目,送由各该主管官厅核转,以资审办。除分行外,相应咨请贵京兆尹(都统、部、将军、巡按使、护军使)查照,转饬所属营业机关,迅速遵办可也。此咨。(中华民国三年十一月六日)❷

这份咨文,李兆珍号召京外各机关支付预算书等格式及用法,一律遵照各主管官厅的新版格式要求及模板,而各营业机关则有特别编订的格式,以与政府机关有所区分。审计院除了用"咨"之外,还用"饬"的形式强调簿记格式统一及改

---

❶ 审计院咨各部院将军巡按使京兆尹,本院厘定京内外各机关支付预算书表格式,请将样本翻印转发各机关,遵照以昭划一文(附书表样本)[J].政府公报,1914年10月27日第890号:21.

❷ 审计院咨各都统(部、将军、巡按使、护军使)暨京兆尹,请转饬所属营业各机关,遵照前颁书表格式,补造营业收支计算书,以便审核文[J].政府公报,1914年12月8日第932号:19.

革的意义。这里的"饬"即告诫,命令之意,有整顿,整治等纪律方面的要求。如下列以"代理审计院院长李兆珍"发布的饬文:

为饬知事,案查金库出纳,关系国家财政前途,极为重要。本院前颁京外各机关支付预算书等格式及用法,各样本内有金库收支月计表,一种系为各金库特别编定。凡各地方之银行官银钱号,业经该厅详由财政部核定,管理金库出纳事务者,皆可适用本院职司审计,对于全国每月出纳数目,负有稽核之责,合行饬知,仰即转知该省金库,遵照新颁表式,按月造具收支月计表,连同收支证据送由该厅详部核转,以资审办,勿得违延致误计政,此饬。(中华民国三年十一月七日)❶

这份审计院的命令号召对金融系统尤其金库的审计,关乎国家的财政前途,极为重要。因此,从中央到地方的金库和银行审计,凡各地方之银行官银钱号,管理金库出纳事务者,皆可适用本院职司审计;审计院对于全国每月出纳数目,也负有稽核之责。而新的审计都需要遵照新颁表式,按月造具收支月计表,统一支付预算书等格式。

此外,根据《审计院通告》❷,审计院厘定各机关支付预算书等七种格式,通行京外一律施行,并于1914年10月27日刊登在《政府公报》上,供全国各机关单位从事财务活动的会计人员参照。

(二)改革传统簿记方式

簿记,指填制凭证、登记账目、结算账目、编制报表等全部的会计工作。中国会计簿记方式在清末民国初发生了变化,从传统方式改仿日本等西式范式,为此,曾派出大批留学生留学日本,专门学习新式簿记方式。鉴于新式簿记方式的优势,民国三年,簿记方式实行全面改革。李兆珍代理审计院院长期间,认为旧官厅簿记问题很多,力求改革,启用新样本。对此,审计院在同一天以"代理审计院院长李兆珍"分别发布"咨"与"饬"强调簿记改革的重要性:

为咨行事,整理财政全在收支之精覈,而执行审计尤赖簿记之详明。查前审计处厘定普通官厅簿记程式,曾由前国务院核定通行,京外各官署遵照在案。现法令官制均有变更,且前项程式亦有应行修改之处。兹特复加研究斟酌损益,修

---

❶ 审计院饬[J]. 政府公报,1914年11月20日第914号:36.

❷ 审计院通告[J]. 政府公报,1914年12月18日第942号:33-34.

订普通官厅簿记一册,分发各署会计人员,一律遵用。查从前各署陋习,报销之款目类多,与账簿不相符合,甚至事前并无登记,事后任意瞒报,融销浮滥流弊滋多。本院此次修正簿记之本旨在使各种账簿登记款项与决算融成一贯,则账簿按月总计,自然成为决算编造,既节省时日,弊端复易于勾稽。实于计政进行,大有裨益,相应检齐样本份咨请贵部(院、京兆尹、各将军、巡按使)照式翻印,转发所属各机关会计人员,一律遵用可也,此咨。(中华民国三年十一月三十日)❶

为饬知事,查前审计处厘定普通官厅簿记程式,曾由前国务院核定通行,京外各官署遵照在案。现法令官制均有变更,且前项程式亦有应行修改之处。兹特复加研究斟酌损益,修订普通官厅簿记一册,分发各署会计人员,一律遵用。查从前各署陋习,报销之款目类多,与账簿不相符合,甚至事前并无登记,事后任意瞒报,融销浮滥流弊滋多。本院此次修正簿记之本旨,在使各种账簿登记款项与决算融成一贯,则账簿按月总计,自然成为决算编造,既节省时日,弊端复易于勾稽。实于计政进行,大有裨益。除咨行该省将军(区域巡按使、京兆尹、护军使)都统各公署外,兹特检送样本　份,仰该厅照式翻印,转发该省(区域)所属各机关并直隶中央各机关会计人员,一律遵用为要,此饬(附簿记样本)。

右饬各省财政厅(各财政分厅)准此(中华民国三年十一月三十日)❷

从李兆珍签署的两份审计院的公文当中,可以发现会计簿记自身及其改革的重要性。两份文件虽然形式不同,但是内容高度重合,表明簿记改革的意义至重。实践证明:执行审计特别依赖会计簿记的详细和明了。但是,民国之初审计处所规定的普通官厅簿记程式,已经不适应新的社会需要,并且弊病很多,报销的款项与账簿不相符,任意瞒报、滥报现象层出不穷。况且,到民国三年十月,审计法颁布,官厅体制也发生变化,老的审计处规定已经过时,必须随之修正。修正的宗旨也很清晰,就是使各种账簿登记款项与决算融成一体,便于决算和审计,维护国家经济利益。可见,李兆珍在代理审计院院长期间,对改革传统簿记方式的坚定决心。紧接着,审计院在《审计院修订普通官厅用簿记绪言》❸里,对传统簿记方式的改革做了详细说明。

---

❶审计院咨各部院、各将军、巡按使等,本院修订官厅簿记,检送样本,请转发所属各机关,一律遵用文[J].政府公报,1914年12月8日第932号:19.

❷ 审计院饬[J].政府公报,1914年12月8日第932号:21.

❸ 审计院修订普通官厅用簿记绪言[J].政府公报,1914年12月8日第932号:21-22.

一国财政将为根本改革，必非向壁虚造，仅凭理想之揣测，所能奏功，须就全国收支实况勾稽，比较深究其盈虚利弊所在，而后整理，乃有所据。吾国财政现状，芬如乱丝。欲彻底清厘舍，改革官厅账簿，莫由本院有见于此。拟以实行会计法规，立收支票，准以划一。官厅簿记稽岁计虚实，赖官厅簿记之运用，以会计法规为范围，会计法规之施行，以整齐簿记为起点。二者互为作用，未可偏废。今者审计法、会计法业经参政院议决，由大总统同时公布施行矣，而划一簿记，实为当务之急第，厘定官厅簿记组织，视财务行政机关之统系，以为衡厘定财务行政统系，视国库完全统一与否，以为衡证诸东西实例。凡国库完全统一者，其全国行政官厅之经费大多数按照预算定额，随时随事发支付饬书于国家之正常债权人或其代理人，俾自向金库领款，除预领现金官吏及直接收入官吏之一小部分外，各无直接出现现金之事。吾国统一国库之计划现始着手施行。预付之支付饬书，实较普通支付饬书为多，所有各署经费概由各署汇总领去，自行支用则是。全国行政官厅俱为预算现金机关，均有出纳现金之权，欲证明其出纳计算，俾底于确实非斟酌全国会计机关之现行权限，组织一种由统系之簿记，不为功爱，就前国务院颁行之普通官厅簿记，参以现行法令。因时变通，斟酌损益，首列组织，首先说明登记方法及顺序，其次编定登记程式，摘举会计收支实例，登记结算，附以说明。一面为整理会计之模范，一面立统一国库之基础。各署会计官吏，务须按照程式，切实遵循。俾账簿之结果与预算决算自成一致，则从前融销浮报之积弊，庶可逐渐廓清，本院有厚望焉。

显然，从修订普通官厅用簿记绪言里，可以知道：第一，财政状况堪忧，簿记账目混乱，如果彻底清理，必须改革官厅账簿。再者普通官厅用簿记应该跟上审计法和会计法的步伐，毕竟审计法和会计法是国家层面的立法，审计院必须顺时而变。第二，簿记应随着统一国库之计划的着手施行而修改。凡国库完全统一的地方，其全国行政官厅的经费大多数按照预算定额，随时随事发支付饬书于国家之正常债权人或其代理人，亲自向金库领款，除预领现金官吏及直接收入官吏之一小部分外，都不会直接出现现金的事。一方面为整理会计的模范，另一方面建立统一国库的基础。

(三)加强日常审计管理

李兆珍在担任审计院代理院长期间,除了规范审计文书格式、改革传统簿记方式等业务之外,最通常的业务就是日常审计管理。对此,李兆珍强调审计的范围和程序,让员工做到态度端正,认真审核材料,不放过任何一个可疑之处。其中,李兆珍下令首先查财政厅下属的征收局和厘捐局两个重要部门。尽管收支计算书错综复杂,也要仔细梳理,悉心汇总,并让财政厅配合完成审计。从下面的《审计院咨》里,可以了解详情。

为咨行事,查财政厅所属各征收局、厘捐局,名目繁多,究竟该省共有征收机关若干,无从查悉,而每月收支计算书,又往往未按照所属统系编送,错杂纷纭,愈难明了,且查总预算案,每省各征收暨厘捐等局经费,多有汇列一总数者,其某局支若干,大都由各省长官,酌量分配,即总预算案内亦有将每局分列一数者,而各局所属分局经费,又由该主管之局,于该局总数内酌量分配,若每月计算彼此自为编造,符合预算与否,均无从比较,与审计殊多窒碍,亟应由各局将所属分局子卡名目分析列表送财政厅,汇编所属各局总表送院备查。嗣后编送每月收支计算,即按照统系表办理。所有分局卡收支计算,应照章造送该管局汇编,并声明在总预算案第畿款第畿项支配,再由该管局汇核,连同本局收支计算合订一册,送由财政厅查核后,加具按语,详由巡按使送院。如此办理,既无凌乱错杂之虞,而审查亦得有所依据,相应咨请,查照转饬财政厅,遵照办理可也,此咨代理审计院院长李兆珍。(中华民国三年十二月九日)❶

不难判断,对于财政厅下属征收局和厘捐局的审计是有相当难度的,不仅名目繁多,而且错杂纷纭,审计起来有特别多的障碍。但是,在李兆珍的精心领导和安排下,最终有理有据顺利完成任务。安排各局将所属分局子卡名目分析列表送财政厅,汇编所属各局总表送院备查。嗣后编送每月收支计算,即按照统系表办理。接着开始对教育部门进行审计,下面是审计院以"代理审计院院长李兆珍"名义所发的两份审计中小学的公文。

为咨行事,案查福建审计分处解送卷内,该省中小各学校造送各月支出计算或由本校直接造具或由各县造送办法,未能一致,所支之款,或称由教育局发给

---

❶ 审计院咨各省巡按使,请饬财政厅,汇编该管征收机关统系表,送院备查。以后每月收支计算即按照统系表办理文[J].政府公报,1914年12月16日第940号:30.

或称由教育部发给或称由财政司发给或称由县发给,且有学校名为官立,而所支经费称为补助,又有学校经费,名为补助,而每月支出,并无另外基金与补助之名义不合者,兹特妥定划一办法,以便稽核相应,咨请贵巡按使转饬查照,办理为荷,此咨。(中华民国三年十二月二十五日)❶

为咨行事,案查福建审计分处(与上份咨文内容相同)。各省每月造送支出计算,对于补助经费,每月自为风气征之闽省,可见一斑。除应由院妥定划一办法,咨行福建巡按使转饬办理为荷,办理为荷,此咨。(中华民国四年一月八日)❷

两份公文对福建省乃至全国其他省中小学开展审计工作进行部署,审计经费的范围也做了规定。此外,李兆珍还要求审计院对提交审计资料的期限在特殊情况下,可以批准适当延期送达,例如,"审计院咨财政部杀虎口征收局,每月收支计算,准展限于次月下旬,编成与审计法施行规则尚合,惟特别期限,应由院指定以后,凡请展限编送者,请先咨院核定文"❸。这种人性化的管理方式,很受欢迎和好评。

到1915年年初,李兆珍在审计院的影响逐渐减弱,1月11日与17日国务卿徐世昌给审计院的两次批令❹中,就没有提到李经羲或者李兆珍。其中,第一份批令指明:对外善后借款,由财政总长负责特别审计,具体"由财政总长管辖监务署内,设立稽核总所。由中国总办一员、洋会办一员主管所有发给引票,汇编各项收入之报告及表册各事,均由总会办专任监理。又在各产监地方设立稽核分所……"❺这里实际上已经将审计院排除在外,其根源很可能在于审计院没有正式的负责人在位,无法承担审计对外借款之责。

---

❶ 审计院咨福建巡按使,请转饬财政厅,查明各学校官私立性质并定补助费造送计算书办法文[J]. 政府公报,1915年1月12日第962号:25-26.

❷ 审计院咨各省巡按使,请转饬财政厅,查明各学校官私立性质并定补助费造送计算书办法文[J]. 政府公报,1915年1月12日第962号:27.

❸ 审计院咨[J]. 政府公报,1915年1月12日第962号:27.

❹ 一份是《财政总长兼监务署督办周自齐呈声明监款审计特别办法祈鉴文并批令》,载于《政府公报》1915年1月13日第963号,第12-13页;另一份是《审计院呈遵章组织审查决算委员会派员充任坐办情形请训示文并批令》,载于《政府公报》1915年1月20日第970号:23-24.

❺ 财政总长兼监务署督办周自齐呈声明监款审计特别办法祈鉴文并批令[J]. 政府公报,1915年1月13日第963号:12.

　　直到1月19日，李兆珍以代理审计院院长的名义发了两文❶，文后署名均是"代理审计院院长李兆珍"。但是，1915年1月底，随着李经羲的辞职，李兆珍完成了代理审计院院长的使命。根据1915年1月29日的《时报》报道："李经羲坚辞审计院长，已准以孙宝琦继任。"❷表明后来即使由李兆珍代理审计院院长，李经羲仍坚决要求辞去审计院院长，最终获准。另有史料证实："传说，李经羲初入政坛，被任为知县。1915年1月，被授为中卿，免审计院长职。"❸正式审计院院长免职，又任命了新审计院院长，自然之前的代理院长一职也就被免了。紧接着，李兆珍担任北洋政府参政院参政，意味着他管理审计院的使命完成，从代理审计院院长的位置上彻底离开。

　　综上，民国社会的动荡不安也反映到了审计官场，出现了正式官员与代理官员同时任命的现象。北洋政府审计院第二任代理院长李兆珍，就是这样一位在特殊的历史背景下走上审计管理岗位的代理审计院院长。尽管代理时间只有三个多月，李兆珍却正常履行了审计院院长职责，从人事把握到业务管理，无论是设立专门机构、重视廉洁教育、奖励得力人员，还是规范文书格式、改革簿记方式、加强日常管理等方面，李兆珍都投入了精力，不失为称职的审计院院长，值得后人学习。

---

❶《审计院咨政事堂印铸局本院三年七月成立后至十二月终止各项发文列表送登政府公报文（附表）》与《审计院咨各省巡按使准鄂巡按使咨送田赋征收经费册到院各省应将所改章程及每县月支年支各数转饬财政厅造册送院备考文》，分别载于《政府公报》1915年1月23日第973号：24-25.

❷ 详见《时报》1915年1月29日0002版。

❸《云贵总督李经羲》，载《五华区文史资料》（第20辑），云南省新闻出版局内部资料，2008：177.

北洋政府第三任审计院院长孙宝琦

1914年5月,北洋政府中央审计处改为审计院,取消审计分处,先后有五任院长主政当时的审计院。从任职时间上看,除了第四任审计院院长庄蕴宽任职12年之外,其他四任审计院院长任职时间都较为短暂。但是,相对而言,第三任审计院院长孙宝琦又是短暂任职的四任审计院院长当中任职较长的一位,从1915年1月到1916年4月,前后一年零三个月,其他三位均不到一年。孙宝琦曾是清末民国有相当影响的人物,但是学界关于审计院院长孙宝琦的研究,目前没有任何成果,相关的成果中至多提到他做过审计院院长而已。因此,下文试图就此做一点粗浅的探讨。

一、孙宝琦个人经历及思想

一个人的成长成才与他的个人经历及思想主张密切相关。所以,欲开展孙宝琦在审计领域的探究,必须首先把握其总体经历及思想主张,包括他的家庭教育背景、为人处世风格及社会贡献等,方能准确剖析他在审计领域的管理理念及具体措施。

(一)家庭与教育背景

1867年4月,孙宝琦生于浙江钱塘(今杭州)一个官宦之家。他的祖父是杭州城里有名的师塾老师,能作诗有文采,方圆百里的百姓都知晓他。而孙宝琦的父亲则超过了祖父,更是名声在外,因为他做过光绪皇帝的老师,后来为官直至内阁学士和户部侍郎,且"为政清廉,口碑甚佳"❶。此外,孙宝琦的叔父是清末著名的理学家。可见,孙宝琦的家庭背景是相当好的,为他后来的发展打下了坚实的人脉资源基础。

在祖父的教导及家庭环境的熏陶之下,孙宝琦自然接受了良好的教育。据载有一天他私下做一件对学习不利的事情,正好被他的祖父看到,祖父便告诫他

---

❶ 郦千明.救过孙中山的民国总理孙宝琦[J].文史天地,2011(1):19-23.

"汝宜潜研学理,勿惊虚名"❶。意思是潜心学习,不要徒有虚名。从此以后,孙宝琦对待学习的态度有了明显改变,开始潜心研读。15岁师从博学多才的梁于渭,"稍知学问门径,厌薄帖括之学,喜读顾亭林书"❷。学业进步较快。18岁改从学者朱一新,研学经史义理之学,使他的人生观和世界观有了明显提升。

然而,他并不喜欢旧式的八股文学习,所以两次参加科举考试,都名落孙山。但是,孙宝琦对外文感兴趣,曾专门在育才馆学习英文、法文,精通电码。也正因为这个优势,孙宝琦获得了人生发展的顺畅的通道。研究表明:

1900年,八国联军进攻北京,慈禧携光绪帝及亲贵重臣仓皇出逃西安。此时正在军机处任职的孙宝琦,护驾随同前往。由于他通晓英、法文,又谙熟电码,被委任办理军机处电报房事务。当时,李鸿章回京与八国联军首领瓦德西谈判,两地通电频密,孙宝琦译电快速准确,深得慈禧和庆亲王奕劻赏识。1901年,议和大局奠定,孙宝琦的结拜兄弟袁世凯便以孙奋发有为、办事精当、熟悉洋务、是"济世之才",保荐他以候补五品京堂擢授三品卿衔,奉命出使法国,担任驻法公使。此举是孙宝琦人生的转折点,他由此转入外交界,为日后的升迁奠定基础。❸

这里,在特殊时期、特别场合,孙宝琦以他的外文及电码等专业知识和技能为慈禧和李鸿章等清政府的要员解决了大问题或者说"解了围",因此得到了重用,开启了人生的新征程,活跃于晚清和民国的政治舞台。他除了进入驰名清末的外交界,还做过山东巡抚。民国时期,孙宝琦以其丰富的政治业绩出任北洋政府的代理国务总理,分管审计,开始与审计结缘,后又担任审计院院长。孙宝琦的从政经历,充分证明"知识改变命运"的道理。

(二)关心国家前途

在良好的家庭环境及教育背景之下,孙宝琦从小就树立了正确的人生观和世界观,他关心国家的前途和命运。正如学者所言:"孙宝琦成长于一个典型的清朝官员家庭,他从父亲的言传身教中很自然地接受了效忠清朝的观念,自己也

❶ 杨恺龄.孙慕韩(宝琦)先生碑铭手札集[M].台北:文海出版社,1977:22.
❷ 孙宝琦.孙宝琦下野后训诫家人书[N].新闻报,1927-05-13(7).
❸ 石建国,潘玮琳.孙宝琦:从外交起家的"名流"总理[J].世界知识,2008(7):60-61.

很顺利地进入入仕的'绿色通道'和升迁的'高速公路'."❶无论是在海外,还是繁忙的公务之中,他都不忘思考国家的前途和未来,积极建言献策。

首先,积极建言献策,倡导学习西方。由于长期在欧洲国家生活,孙宝琦留心欧洲国家的政治制度,考察经济财政现状,随后向清政府上书,主张学习借鉴西方好的做法。1903年,孙宝琦上了一道奏折,认为"仿英德日本之制,定为立宪政体之国,先行言布中外,于以团结民心,保全邦本"❷。

而就财政问题,他提出了两点看法:其一,允许外国人筑路开矿。认为路矿乃国家财政基础,"自有铁路而世界增出许多事业,矿务亦然"❸。如果交涉得宜,外国人承揽中国路矿的开采,对促进中国经济发展是有利的。其二,开设中国自己的银行。只有开设银行,发行统一的中国钞票,才能管理好国内的金融财政。"若再迟缓,必尽为各国银行垄断,中国财政永无自振之日。"❹财政是国家经济的核心内容,必须把好命脉。孙宝琦对国家财政经济的主张为后来主政审计院工作奠定了思想基础。

其次,1909年,孙宝琦担任山东巡抚之初,针对当时的情况,他认为政治不明,经济萧条,世风日下,非进行改革不可。于是,他提出了八条改革建议,影响深远。这些建议如下。

一、励臣工:君臣之间宜摒除私见,和衷共济,亲如家庭;二、定民志:既行立宪,戊戌党人应获昭雪;三、除浮文:减除文牍之繁,礼节之褥,舆服之糜;四、祛弊政:革除宦官,日后不准再进;五、筹议院基础:使都察院科道各员与资政院共议国事;六、颁平等之法:凡属国民,一体受治于同等法律之下;七、广外交之义:对世界各国,不必待要求而始言通使;八、恤藩属:免其贡献,开其地利,兴其教育。❺

这八条建议从政治、经济、文化、法律、外交等方面对大清帝国的未来工作提出了诚恳的改革方案,非常有见地。1910年,孙宝琦就直省官制和币制问题,再

---

❶ 孙昉,刘平.心态史视角下的孙宝琦与辛亥山东独立[J].东方论坛,2012(5):46-53.

❷ 孙宝琦.出使法国大臣孙上政务处书[J].东方杂志,1904(7):80-85.

❸ 孙宝琦.出使法国大臣孙宝琦条陈时政折//光绪朝朱批奏折·第120辑[M].上海:中华书局,1995::786.

❹ 孙宝琦.出使法国大臣孙宝琦条陈时政折//光绪朝朱批奏折·第120辑[M].上海:中华书局,1995:787.

❺ 孙宝琦.新授山东巡抚孙宝琦条陈新政折稿[J].东方杂志,1909(9):76-82.

次向清政府提出了改革方案。其中,就厘订币制问题,孙宝琦主张整理币制虽暂用银,而必为用金之地,以与世界金融齐一,并为金币、银币、镍币拟定了详细规格。❶1915年日本帝国主义强迫北洋政府签订丧权辱国的"二十一条",作为代理国务总理的孙宝琦愤然离职,转而改任审计院院长。再后来的1918年第一次世界大战结束之后,孙宝琦曾发起组织外交后援会,提出取消不平等条约,要求收回租界行动等,这些无不表明孙宝琦是一位关心国家前途命运的爱国人士。

(三)同情革命事业

尽管孙宝琦没有参加革命,但是他同情革命事业。"早在辛亥革命前,孙宝琦熟悉中外情势,心态复杂,既对清廷怀有效忠之心,又期望实行君主立宪,并在一定程度上对包括孙中山在内的革命者持有恻隐之情。"❷孙中山在法国巴黎逃难期间,遭叛徒告密,孙宝琦勇救孙中山于危难之中。1902年年底,孙宝琦作为驻法国公使留驻巴黎期间,恰逢伦敦蒙难的孙中山前往巴黎。当时正在法国学习海军的汤芗铭得知孙中山的行踪后,就合谋以问学为名,将孙中山骗出旅馆,中途借口有事,折回旅馆,窃取孙中山包里的秘密文件,包括兴中会会员名单,火速送到驻法公使馆企图邀功请赏。孙宝琦见此非常反感,并立即派员通知孙中山尽快转移,由此孙中山才得以脱离险境。这是孙宝琦同情革命事业最有力的例证,有人评论:

国父孙中山先生伦敦蒙难后来巴黎,湘籍学生汤芗铭及王某三人,同谋窃其行李及文件送往公使馆告密邀功。倘先君不明是非,无民族正义之感,如伦敦龚钦差之作风,则一举手即可执之为阶下囚,而历史亦须改写矣。当时先君力寝其事,并嘱李石会送还孙先生原物及文件,且送程仪。❸

可见,孙宝琦对孙中山的帮助,既营救了革命同志,也挽救了革命事业,否则,历史真的需要改写了。此外,1907年,孙宝琦担任驻德公使时,帮助同乡蔡元培圆了游学德国的梦想,并每月给予30两的经济资助,成就了后来的革命家、教育家、政治家蔡元培,这也是孙宝琦所做的一件非常了不起的事情。

---

❶ 孙宝琦.山东巡抚孙宝琦详解币制三疑二误并酌拟单数本位及平色法价等差摺并单[J].东方杂志,1910,7(4):50-62.

❷ 孙昉,刘平.心态史视角下的孙宝琦与辛亥山东独立[J].东方论坛,2012(5):46-53.

❸ 杨恺龄.孙慕韩(宝琦)先生碑铭手札集[M].台北:文海出版社,1977:212.

总体上,孙宝琦是一位出身于传统官僚家庭但又接触过西方社会的人,他的思想融汇中西,开明包容,善于创新,顺应时代潮流。他在任职岗位上总要推行一系列改革,其中不乏对财政经济的改革主张,为他后来的审计院院长工作奠定了经验基础。

二、重视审计立法和执法

重视立法并严格执法是孙宝琦从事管理工作的一贯理念。孙宝琦早年曾驻法国、德国等欧洲国家多年,对这些国家的法律制度颇有感触,多次建议本国政府积极立宪,依法治理。如"饬儒臣采访各国宪法,折衷编定;饬修律大臣按照立宪政体,参酌改订,以期实力奉行"❶。这是他从欧洲回来给清政府的奏折中,提出效仿西欧国家开展立宪并修法工作的记载。

1909年6月,孙宝琦出任山东巡抚,在上任之初的八条新政举措里就有一条专门谈立法的,就是上文所提到的"颁平等之法:凡属国民,一体受治于同等法律之下"。通过此举措,孙宝琦希望清政府颁布法律,依法治理国家,让所有国民平等得到法律的保护。无论清政府是否采纳该建议,孙宝琦自己力求做到。的确,在主政山东期间,孙宝琦积极进行法制建设。仅就警务工作,孙宝琦"在1910年山东省巡警道陆续出台了《各区办事规则》《警务公所办事规则》《拘留所规则》《火警规则》和《侦探规则》等一系列规则"❷,即使是在与法律关系不大的农业领域,孙宝琦依然制订《山东农会简章》,推行农会制度建设,批准《山东省推广种树办法》等。

尤其值得一提的是,孙宝琦主政山东期间还建立了与审计密切相关的地方会计制度。当时,孙宝琦刚上任,就积极调查了解全省收入支出情况,并成立"清理财政局",作为财政清理的专职机构。接着拟制册表分行树局所,将1908年年度支出与收入分别列表报告,并要求自1909年起,将每个季度的收支情况向度支部汇报一次,一年结束之后,再进行一次总体汇报。这样,山东省的地方会计制度就建立起来了,为后面的审计监督提供了法律依据。

可以说,孙宝琦主政山东期间,高度重视立法工作,依法治理成为当时管理

---

❶ 孙宝琦. 出使法国大臣孙上政务处书[J]. 东方杂志,1904(7):80-85.

❷ 赵文俊. 孙宝琦主政山东研究(1909—1911)[D]. 青岛:青岛大学:13.

山东的主基调。后来,孙宝琦将法治作为管理工作的重要内容,加强立法和执法,加强对审计的依法管理。

　　首先,关于审计立法。其实,孙宝琦与审计的接触并非仅在做审计院院长期间,早在1914年2月,他任代理国务总理期间,就已经开始分管审计院的工作了,当时的《政府公报》上频频出现审计处(院)向国务总理孙宝琦的请示报告及国务总理孙宝琦对审计处(院)的批示或命令。❶所以从那时起,孙宝琦就已经跟审计院打交道了。1915年1月,他担任审计院院长,直接管理审计院,直至1916年4月。根据研究统计,"北京政府先后制订、颁布了一系列审计法规,并相应制订了20多项规章"。❷而这些审计法律法规大多是孙宝琦在位分管或主政审计院期间(1914—1916年)制定的,表明了孙宝琦管理审计的特色之一就是高度重视审计立法(见表1)。

表1　1914—1916年审计法律法规一览

颁布时间	审计法律法规名称	备注
1914年	审计条例	
1914年	审计院分掌事务规程	
1914年	审计院书记室编译科翻译处办事细则	
1914年	审计院审查决算委员会规则	
1915年	审计院解释审计法施行规则之送达期限并核转程序	
1915年	审计院文官普通甄别委员会执行规则	
1915年	审计官惩戒法	
1915年	审计院发给核准状规则	
1916年	审计院分别营业机关审查之方法	
1916年	审计院厘定营业机关办理计算报告之标准	
……	……	

　　资料来源:谢冬慧,李相森,夏寒.民国审计法规资料选编[M].北京:知识产权出版社,2019:69-201。

---

❶ 如"审计处呈国务总理报告第三期审计情形文""审计处呈国务总理陈明派员覆核财政部库藏司账目情形文""国务总理据审计处呈称酌减审计分处经费文并批"等,详见《政府公报分类汇编》1915年第22期,第171、177-178页。

❷ 李金华.中国审计史[M].北京:中国时代经济出版社,2004:20.

表1列举了孙宝琦间接或直接管理北洋政府审计处或审计院三年期间的部分审计法律法规,也是孙宝琦重视审计立法的例证。尽管没有全部列出,这些法规确已占了北洋政府时期所颁布审计法规的较大比例。

的确,孙宝琦在任国务代总理及审计院院长期间,开展了审计法规的制定工作。其中,比较典型的有1914年3月的《审计条例》,该条例明确了审计机关审查的具体内容,还规定了审计过程中发现官员违法情况后的处分程序。因此,《审计条例》的出台对国家的政治及经济监督功能是强大的。而该条例是由时任国务代总理兼外交总长的孙宝琦牵头,联合内务总长兼交通总长朱启铃、财政总长兼陆军总长周自齐、海军总长刘冠雄、司法总长章宗祥、教育总长蔡儒楷、农商总长张謇共同制定。❶该条例也是由国务代总理呈报大总统的,因此,对于《审计条例》的制定,孙宝琦的贡献自然是最大的。紧接着,审计处改为审计院,其后的10月近代中国第一部《审计法》出台,其基础蓝本就是孙宝琦所制定的《审计条例》,孙宝琦的贡献不言而喻。到了1915年11月15日,北洋政府公布了《审计官惩戒法》,该法其实是主持审计院工作的孙宝琦组织起草的,目的是加强对审计官员自身的监督,从而提高审计工作的公信力,这不能不说是孙宝琦对审计立法的又一重大贡献。

其次,在严格执法方面,孙宝琦也做得比较到位。他深知"徒法不足以自行"的道理,在工作中努力依法办事。有人认为,"孙宝琦勇于任事,办事干练,得到清廷的认可"❷。的确,孙宝琦是一位认真严谨、办事果断的官员。他充分认识到了审计的执法属性,因此严格依据审计法规开展审计执法工作,例举一二。

其一,发生于1914年7月的案例。当时身为国务代总理的孙宝琦会同内务总长朱启铃,支持审计处奉天民政长依法查核奉天省城警察厅修筑马路违法兴工案:

为呈请事准审计处函开:据奉天审计分处呈送奉天省城警察厅厅长,修筑马路违法兴工,应照审计规则第八章第二十六条,处以擅专违法之处分,呈请核示一案。查审计规则颁行已久,各官厅往往视为具文。此次奉天省城警察厅厅长故违命令,非予以处分不足以儆效尤。按照审计规则第八章第二十六条,出纳官

---

❶ 参阅《大总统令(中華民國三年三月十二日)》的署名,《政府公报》1914年第663期第9-13页。

❷ 张立胜. 孙宝琦与清末新政刍议[J]. 工会论坛,2009(5):152-154.

吏如有违背本规则及各种法令者,得由审计处要求该长官行使惩戒处分等语,并将审计分处原呈暨抄件一并送部核办。前来本部查核省城警察厅厅长此次小西边门外马路工程,事前既未报部立案,又复不遵审计规则,违法兴工,旋即令行奉天民政长,迅将修筑该段马路详细情形彻查……❶

其二,另一案例发生在1915年4月。当时的孙宝琦已任审计院院长,他签发文件要求各个被审计单位依照审计法及施行法则报送审计材料:

为饬知事案查,审计法施行规则第二条载:各官署厅于每月经过后十五日以内,编成上月收入计算书、支出计算书,送审计院查。其有该管上级官署者,应于每月经过后十五日以内,编成上月收入计算书、支出计算书,送由该管上级官署核阅,加具按语,转送审计院审查。又审计法第十二条载:各官署故意违背审计院所定计算书之送达期限及查询书之答覆期限时,得通知该主管长官执行处分。又本院解释审计法施行规则之达送期限并核转程序内载:各地方离省垣或办事长官驻在地远近不同,其达送书据之到达期限应由各该长官酌定,咨报本院备查……❷

类似的例子不胜枚举,对于奉天省城警察厅违法兴工案,依照已有的审计规则,完全可以处分,包括警察厅长、出纳官吏等均应该受到处理;而报送材料拖延的案子屡屡发生,有各单位的原因,也有其上级主管单位的责任。仅从这两则史料里可以看出,孙宝琦极力支持审计处严格按照审计规则的具体条文处理相关的案件,同时要求被审计单位也必须严格按照审计法则所规定的时间、程序提供规定的材料。在审计过程中,如发现问题,孙宝琦经常一查到底,决不迁就。如果遇到特别棘手的问题,他就依法呈报大总统决定,有研究反映:

对计算书中反映出来的严重问题,审计院均作了认真审计,提出了明确意见。如审计财政部1915年4至6月的支出计算书时,发现其所经管的约法会议经费支出中冒滥开支8000多元,应予剔除。因违法金额较大,审计院依法立为专案,拟成报告书,呈报大总统处理。❸

简言之,孙宝琦很早就认识到了法律制度对于国家管理的重要作用,在他的从政生涯中无时不刻不关注立法与执法活动。而仅有法不严格执行,等于没有

---

❶ 孙宝琦,朱启钤.国务总理内务总长会呈准审计处奉天民政长查覆奉天省城警察厅修筑马路违法兴工案[J].政府公报分类汇编,1915(7):30-31.

❷ 审计院饬(中华民国四年四月五日)[J].政府公报,1915(1048):31.

❸ 李金华.中国审计史[M].北京:中国时代经济出版社,2004:28.

法,发挥不了法律的作用。在担任国务代总理和审计院院长期间,他高度重视审计立法,严格依法审计,成为清末民国审计史上较有影响的人物。

三、加强审计管理及效用

审计院是国家审计行业的最高管理机构。孙宝琦重视审计立法和执法的目的和宗旨是加强审计管理,充分发挥审计在国家开源节流及经济监督方面的作用。他在担任国务代总理期间,尤其在审计院院长的岗位上,将审计管理、发挥审计作用作为自己工作的重心。

首先,加强员工的思想品德修养。一个人无论知识水平有多高,多么有才能和技术,如果没有良好的思想品德和道德修养,他就不可能造福于社会。作为审计院院长,孙宝琦认为员工的思想品德修养极为重要。他于1915年上任审计院院长不久,就曾多次以通告"饬"的形式要求审计系统各科室人员整顿作风,加强思想修为,认真负责地工作。现选择两例,略作说明。

审计院饬第十九号:为饬知事,照得本院长莅任伊始,竟有躁妄之徒,匿名投函,攻讦多端。无论排挤倾轧,此风断不可长。即其阴险行为,居心已先不可问。若严行追究,不难查得主名。惟本院长平素待人宽厚,姑宥既往。自此次通饬之后,务各精白乃心矢勤矢慎。但求尽己之职,无作出位之思。苟有才品出众、异常得力之员,本院长自能谂知刮目相待。现在世风不古,相习于钻营奔兢,患得患失等辀,鄙夫自炫自媒,贻讥大雅。愿我僚友敦品厉行,一矫陋习语云,不忮不求,何用不臧。其各互相劝勉,是所至望。倘再有攻讦他人或私自干托者,本院长定当公布惩之,此饬。审计院院长孙宝琦右饬本院各厅室准此。❶

审计院饬第二十二号:为饬知事,现在京外各官署收支计算书据送院审查者,日益增多,应即责成各厅股,精密审核,妥速办结,不得积压。所有稿件,由各股主任员负完全复核之责任,其余各股员均应分定事件,一律赶办,毋庸再有核稿名目。以每月办结之件数为各员之成绩,即以各股员办结之件数为各主任员之成绩。按月列表,以凭稽考,而课殿最,毋许重复填报,各厅长有监督指挥之责,应即督同各主任员妥速办理,分途治事,计日程功,依法进行,日臻完密,本院

---

❶ 审计院饬第十九号(中华民国四年二月)[J]. 政府公报,1915(1011):26.

长有厚望焉,此饬。审计院院长孙宝琦右饬本院各厅准此。❶

在文字学上,"饬"同"敕",是告诫、命令,也即整顿纪律之意。这里的《审计院饬第十九号》,孙宝琦以这种形式通告审计系统员工:不要搞无端的匿名诬陷。因为匿名诬陷是一种极端恶劣的道德品质问题,他还引用《诗经》里的一句"不忮不求,何用不臧"劝慰他的员工"不嫉妒不贪求,什么行为能不好呢"。同时也体现他的宽广胸怀,既往不咎,警示后来者,号召大家加强自我修养,不做出格之事。可以说,孙宝琦的这则审计院之饬,实际上是对审计系统的工作人员上了一堂思想品德课,以强化个人道德品质修养,确保审计系统内部工作有一个良好的人文环境。而在《审计院饬第二十二号》里,孙宝琦则要求审计院下属各部门"精密审核,妥速办结,不得积压"。实际上是对员工业务素质的特别要求,要求他们认真对待审计工作,不仅要仔细审核,保证无误,还要讲究效率,就是快速稳妥地办理审结工作,不得有积压存在,这是审计工作运行的效率保障。

简言之,在孙宝琦主政审计院期间,尽管政局动荡,内忧外患,但是他仍从强化审计员工的思想品德和业务素质入手,狠抓审计工作管理。从审计工作的人文环境到审计工作的运行质量等方面,力求做好本职工作。他尽职尽责,工作细致入微,值得称赞。

其次,尽力发挥审计作用,努力为国家开源节流。依据1914年3月由孙宝琦牵头制定的《审计条例》,审计机关的任务是:审查收入支出,检查国库,检查国债,检查工程及买卖贷借,检查簿记。一言以蔽之,审计的功能就是为国家把好财政关口,避免国家资金的浪费和流失。因为"审计是财政方面的司法工作,法律赋予审计官有监督各级官署财政收支,认真执行财政预算,遵守财政纪律的权力"❷。所以审计权包括"审定权、查询权、处分权,贯穿着审计的监督权。如能认真执行,还是可以起到一定的财政监督作用的"❸。本质上,审计可以帮助国家管好"钱袋子",更好地开源节流。可以说,孙宝琦的审计立法抓住了审计的实质性问题,更有利于发挥审计的作用。

北洋政府时期,财政窘困,严重阻碍了国家事业和人民生活。对此,做过国

---

❶ 审计院饬第二十二号(中华民国四年三月十一日)[J].政府公报,1915年总第1024期:39.

❷ 赵友良.中国近代会计审计史[M].上海:上海财经大学出版社,1996:56.

❸ 赵友良.中国近代会计审计史[M].上海:上海财经大学出版社,1996:53.

务代总理的孙宝琦深有体会。他所在的国务院自身不能挣钱,也就毫无收入可言,一切开支只能靠财政拨款。但随着屈辱的"二十一条"签订之后,北洋政府的财政极其困窘。因此,整顿财政成为政府高层及审计机构的重要职责。为此,孙宝琦在审计院院长岗位,做了大量的工作。当时,"审计机关的审计活动主要围绕监督财政收支展开,把财政支出审计作为监督财政预算执行的重点"❶。以财政支出审计为重点,审计政府各机关凭证单据、支出计算书、军费支出、盐务支出及外债使用等,以图发挥审计为国家开源节流的作用。

审计院的大量业务,是审计中央各部院及其所属各级机关送达的一月或数月的支出计算书。这些计算书,加上审计处移交的未审定案卷及各部院历年积压的案卷,每年送到审计院的计算书多达数千份。❷

从这些积压的案卷和数千份计算书中,可以看出审计院的审计业务涉及面之广,主要是审计中央各部院及其所属各级机关,督促它们节约办公,开源节流。在审计工作中,孙宝琦对于被审计单位提出了一些要求。例如,他命令被审单位配合审计部门的工作,及时按规定报送相关材料;他还强调被审单位的上级主管部门的管理责任;特别要求计算书上填明出纳官的姓名以明确责任,等等。从当时审计院由孙宝琦签批发布的一些公函的名称中就可以看出(见表2)。

表2 孙宝琦在位期间对被审计单位的要求情况

序号	时间	签批人	对被审计单位的要求
1	民国四年二月十八日	孙宝琦	审计院咨财政部,请饬所属各机关每月报送计算书,须详部核转,并请加具案语,再行送院
2	民国四年二月二十七日	孙宝琦	审计院咨(京兆尹)各巡按使(都统)转饬财政部造送各征收机关二三年度收入分配年额并另造比较表一份送院备查文
3	民国四年三月二日	孙宝琦	审计院咨贵州巡按使各分卡之收支计算,准由主管之征收局所汇编,请转饬查照文

❶ 李金华. 中国审计史[M]. 北京:中国时代经济出版社,2004:26.

❷ 李金华. 中国审计史[M]. 北京:中国时代经济出版社,2004:28.

续表

序号	时间	签批人	对被审计单位的要求
4	民国四年三月六日	孙宝琦	审计院咨京内外各机关所送支出计算书,应填明出纳官姓名,以明责任,请转饬遵照文
5	民国四年四月七日	孙宝琦	审计院咨(京兆尹)各巡按使(都统)转饬财政厅(分厅)严饬所属各征收局依限造送计算书,如再逾延,应酌予处分,至以前各月应送之计算书亦应迅速补送文

从孙宝琦任职审计院期间所签批的公函中,可以看出他对被审计单位的要求,其中有直接要求,也有间接要求。审计工作涉及面广,它的管理还牵涉被审计单位的配合问题,这在法律法规里均有规定。进一层,审计的目的在于督促被审单位做好开源节流工作。因此,审计院对被审计单位提出要求也是合情合理的。尽管这样,孙宝琦的努力收效甚微,正如有学者所认为的那样:在贪污腐化的北洋政府统治下,审计院根本无法行使审计监督的权力,如袁世凯为了筹备做皇帝,不择手段地动用国家资财,耗费惊人,无人能阻挡。❶类似的事情不仅仅袁世凯一人,还有其他贪官污吏。最终,无奈的孙宝琦选择了离开审计院。史料记载:

国务院每月经费,本应由财长筹拨,而彼意籍口财政困难,多方克扣。国务院非同其他行政机关,毫无收入。在如此掣肘之下,财长竟以此为要挟,提出金法郎案,迫总理签署,除国务院经费可不欠外,另有特别酬劳,使总理难以接受,惟有辞职不干。❷

当时,国务院每月的经费开支,纯由财政总长筹拨,自己无任何收入。但是,财政借口财政困难,多方克扣。并且,财政还逼迫孙宝琦签署一些不合理的开支,使孙宝琦感到为难。在这种背景下,孙宝琦宁可辞职不干,也不愿将就。可见,孙宝琦是个正直之人,他不愿意与恶势力同流合污。同时,孙宝琦也是一位清正廉洁的人,虽然他为官数十年,而且身居高官要位,但是却很少有积蓄,也没有多少家产。据载:

❶ 赵友良.中国近代会计审计史[M].上海:上海财经大学出版社,1996:53.

❷ 杨恺龄.孙慕韩(宝琦)先生碑铭手札集[M].台北:文海出版社,1977:217.

离开北京时,他连房租都付不出,房东是建造北海的工程师,因敬佩他的为人,就说"算了,算了",孙宝琦实在过意不去,就派人将他从法国带回来供女儿学习的两架钢琴抬去,略表谢意。到上海后,因没有私宅,最初只得借住在哈同花园。哈同仰慕他的名声,只让他象征性地付点租金。❶

由这则史料,我们知道:做过多年高层领导的孙宝琦连房租都付不起,甚至要用女儿的钢琴去抵债。不难发现,孙宝琦的确是一位清官。在当时国家财政极端困难的背景下,他不仅倡导国家机关应该开源节流,通过审计督促被审计单位努力节约开支,而且自己带头过苦日子。自从1928年退职后,孙宝琦没有了薪水和经济待遇,只有到汉冶萍公司领点车马费,供一大家子穿衣吃饭,经济极为拮据。直到1931年离世,他再没向国民政府要过一分钱。

综上所述,在北洋政府时期的审计官员中,尽管孙宝琦任职时间不长,但是他对审计工作的贡献还是较大的。他出身于官宦家庭,接受了良好的教育,担任过西欧公使。他倡导学习西方,关心本国前途,同情革命事业。对于审计管理,他重视审计立法,严格执法;加强员工的思想品德教育和业务素质修养;尽力发挥审计作用,努力为国家开源节流。与此同时,孙宝琦也是一位清正廉洁的人,他的品格深被后人敬仰。

民国时期的最高审计官员不乏清正廉洁的楷模,除了孙宝琦,还有北洋政府首任审计院院长丁振铎、任职十二余年的庄蕴宽、国民政府审计院院长于右任、首任审计部部长茹欲立等,他们无一不是刚毅禀直与清正廉洁的模范。尽管当时的政治经济环境恶劣,他们却出淤泥而不染,坚定地坚持原则,秉持清廉,即使个人和家庭生活困难,也不向国家伸手要扶持,他们的为官品格值得当下的我们学习。另外,从民国最高审计官员大多愤然离职的史实,我们不难推测民国审计作用的发挥受到了极大的限制,甚至是失控的状态,这与民国时期政权动荡、经济失控的的社会背景是相一致的。

---

❶ 郦千明. 救过孙中山的民国总理孙宝琦[J]. 文史天地,2011(1):19-23.

北洋政府第四任审计院院长庄蕴宽

学界普遍认为中国现代意义的审计始于民国初期,也即北洋政府时期。的确,北洋政府时期是中国现代审计制度创立及审计事业发展的重要阶段,建立了独立的审计机构,制定了专门的审计法律,审计对财政监督效果明显。对此,学界给予了较多关注,然而,以上成就的取得均离不开优秀审计官员的细致工作和执著追求。在此,本书选取民国北洋政府任期最长的审计院院长庄蕴宽为例,以探讨民国审计人的职业操守及道德水准。庄蕴宽为官清廉,处处维护国家的经济运行安全,严格管理财政,堪称民国财政经济的守护者。

一、成长经历:领悟财政经济的价值

一个人成长的经历是其价值观形成的重要途径,庄蕴宽也不例外。19世纪60年代,庄蕴宽出生于江苏常州的名门望族,深受当地丰富文化的熏陶和家庭氛围的影响。据史料记载:"常州的庄姓属于非常典型的江南世家大族,数百年来,绵延不断,声望隆隆。"[1]庄蕴宽的父亲曾在浙江、福建做过知县,可以算得上是一方名士,受到当地民众的拥戴。庄父对子女要求严格,并且身体力行。庄父担心庄蕴宽因口舌取祸,所以给他取别号"思缄",意思叫他不要轻易说话,只有在经过慎重思考后再发言。家庭背景及父亲的教诲,使聪颖好学的庄蕴宽比同龄人成熟懂事,深得周遭人们的喜爱。

当然,庄蕴宽的成长离不开学校教育的帮助。早年,庄蕴宽接受了私塾教育,先后结识了十几位塾师。幸运的是,这些塾师"每一位都是当地明贤,有的则是一时大儒,如王先谦、薛绍元、江标、赵烈文等人"[2]。其中,王先谦与赵烈文对庄蕴宽影响更大。史料记载:"庄蕴宽受学于著名学者王先谦,曾5次考试名列第一。"[3]"赵烈文生性刚直,不乐为吏……他年少时即有才名,是一个很有性格的

---

[1] 薛元明.国士无双——庄蕴宽传[M].上海:上海锦绣文章出版社,2012:11.

[2] 薛元明.国士无双——庄蕴宽传[M].上海:上海锦绣文章出版社,2012:35.

[3] 吴晓晴,范崇山.江苏文史资料(第49辑):民国江苏的督军和省长[M].《江苏文史资料》编辑部,1993:13.

人,同时也是一个很有思想主见的人。"**❶**在这些著名塾师的教导和影响下,庄蕴宽从小养成了耿直、爱憎分明的性格。也正因如此,后人评价他:"在其一生中,自始至终折射出嫉恶如仇、刚正不阿的品格,堪称正直贤士之典型。……他不畏强权,坚持自己的正确主张,很多时候宁愿辞职也不违背自己的良心做事,历经沉浮,从不懈怠。"**❷**这种品格恰恰是他后来主政平政院肃政厅及审计院所必需的特质。18岁那年,庄蕴宽考入江阴南菁书院,四年的读书生活对庄蕴宽的人生起了关键作用。要知道那时的南菁书院汇集了一大批贤人雅士,诸如吴稚晖、钮永建、唐文治等。庄蕴宽经常与他们在一起学习和交流,不仅开阔了眼界,也提升了境界。

但是,社会环境也会左右一个人的成长。庄蕴宽置身近现代社会转型的潮流之中,敏锐地把握了时代脉搏。"庄蕴宽早期同情革命,他从一个清廷的命官转变成一名革命的追随者,主要是时势使然。"**❸**他思想进步,乐善好施,交友广泛,朋友遍及权贵名流和政要大儒,如孙中山、黄兴、李鸿章、张之洞等活跃于近代历史舞台的显赫人物,这些朋友对庄蕴宽后来的发展帮助很大。

总体上,"庄蕴宽一生走南闯北,时起时伏,前后经历了晚清危局和民初乱局。这是一个国势憋屈而努力救亡图新的时代,也是一个转型而又动荡不堪的年代"**❹**。可以说,庄蕴宽亲身经历了清末民国的社会震荡和变革,切身地感受到一个社会政治的稳定与经济的发展对于国家和人民的重要性,极力倡导政府官员清正廉洁,尤其对国家经济加强管理和监控。

财政经济是家庭及事业发展的基础。这是生活与工作等人生成长的经历给庄蕴宽带来的感受。虽然庄蕴宽出身世家,家庭条件不错,但是庄父早逝,给家庭带来巨大损失,也让庄蕴宽倍感经济压力。史料记载:"庄事亲至孝,因父亲早逝,家道中落,经济拮据,每月30元束脩全部寄往家中,自己则饔文度日。"**❺**庄蕴宽在父亲离世后,切身地感受到了经济财力对家庭生活的重要性。

然而,更受庄蕴宽关注的是经济财力对国家事业的影响。1896年,庄蕴宽

---

❶ 薛元明.国士无双——庄蕴宽传[M].上海:上海锦绣文章出版社,2012:35-36.

❷ 薛元明.国士无双——庄蕴宽传[M].上海:上海锦绣文章出版社,2012:7.

❸ 薛元明.国士无双——庄蕴宽传[M].上海:上海锦绣文章出版社,2012:67.

❹ 薛元明.国士无双——庄蕴宽传[M].上海:上海锦绣文章出版社,2012:6.

❺ 吴晓晴,范崇山.江苏文史资料(第49辑)[M].南京:《江苏文史资料》编辑部,1993:13.

到广西任职办案,"当因地方案件获取一大笔罚款时,就利用这笔款项在各州府选拔了好学进步、活动能力强的刘崛等5人去日本留学。这些人后来都成了国民革命的骨干分子"❶。庄蕴宽本人也因政绩卓著、勤政爱民获得"名吏"的美名。1901年庄蕴宽被派去治练新军,然而,治练新军,培养合格军事人才,离不开财力的支持,为此曾辛勤筹资。后来,庄蕴宽举办军事学堂,同样涉及筹款问题。再后来,他认识黄兴,并支持他革命,仍然离不开资金。有一次,他秘密护送黄兴出镇南关,并资助了路费,因此推动了革命事业的发展,这是庄蕴宽对黄兴等革命党人最好的支持。

1912年民国肇建,财政短缺,此时的庄蕴宽被推任临时政府江苏代理都督,立即启动他的"开源节流,尽力维持财政"方案,命令裁减兵员,减少军费开支。也就在庄蕴宽代理江苏都督期间,由于财政拮据、军饷匮乏,发生了阊门兵变。兵变促使庄蕴宽反思政府财政危机,想方设法解决财政问题,并呼吁国人不要将资金存入国外。在1914年的一次公开演讲中,庄蕴宽指出:"自甲午庚子以来,以及辛亥改革历假外债之款极巨。诸君亦知此款为外人所借,实则多半为我国内之富翁所放,辗转于外国银行之手者乎,存放外国银行生息或周年五厘或四三厘,一经沸乱或无息或倒贴存放费,在场诸君应备闻之。"❷1915年5月,中日签订"二十一条"之后,庄蕴宽提出了4条救亡措施,首要一条即为"严格浮冗,以裕财政",就是严格控制公务人员数量,减轻财政负担。他直言不讳地指出"财政艰窘,至今而极,借贷既穷,继以搜括""日日忧贫而在在浪费,上自公府,下及曹署,领空名而靡廪奉"❸。以上系列经历让庄蕴宽觉得经济财力是国家事业发展的基础和前提,必须守护好财政经济的大门。

二、为官风格:坚持严管财政的原则

庄蕴宽乃中国近代史上的风云人物,他一生为官,从知县知府到肃政厅都肃政使,再到审计院院长,无论在什么官位上都一律坚持原则,干事雷厉风行,刚正不阿。正如后人评价的那样:"庄蕴宽属于那极少数拥有超越世俗的高度和宽广

❶ 吴晓晴,范崇山. 江苏文史资料(第49辑)[M].上海:《江苏文史资料》编辑部,1993:15.

❷ 庄蕴宽. 庄蕴宽君演说[J].内务公报,1914(12):168-169.

❸ 吴晓晴,范崇山. 江苏文史资料(第49辑)[M].南京:《江苏文史资料》编辑部,1993:24.

内心之人,直如朱丝绳,清如玉壶冰。"❶"他个性嫉恶如仇,做人以洁身自好为准则。"❷如此等等,不一而足。

史实确实如此,在代理江苏都督期间,庄蕴宽坚持原则,拒绝发还依法没收的大官僚盛宣怀❸财产。尽管盛宣怀通过各种途径,多方托人请求庄蕴宽发还财产,均遭到拒绝。盛宣怀无奈,企图用日本洋行的势力给庄蕴宽施压,但是庄蕴宽毫不徇情,严控本国资产的外流,在他主政期间始终没有发还盛宣怀的财产,传为美谈。在卸任江苏代理都督之后,庄蕴宽改任浦口商埠督办,"在浦口商埠任职期间,为了借款要与洋人打交道,但原则问题毫不含糊"❹。

庄蕴宽的为官风格,特别是他对财政经济的维护立场,深得政府高层的赏识。袁世凯要求庄蕴宽任职北洋政府,主管财税,以维护北洋政府财政经济安全。庄蕴宽就任后,大刀阔斧地整顿商务,确保税收,杜绝不当支出。例如,临时大总统身边的一位员工打着大总统的名义领了很多日用物品归个人使用,被庄蕴宽发现后进行了严惩。有文记载:"临时大总统有庶务员,日至厘肆,勒索苛细,以至日用品物,无不诡称总统府需用。事以上闻,即派警察就通衢缚来严鞫。"❺另根据"曾在财政清理处清理浦口借款案的彭宪说,庄蕴宽在与外人签订借款条约时有两个特点,一是无回扣,要十足交款;二是定明用途,非商埠应用之款不得支付,债权者可拒绝签字,使当权者不能随意支配借款"❻。这里庄蕴宽所做的工作,实为财政审计,为维护国家财政经济作出了贡献。

1914年5月,北洋政府平政院成立,下设肃政厅❼,庄蕴宽被任为都肃政使,主持肃政厅工作。当时,在外人看来,肃政厅是个闲职之处,认为庄蕴宽从此可

---

❶ 薛元明.国士无双——庄蕴宽传[M].上海:上海锦绣文章出版社,2012:6.

❷ 王建中.江苏清官[M].南京:南京大学出版社,1998:249.

❸ 盛宣怀曾任清政府邮传部大臣,拥有巨额家产。临时政府成立后,孙中山主张没收清朝大官僚的财产。此时的盛宣怀逃亡日本,其在上海、苏州、常州、江阴等地的房地产、典当、企业股权数百万元都被国民政府封存。

❹ 薛元明.国士无双——庄蕴宽传[M].上海:上海锦绣文章出版社,2012:112.

❺ 赵叔雍.辛亥人物碑传集(卷九)[M].南京:凤凰出版社,2011:460.

❻ 吴晓晴,范崇山.江苏文史资料(第49辑)[M].南京:《江苏文史资料》编辑部,1993:22.

❼ 依《平政院编制法》,肃政厅是平政院的下属机构,但是独立行使监察和弹劾职权,不受平政院领导,直隶大总统。肃政厅具体行使三项职权:(一)于人民陈诉案件,依《行政诉讼法》的规定以原告身份提起行政诉讼;(二)依《纠弹法》的规定纠举违法渎职官员,纠弹行政官吏发生违宪、贪污、滥用权威、玩视民瘼事件。

以"养老"了。然而,对于坚持原则、严肃认真的庄蕴宽而言,这恰恰是自己严管财政,以维护国家经济和树立良好政风的大好机会。庄蕴宽等人到任后,严肃认真地开展工作,制定了《肃政厅处务规则》等系列法规,纠弹贪官污吏,查处了系列贪污大案要案。"从平政院成立起至1917年,仅审理省长级贪污及违背政务案件就达536起。庄蕴宽曾经手多起大案、要案,如湖北兵工厂案、上海卷烟厂税案,其中影响最大的为王治馨贪污案。除此之外,尚有'五路大参案'之津浦铁路局局长赵庆华贪污案,弹劾霸县知事刘鼎祺等,皆为史书所传。"❶毋庸置疑,庄蕴宽用事实证明了肃政厅并非"等闲"之处,出色地发挥了肃政厅的纠察和监督功能,揭露了诸多官员的经济犯罪,化解了政府的财政危局。即使是权高位尊的袁世凯的宠臣或者袁世凯本人,庄蕴宽认为其违规的也敢于提出质疑。他"不避权要,弹劾严峻,为世盛传"❷。在庄蕴宽的领导下,肃政厅作为民国初年的监察制度,在整顿吏治方面发挥了巨大作用。他不畏强权,纠弹高官,以致成为某些官吏的眼中钉和肉中刺,欲拔之而后快。

1916年2月,庄蕴宽辞去都肃政厅使一职,4月出任北洋政府审计院第四任院长,直到1927年11月,任职前后12年,可谓北洋政府审计院任职时间最长的院长。❸与肃政厅一样,当时的审计院也没被看好。"审计院是个闲曹冷署,虽说是个综核全国度计的机构,但各省军政大员并不重视,只是到急需核销开支以便续领时才有求于审计机关。"❹虽然审计院不受重视,但是庄蕴宽却依旧认真对待,杜绝不正之风,维护政府财政不受损失。当时的财政部凭着掌握财政大权,对审计院的态度有些傲慢,且在管理制度方面不够统一和健全,庄蕴宽对此绝不手软,以审计院的名义给财政部发去公函,提醒财政部:

迳启者:查财政上司法监督机关与行政监督机关,虽各具独立之精神,而实有密切之关系,必行政监督有整齐划一之规,而后司法监督始有确定之标准。贵部为最高财务行政监督机关,本院为财政上司法监督机关,对于国家财政同负有

❶ 薛元明.国士无双——庄蕴宽传[M].上海:上海锦绣文章出版社,2012:112.

❷ 赵叔雍.辛亥人物碑传集(卷九)[M].南京:凤凰出版社,2011:460.

❸ 北洋政府自1912年9月设置中央审计机关——审计处,至1914年6月改设审计院,在两年不到的时段里先后有三位审计处长(总办)(王璟芳、陈锦涛、章宗元)执政。而从1914年6月到1916年4月又一个两年不到的时段里也有三位审计院院长(丁振铎、李兆珍、孙宝琦)先后执政。

❹ 吴晓晴,范崇山.江苏文史资料(第49辑)[M].南京:《江苏文史资料》编辑部,1993:26.

整齐划一之责。自共和建设,政变纷纭。有事实上未能即时划一者,亦有不难划一,而因循未改者,即就中央行政经费而论,同属国家法定机关,应有划一办法。乃查各署每月政费领取之期间,既有参差货币之种类,亦不一致有随意搭发银元钞票,无确定之成数者,有全发银元者,有全发纸币者,在各署或别有不得以之苦衷。然办法歧异,最易授出纳员以取巧之机会,且非政体之所宜,应请贵部酌核情形,拟定划一支付政费办法,通行各署一律遵行,以维政体而杜弊端,希即查照此致。❶

针对政府公务人员兼职兼薪的事情,庄蕴宽也从当时国家审计管理的角度予以纠正,专门发布了命令:

案查财政部拟定兼职或兼差人员支给夫马费办法,除特任官不给夫马费外,简任人员定为每月不得过二百元;荐任人员不得过一百五十元;委任以下人员不得过一百元。其兼职或兼差人员如再兼他处职务时,亦不再支夫马费以示限制。经部咨呈国务院提交国务会议议决,照办通行遵照。在案本院为监督财政最高机关,对于国务会议议决之夫马费限制办法,自应首先作则切实遵行,所有现在各职人员,如有在他机关兼任职务者,务各将所兼何职及原支兼薪或夫马费数目,据实呈明,以凭核办,勿延此令。❷

据载:"审查财政部1918年4月份支出计算书时,发现津贴项下发给兼职总长的大洋1000元属不当支出,经公决后该款从计算书中剔除,不准核销,由财政部执行。"❸并且,"时凡有请托或馈赠,庄一概拒绝"❹。另有一次"有某官伪造单据,浮报用途,审查钩稽尽得其破绽,庄咨国务院惩治之。国务院以其人已辞官,可置弗议,庄坚欲获其人,依法审办而后已。国务院不理,乃入告总统,虽然未能得以实施,而闻肃然"❺。庄蕴宽处处坚持原则,令人肃然起敬。

更值得一提的是,在庄蕴宽任审计院院长期间,完成了自审计处成立以来久拖未决的盐款审计工作,这应是庄蕴宽为官风格的典型体现。我们知道,北洋政

---

❶ 这是1917年审计院给财政部所发的公函——《审计院致财政部函》,见《政府公报》1917年1月8日。

❷ 这是庄蕴宽于1919年4月22日发布的《审计院令第二十九号》,见《政府公报》1919年4月26日。

❸ 李金华.中国审计史(第2卷)[M].北京:中国时代经济出版社,2004:28.

❹ 吴晓晴,范崇山.江苏文史资料(第49辑)[M].南京:《江苏文史资料》编辑部,1993:26.

❺ 薛元明.国士无双——庄蕴宽传[M].上海:上海锦绣文章出版社,2012:143.

府财政预算中,盐款收入占了很大比重,依法需要审计,但是盐务审计障碍重重,有文为证:

> 审计院为咨行事,查盐款收支。自盐务署成立以来,即未按照审计法令送院审查,经前审计处依法催询。辛由国务院核定办法,饬各盐务机关造收支报告二份。以一份送审计处,以一份送稽核所。而贵部又改为由总所汇造一份送审计处查核,未及实行。值审计院成立之始,前盐务署督办未得审计院同意,径行呈请将盐款收支之审计另定特别办法,所有盐款收支数据一并留存盐务署,概不送院。仅由本院派员前往盐务署查封。此种特别审计办法历经本院往返驳复,并未承认,嗣以此案,久不解决,积压愈多……❶

这是1918年2月北洋政府审计院给当时的财政部所发送的一份请示报告——《咨财政部请饬盐务署速将历年收支计算书据检齐送院审查文》,以请求财政部出面做盐务署的工作,让其接受盐款审计。面对盐务署的蛮横怠慢态度,庄蕴宽决不屈服,而是深思熟虑,想方设法,合法有理有序地开展动员工作,经过多番努力,终于让盐务署接受了审计。经过审计,盐务署的确存在诸多问题。例如,"审计院通过审查1921年10月至1922年4月的账单,发现盐务署送账单十分混乱,盐务署账外'小金库'支出直接涉及总统府和国务院"❷。尽管盐务审计难度很大,但是庄蕴宽领导审计院对盐务署开展审计的决心、耐心和责任心,实属难能可贵,也是他一以贯之的为官风格所致。

1927年2月,庄蕴宽因拒绝投靠军阀张作霖,被停发审计院经费,11月份又被撤去审计院院长职务。"从庄蕴宽一生来看,不存在任何徇私舞弊、贪赃枉法的行为,一身正气。"❸庄蕴宽对于一切威胁利诱毫不畏惧,不改本色,他的"严格"官风产生了一定的震慑作用,不愧为民国时期北洋政府财政经济的守护者。

三、审计管理:守护财政经济的关键

"审计院者,财政上之司法监督严正独立之一机关也。"❹"审查收支计算以定

---

❶ 审计院:《审计院第一厅最近案牍摘要》,1923年编的内部资料,第8页。

❷ 李金华.中国审计史(第2卷)[M].北京:中国时代经济出版社,2004:25.

❸ 薛元明.国士无双——庄蕴宽传[M].上海:上海锦绣文章出版社,2012:96.

❹ 梁启超.论审计院[J].庸言,1912,1(2):1-2.

岁出岁入权皆属之,审计院实全国财政总监督也。"[1]诸多对民国审计院的作用定位精准。的确,审计是旨在监督政府有无违法财经法纪,它是采用特殊监督的手段守护国家财政经济的重要事业。北洋政府审计院成立于1914年5月,起初审计院院长频繁更换,两年后由庄蕴宽接任审计院院长。在庄蕴宽的为官生涯中,最重要的、任职时间最长的是审计事业。在他的心目中,审计是守护国家财产经济的利器,在从事审计管理之中,充分实现他个人保护国家财政经济的理想。根据考证,不难发现他在审计的人才管理、制度建设等方面卓有建树,他身先士卒的奉献精神和严管下属的风范值得后人永远学习和借鉴。

首先,重视人才,通过多种途径提升审计人员素质。守护国家财政不是一件简单的事情,必须有一支过硬的审计人才队伍。20世纪90年代,有学者所言:"审计的职能是潜在的,将其潜在职能发挥出来的有效途径是审计机构设置的合理性。"[2]但是,这种合理性关键在于队伍建设,要靠审计人员的力量去支撑。

> 在各国之审计官均系干练之人,曾在下级经验多年,凡升任审计官者,多因其有优秀之成绩任之以为最高尚、最荣尚之位置。无论何国,均未以无经验初事之人充任审计官者,盖因其责任重大也。[3]

这是当时审计院的顾问法国人宝道的观点,认为审计官员的素质非常重要,庄蕴宽也极为赞同,1916年庄蕴宽在即将做北洋政府审计院院长之际,曾专门就国家未来与官员品质谈了三点看法:一曰格正人心;二曰选择贤才;三曰撙节国用。[4]然而,北洋政府时期,中国精通审计业务者为数甚鲜。审计院虽建立于1914年,但人员配备却不是短期内能解决的。庄蕴宽上任审计院院长之后,深知这个道理,积极开展审计人员的选拔和培养。

北洋政府时期,应景人才应属接受新式教育的类型,庄蕴宽上任后鼓励职员接受新式教育,也更好适应当时审计工作实践。在他的支持之下,参与留学和接受新式教育的人数明显提升。这里有一组数据:1914年27位审计院试署协审官中,接受新式教育的15人;到1927年5月20位审计院协审官中,接受新式教育的

❶ 沃邱仲子.民国十年官僚腐败史[M].上海:中华书图集成公司,1923:55.

❷ 自立.国家审计机构设置刍议[J].甘肃社会科学,1995(6):35-36.

❸ 中国第二历史档案馆.北洋政府审计院外籍顾问宝道等改革中国审计制度的建议[J].民国档案,1994(1):3-17.

❹ 庄蕴宽.庄蕴宽条陈三事之概要[J].善导报,1916(41):592.

13人,审计院接受新式教育的人数占总人数的比重不断增加。●另一方面,鉴于审计工作的专业性,审计院通过文官考试选拔了一批又一批政治经济、商业法律等专业人才,见表1。

表1　北洋政府审计院部分人才引进情况

序号	时间	人数
1	1915年2月	6
2	1917年4月	14
3	1919年10月	9
4	1920年10月	4

资料来源:勇素华,鄢定友.北洋时期政府审计人员构成特点探析［J］.民国档案,2009（4）:66-70。

这里,根据《审计院编制法》之规定,审计院的编制并不多,审计官15人,协审官27人,一共40余人,由院长呈请大总统任命。而1917年一年就进了14人,1919年和1920连续两年又共进了13位。很明显,庄蕴宽自1916年任职审计院之后,加快了招募专业审计人员的步伐,这些文官的加入,无疑有助于审计院审计业务的顺利开展。

与此同时,庄蕴宽支持著名审计专家谢霖组建会计师事务所,1918年6月该会计师事务所正式成立。从此,中国的会计师从无到有,队伍不断壮大,形成了对政府审计的有效补充。●可以说,中国的会计师始建于北洋政府庄蕴宽在任审计院院长期间,与庄蕴宽对审计人才高度重视的文化氛围不无关系,北洋政府会计师队伍发展概览见表2。

表2　北洋政府会计师队伍发展概览

序号	时间	注册会计师人数
1	1918—1921年	13

● 勇素华,鄢定友.北洋时期政府审计人员构成特点探析[J].民国档案,2009(4):66-70.
● 会计师的主要职责是进行公司和社会审计工作,直到今天,我们的很多审计业务需要依赖会计师去完成,如财务收支审计、经济责任审计、专项资金审计、银行贷款审计、基建工程预、决算审计等。

序号	时间	注册会计师人数
2	1922—1924年	101
3	1925—1927年	170
4	总数	284

资料来源：李金华.中国审计史（第2卷）[M].北京：中国时代经济出版社，2004：28。

其次，依法审计，注重审计法律法规制定。审计是一种执法活动，它与法律密不可分。在庄蕴宽做审计院院长之前，北洋政府出台了很多审计法律和法规。"据粗略统计，北洋政府时期，颁布了三十多个审计法规。"[1]1916年4月，庄蕴宽上任后严格依法办事，更是依法审计。这里有一份声明史料，是1917年12月庄蕴宽呈送给大总统的，其中提道：

为声明审计职权，拟请通饬京内外各机关一律遵照，以重计政而维法守事……本院自成立以来，所有各机关送到之计算书，无不根据法令，切实审查，行之数年，成效虽未大彰，而推行尚无阻滞。惟是京内外各机关间有未明法令旨趣，误为寻常之经常……[2]

民国乱世，政局动荡，朝纲易坏，法纪混乱，需要补充制定相应法规。就审计法规而言，到北洋政府后期也发生了些许变化。由于国内外形势的变化和影响，北洋政府财政经济状况几近崩溃，原本靠向外借款维持政权的局势被打破，对外大宗借款已无可能，转而发行短期小额国债以筹集资金。为了规范国债发行，审计院及时制定《审查国债支出规则》，1922年5月公布施行，该规则第一条即规定："审计院审查各种国债支出，依本规则行之。"自然也将短期小额国债也纳入审计范围，为国债发行审计提供了法律依据。

1923年《中华民国宪法》正式公布，带来诸多法规的变化，就连审计院院长的产生方式也因本宪法规定而由"总统任命制"变成了"参议院选举制"，还有审计人员的任职资格等均有所修改，因此随着1923年宪法的修正公布，《审计院编制法》等有关审计法律法规也应随之作相应调整，关于审计法律法规的修改，往往需要审计院负责人参与讨论，庄蕴宽积极参与其中，建言献策。当然，还有很

---

❶ 方宝璋.北洋政府时期的审计机构与立法[J].当代审计，1995(1)：45-47.

❷ 庄蕴宽.审计院长庄蕴宽呈大总统声明[J].政府公报，1917年总685期：16.

多审计规则和条例由审计院制定和修改,庄蕴宽总是组织人员高质量完成。

除了依法审计和及时补充修订审计法规之外,庄蕴宽还注重总结工作经验,开展必要的研究,组织编辑了系列《审计实例》《审计案牍摘要》《审计决算心得》《审计院政要》等成果。经验是从多次实践中得到的知识或技能,一切综合性的知识都以经验为基础,审计工作更离不开审计官的经验。对此,庄蕴宽深有体会,于是在组织审计工作之余,便安排《审计实例》《案牍摘要》等的编辑工作。根据《审计实例》的"编辑例言"即"说明","选辑实例,自创办审计时起,故前审计处之案件,亦附编辑在内……实例所载事实,仅录原案之纲领,以省篇幅,其原案全文应俟另篇审计案牍摘要,以便对照"❶。这些研究成果成为后来开展审计工作的参考范本,具有极强的应用价值。

再次,身体力行,对金钱的态度与众不同。庄蕴宽作为审计院的一院之长,并没有端官架子,而是身体力行,严格要求自己,带头奉献。1924年末代皇帝溥仪出宫,在清理故宫物品时需要审计介入。庄蕴宽被邀前往监督,依据《点查清宫对象规则》条文,"他亲自参加了查点宫内物品的工作。其时天寒地冻,清点条件十分艰苦。庄等人既无工资也无津贴,全凭对祖国文化遗产的热爱而进行工作"❷。还有一个重要原因,就是守护国家财产,防止国家经济损失。

值得关注的是,北洋政府时期社会动荡,财政经济极其不稳定,那时的国家工作人员经常被拖欠甚至不发工资。但是对于庄蕴宽而言,即使政府不发薪水,他依然尽心尽责,他对金钱的态度与众不同。根据史料记载,庄蕴宽任审计院院长期间,就遇上了财政极度困窘时期,当时各部门发放工资十分艰难,但审计院上下各级官员仍坚持工作,偶尔有一些钱,庄蕴宽即命院办总务自下而上发放,先是勤杂工役雇员,再到办事员科长,而后逐级向上,按成递配,因数量很少,到了庄蕴宽则所剩无几,不过他对此毫无怨言。❸他和家人的生活往往靠卖文(书法作品)来维持,堪称清廉为官的楷模。

不仅如此,庄蕴宽曾私人筹资支持黄兴等人的革命事业。在任审计院院长期间,他还个人掏钱帮助政府解决棘手的难题,最典型的一例就是1924年11月

---

❶ 资料来源:审计院.审计实例.审计院庶务科编印,1923:1.

❷ 吴晓晴,范崇山.江苏文史资料(第49辑)[M].南京:《江苏文史资料》编辑部,1993:28.

❸ 薛元明.国士无双——庄蕴宽传[M].上海:上海锦绣文章出版社,2012:143.

在帮助政府清理故宫财物的时候,为"护卫故宫国宝,他以个人名义向外国银行借贷3万元,平息了'索薪工潮'"❶,的的确确可以说是一个地道的大公无私的财政经济"守护者"。

最后,毫不护短,对下属的监督严而有序。这是人们对庄蕴宽管理下属的总体印象,有学者认为:"北洋政府时期,对审计人员的管理主要是通过他律与自律实现的。对审计人员的他律主要是以法律的形式加强对审计人员的管理,其标志性法律文件是1915年10月15日公布施行的《审计官惩戒法》。"❷该法通过之后,庄蕴宽是主要的执行者。但是,"庄蕴宽很重视对审计官员的监督,毫不护短"❸。根据档案史料,北洋政府审计人员被解职的理由令人匪夷所思,原因基本是"书法太劣""因病去职""请假太多"❹等,几乎没有因为违背《审计官惩戒法》被惩戒的案件。"直到北京政府末期,审计院官员仍然比较廉洁。"❺现存史料中记载的审计官员违规事件仅有一例:

审计院在审计交通部1922年5月份支出计算书时,查出在薪俸项下列支了各部院有二十九人在交通部兼职,领取工资共大洋两千三百多元。这项支出违反了政府有关兼职不得兼薪的规定,其中有一人为审计院核算官,兼任交通部练习员一个月,领薪八十元。庄蕴宽将此事例列入了审计报告修改意见,要求兼薪数额被全部剔除,领薪金由本人退还,审计院的这名官员也不例外。❻

庄蕴宽在位期间,解除下属的理由实在苛刻,办理案件毫不留情,这与他的一贯为官风格是相一致的。在庄蕴宽那里,国家财政监管需要坚持原则,"严"字当头。审计官员应该是一个严格执法的特殊群体,必须自己一身正气,两袖清风,才能做好国家审计工作,才能真正守护好国家的财政经济。遗憾的是:北洋时期,由于政府高层不断发生变化,特别是1925年3月孙中山先生去世后,政局变化,审计院的工作效果大打折扣,甚至被迫搁置。

综上所述,在民国北洋政府财政经济发展史上,庄蕴宽是不可多得的人物。

❶ 庄研. 庄蕴宽两广智救革命志士[J]. 农家之友,2013(2):32-33.

❷ 勇素华,鄢定友. 北洋时期政府审计人员构成特点探析[J]. 民国档案,2009(4):66-70.

❸ 薛元明. 国士无双——庄蕴宽传[M]. 上海:上海锦绣文章出版社,2012:144.

❹ 中国第二历史档案馆《审计院审计官、核算官、书记官等履历、名单》,一〇六六/116

❺ 李金华. 中国审计史(第2卷)[M]. 北京:中国时代经济出版社,2004:25.

❻ 薛元明. 国士无双——庄蕴宽传[M]. 上海:上海锦绣文章出版社,2012:144.

严格的家庭教育、良好的学校教育、良师益友的提携帮助等诸多因素塑造了一个
深刻领悟财政经济价值的政府官员,具备监察审计官员的特质。他为官一生,无
论在什么职位,都始终坚持严管财政的原则,廉洁刚正,不畏强权,使国家财政避
免了多次风险。在从事审计院院长期间,庄蕴宽更是从审计人才队伍建设、审计
执法立法及经验总结等规范化方面加强审计管理,他对自己严格要求,身体力
行;对金钱的态度与众不同,有时不拿薪水,无私奉献;他对下属的监督严而有
序,毫不护短,确保了整个审计队伍的良好形象。

南京国民政府唯一审计院院长于右任

在民国时期的审计院院长当中,于右任先生是不得不提的人物,尽管他任审计院院长时间不太长,仅三年不到❶,但是,在任职期间,他对审计事业的管理和贡献是值得探讨和追忆的。然而,截至目前,学界对于右任先生的研究仅限于他的书法作品、教育实践、舆论宣传,还有少数的监察院工作,关于于右任先生的审计工作则鲜有研究。在此,笔者欲通过对于右任的审计思想及其审计管理工作做一点粗浅的梳理和思考,以此探究国民政府初期审计在财政经济监督中所发挥的作用,审计院院长在其中的角色定位。

一、早年萌生审计思想,为官清廉公正

于右任自幼接受了良好的教育,出类拔萃,被誉为“西北奇才”。但是,于右任家里的经济条件并不宽裕,使他很早就对经济管理有了自己的想法,采用了独立的会计制度管理企业,立志服务于国家的财政事业。他为官清廉,乐于捐助,力求减轻国家负担,杜绝经济腐败的漏洞。

(一)成长阅历的基础

一个人的思想形成与成长阅历是分不开的,于右任也不例外,他的成长阅历为后来的成才奠定了坚实基础。1879年4月,于右任出生于陕西三原县。史料记载:“童年时代的环境并不美满。他生长在一个破落的大家庭里,父亲和伯父都远至川、赣谋生,两岁即遭丧母之痛。”❷“时家道衰落,困苦贫寒,未满两岁,慈母离世,由伯母房太夫人携至外祖家抚养。7岁入学,读骚史、学诗文。”❸两份史料无不表明:于右任出身贫困,少小母逝,自幼好学,贫寒的生活使他对经济就有一定的体悟,也较早开始认识社会。

---

❶ 于右任自1928年4月宣誓就任国民政府审计院院长,到1931年2月就任监察院院长,此时的审计院也正式更名为审计部,隶属于监察院,由原审计院的副院长茹欲立出任审计部的首任部长。

❷ 李云汉.中华民国名人传(第2册)[M].上海:上海书店,1989:2.

❸ 沈宁.一个家族记忆中的政要名流[M].北京:中国青年出版社,2008:14.

　　不过,于右任的成长成才,与他的亲人和老师有着密切的关系。他有一位严格要求的父亲、慈祥善爱的抚养人、多才睿智的小学老师,因此受到了良好的教育。虽然于母去世得早,但是他却得到了伯母房氏的精心抚养。"于右任发愤向上的学习态度,还得之于房氏'望侄成龙'精神的感染。房氏虽然不识字,但督课甚严,每晚总要陪伴于右任学习到三更。"●后来,于右任曾多次回忆过房氏对他的养育之恩,房氏还将他送到县城读书,使他有更多的见识。也就是在县城读书的过程中,于右任遇到了影响他人生的好老师——毛班香。于右任跟着毛老师学习九年之久,对毛老师的为人和治学非常敬佩,毛老师的人品在早年于右任的心目中留下了深刻的印记,为于右任的成长树立了榜样。除了伯母房氏和毛班香老师之外,于右任还受到父亲的影响。他的父亲于宝文也是一位严厉的人,不但自己喜欢买书、发愤读书,还严格要求自己的儿子努力读书。的确,书读多了,阅历渐广了,道理也懂得多了。就这样在伯母、老师和父亲的严格要求和教育培养之下,青年于右任品学兼优,在当地小有名气,深得人们的喜爱。

　　但是,读书、买书,还有日常生活等一切支出均需要花钱。而当时的于右任家里经济条件并不好,他在县城读书,不仅得益于外援,还去工厂打工。据回忆:"于右任在毛班香私塾读书时,虽有族祖于重臣的资助,但家庭经济仍然十分拮据,有时穷得连买盐的钱都没有,只好淡食。"●家庭经济的困境,使于右任很早就开始思考经济问题,并且利用课余时间到外面挣钱补贴家用。1890年12岁的他到家附近的鞭炮作坊打零工,"后鞭炮坊失火,经济来源断绝"●。1899年,21岁的于右任又被推荐到一家粥厂工作,并且出任厂长,当时陕西旱灾,青年于右任积极参与救灾工作,被派任三原粥厂厂长,"负责救济饥民,由求学转向为社会服务"●。就在管理这家粥厂的时候,于右任采用了会计制度监督粥厂的财务,他的审计思想初步展现了出来。史料记载:

　　于右任虽无社会公益工作的经验,但本着为饥民服务的宗旨,在粥厂内创立了独立的会计制度,培训了20多个民工各司其职,把繁忙纷杂的粥厂管理得并井有条,使嗷嗷待哺的灾民及时得到救济,度过了灾荒难关。这个粥厂前后办了

● 许有成,徐晓彬. 于右任传[M].上海:复旦大学出版社,1997:21.

● 许有成,徐晓彬. 于右任传[M].上海:复旦大学出版社,1997:22.

● 许有成,徐晓彬. 于右任传[M].上海:复旦大学出版社,1997:274.

● 许有成,徐晓彬. 于右任传[M].上海:复旦大学出版社,1997:275.

一年,使于右任的组织管理才能受到很好的锻炼,但学业损失甚多。❶

真是有得必有失,但是这是于右任会计审计思想萌芽阶段,为后来从事审计管理工作奠定了思想基础。粥厂"虽然只有短短的一年,但对于年轻的于右任来说,这一年的经历却是宝贵的,他不仅在服务社会中学到了许多实际的办事经验,更重要的使他对整个社会有了长足的认识"❷。实践出真知,年轻的于右任通过管理粥厂的亲身体验,认识到会计制度的作用,并创立了独立的会计制度,实乃了不起之举,本次经历也让他深感财政管理的重要性。

1905 年,国内政局动荡,于右任与马相伯共同创建了复旦大学,但不久停办。民国初建,于右任任交通次长,很多人联名请求他帮助复校,但"复校最大的困难,莫过于校舍与经费"❸。1906 年,于右任加入同盟会,后来办报纸,均遇到财力问题。1912 年,"在南京临时政府存在的三个月里,由于政府管理的范围仅限东南一隅,加上财政困难,谈不上有多大的建树"❹。"这一时期,于右任生活颇感困窘,有时穷得付不出水电费,以至水电公司剪断了他家的电线。无可奈何,他只好在上海各报登报卖字,以维持生计。个人生活窘困事小,时局每况愈下使他更心忧。"❺诸如此类,种种生活困窘、经济拮据的经历,使于右任强烈地感受到,国家的财政经济管理十分重要,关乎与百姓息息相关的生活,以及教育的未来,必须加强管理,严格审查会计账目,杜绝经济管理漏洞。1928 年,于右任担任南京国民政府审计院院长,他的审计思想逐渐显现出来。

(二)为官清廉的形象

于右任为官清廉,家无恒产,也带头捐助。1931 年,"九一八"事变之后,复旦大学曾迁至庐山、重庆等地,经济极度困难,给办学带来重重障碍。1932 年,复旦大学的校舍被战火毁坏多处,于右任捐出一千元相助,且举办书法展,将出售展品的全部收入捐给复旦图书馆购书。在复旦大学的发展史上,于右任无疑发挥了重大作用,作出了一定贡献。从此,于右任为官清廉的形象也铭刻在复旦

---

❶ 许有成,徐晓彬. 于右任传[M].上海:复旦大学出版社,1997:26.

❷ 陈四长,潘志新. 民国奇才于右任[M].北京:中国青年出版社,1989:50.

❸ 许有成,徐晓彬. 于右任传[M].上海:复旦大学出版社,1997:54.

❹ 许有成,徐晓彬. 于右任传[M].上海:复旦大学出版社,1997:99.

❺ 许有成,徐晓彬. 于右任传[M].上海:复旦大学出版社,1997:115.

众多学子的心中。

不仅如此,于右任还将自己的祖产及新购土地1200亩土地奉公,创办斗口农场,聘请农业专家管理,并提供最初几年经费。为了防止当地豪绅趁机兼并土地,他还立下遗嘱,并刻了两块碑,一块竖于农场办公桌前,一块嵌于新盖的办公楼墙壁上,以为箴诫。碑文如下:

余为改良农业,增加生产起见,因设丰口村农事试验场。所有田地,除祖遗外,皆用公平价钱购进。我去世后,农场不论有利无利,即行奉归公家,国有省有,临时定之,庶能发展为地方永远利益。以后于氏子孙愿归者,每家以水地六母,旱地十四母,不自耕者毋与。

右任

中华民国二十三年三月

长安王尚玺刻[1]

由上可见,于右任先生将个人的微薄收入、字画及家族的土地等钱物都捐献出来,用于支持教育和生产,这是一般人无法做到的。而于右任自己的生活却十分清廉简朴。史料记载:"于右任一生当官不像官,布衣粗食,自奉勤俭,老百姓说他是布衣大臣。"[2]不仅自己简朴,还教育孩子艰苦朴素,1937年他在给儿子的信中说:"我少担任一部分学费,在工作上可以增加力量,国家总账上也可以减少几文支出。"[3]教育儿子读书要节约开销,这样父亲就可以减少负担,意味着国家的支出也相应减少一些,体现了于右任处处为国家经济着想的态度。

当然,这也是于右任清正廉洁形象的集中体现。俗话说"打铁需要自身硬",于右任身先士卒,自己做到了清正廉洁,在后来的审计院院长及监察院长岗位上,他能够获得别人的尊重和信任,长久从事监察院工作,与他的清正廉洁形象不无关系。正如学界所认为的那样:"于右任担任国民党监察院院长长达33年之久,身居高位却两袖清风,一生简朴。"[4]"他受任监察院长以后,企图创建一个廉明的吏风,荡涤污浊,鼎新政治,为老百姓做点好事。"[5]也即建立一种清正廉明

---

❶ 许有成,徐晓彬.于右任传[M].上海:复旦大学出版社,1997:214.

❷ 屈新儒.关西儒魂——于右任别传[M].北京:人民文学出版社,2002:227.

❸ 屈新儒.关西儒魂——于右任别传[M].北京:人民文学出版社,2002:225.

❹ 钟华.大德长寿于右任[J].湖南文史,2004(1):58-59.

❺ 陈四长,潘志新.民国奇才于右任[M].北京:中国青年出版社,1989:270.

的社会风气,树立官员良好的社会形象。审计是一项监督经济的特殊职业,审计人员自身必须清正廉洁,方得赢得社会的尊重。而清正廉洁的于右任,恰恰是民众心中理想的审计院院长。

(三)办事公正的品格

于右任一生为官清廉,深忧国事,生性忠厚正直,办事公正不阿。尽管在他任职审计院院长期间,社会风气不好,但是,"祖国的危亡、人民的苦难、抗争的风暴、师友的启沃,都强烈震撼着于右任那年轻的心灵,促使他的思想产生剧烈的变化"❶。他对国民党上层内部的争权夺利、相互倾轧及贪污腐化等丑恶现象历来不满,深恶痛绝,更不可能与他们同流合污。

在审计乃至后来的监察工作中,他秉持公正、力求平等的原则。在一次公开场合,于右任曾发表谈话指出:"一个蚊虫、一个苍蝇,一个老虎,只要他有害于人,监察院都给它以平等待遇,并不是专打掉小的而忘了大的,也不是专管大的而不管小的。"❷也就是说,侵害人民利益的"蛀虫",无论他处在什么样的位置上,于右任都要求一体查办,给予公正合理的处罚,无论什么高官说情也不行。曾有一事:国民政府铁道部长顾孟馀购买国外器材舞弊案,招致当时的行政院长汪精卫不满。汪精卫武断地提出补充办法,以限制监察院职权。于右任认为汪精卫干扰了他行使职权,无法保证办案的公正性,"一怒拂袖返陕"❸。于右任是个正直的人,由于国民党各派系明争暗斗互相倾轧不已,于右任心灰意冷,不愿居于审计院院长之位,上任不久即离宁去沪。因之审计院院务实无多大进展。❹

周恩来曾评价:"于右任先生是位公正的人,有民族气节。"❺也正因为于右任的公正和正直,才赢得了人们的赞誉,有学者指出:"众所周知,民国时期的政治人物,受到国共两党共同尊重的长者,仅有孙中山、于右任两人。"❻由此可见一斑。

❶ 李秀谭,朱凯.于右任传[M].西安:陕西人民出版社,1989:9.

❷ 李云汉.于右任与监察院[J].台湾传记文学,1973(4):73-78.

❸ 许有成.于右任传[M].天津:百花文艺出版社,2007:293.

❹ 朱凯.无悔担当——于右任传[M].西安:陕西人民出版社,2016:185-186.

❺ 周恩来."濂溪先生"的信——周恩来为于右任夫人祝寿[J].中国统一战线,2014(4):77-78.

❻ 钟华.大德长寿于右任[J].湖南文史,2004(1):58-59.

简言之,于右任先生自幼在良好的教育环境中成长,苦于家庭经济的困窘,被迫外出打工挣钱,在此过程中,他萌生了以会计制度管理粥厂的理念,为后来的审计思想奠定了实践基础。于右任为官清正廉洁,慷慨捐资帮助教育和生产,他秉性刚正忠诚,办事公正平等,是百姓心目中理想称职的审计院院长。

二、在任狠抓员工思想,重视人的管理

于右任是南京国民政府的首任审计院院长,从事审计院的行政管理事务。回顾于右任先生在任职审计院院长期间的言行,浏览当时的相关史料,一个深刻的印象和感受就是:作为审计院院长的于右任,高度重视对员工的管理,狠抓员工的思想政治工作,试图让员工在认真细致的工作中为国家多做贡献。

1927年4月,南京国民政府成立,始初沿袭北洋政府审计院的制度和职能,不久开始建立国民政府的审计机构及其制度。1928年2月《国民政府组织法》公布,该法规定国民政府下设审计院,负责监督国家预算的执行,审核国家岁入岁出的决算。同年2月18日,国民政府特任于右任为审计院院长,并设立审计院筹备处。3月30日,国民政府公布《审计院组织法》。4月27日,于右任宣誓就任国民政府审计院院长。[1]他的就职词如下:

衔略钧鉴右任奉国民政府任命为审计院院长,遵于四月二十七日敬谨宣誓就职。奉受国民整理财政,慎重支度之使命职责,钜重深惧弗胜,惟天忠实践履,以符革命之精神,尚祈教命时加,俾有遵循,毋任祷切,国民政府审计院院长于右任叩感。[2]

从这份简短的就职词中可以发现:在就职时,于右任的态度是坚定和认真的。他指出,奉命为国民政府整理财政,慎重对待这一使命职责,深怕不能胜任。好在自己生性忠实,脚踏实地,符合革命政治精神,但也希望求教学习,服从上级命令,不要固执,祈祷一切顺利。于右任的就职演说无形中将审计的"责任、忠诚"思想揭示了出来,实为难能可贵,也为员工作出了表率。

随后,于右任依据《审计院组织法》组建审计院新班子,设秘书处、总务处等二级机构,遴选审计及协审人员,网罗人才。他"一方面要网罗学识、品德、才能

---

[1] 李金华.中国审计史(第二卷)[M].北京:中国时代经济出版社,2004:83.

[2] 审计院.于院长就职通电//民国审计院(部)公报(第1册)[M].北京:国家图书馆出版社,2014:89.

俱佳的人才,另一方面还要顾及各个地区的分布"❶。在性格上,于右任喜欢物色"嫉恶如仇、直言敢谏之士"❷,为了确保审计院工作的顺利开展,于右任还挑选了自己的同乡、为人耿直的茹汝立做审计院副院长,协助自己工作。显然,于右任先生注重人才,他对审计院的人员素质提出了明确要求。

经过一系列筹备之后,1928年7月,国民政府审计院正式成立,于右任主持召开院务会议,包括在审计院成立之前的多次会议上,他都要求审计院全体工作人员站在党和国家的高度,认真对待审计工作。例如,在7月2日的第一次总理纪念周会议上,他指出:

诸位同志俱是为党为国服务而来,以后务须积极努力,尽自己的职责,须知审计院主要任务在监督全国财政之预算,中国固有之财政经济界之积弊甚深。我辈当站在党的立场上,监督预算之执行,及审核一切决算,务将种种积弊铲除。中国已完全立于新中国的地位,国民政府为新建设的政府审计院、为新创办的审计院,来此服务之人,俱当以簇新的朝气,将旧有个人的恶习惯革除。在我就职的时候,曾有严重的宣誓,在誓词中,为我所力求实行者,望我辈大家共相砥砺实现之。❸

这里,于右任要求审计院全体人员务必努力尽责地工作,熟知审计院的主要任务,要站在党的立场上开展工作,革除旧有的恶习,以崭新的精神面貌对待新建的审计院工作,勉励大家砥砺前行,实现审计院的工作目标。这是于右任对员工所开展的思想教育,从政治的高度对待审计院的业务。殊不知,审计事业需要高素质、有正义感和敢担当的人去完成,审计院的工作人员必须与该事业相匹配。可以说,于右任主政审计院,从审计院工作人员自身的思想素质出发开展管理工作是非常正确的选择。在7天之后的第二次总理纪念周会上,于右任再次强调对审计人员的要求,他说:

审计院虽为旧有的机关,然在国民政府可算是新的创办,审计法规须待厘订,耽搁到今天还没有能正式办公是很对不起国家的,还有审计协审没有任命,因为审计协审要专门学识,确有经验的人,才能胜任,所以对于人选要十分慎重,

---

❶ 许有成,徐晓彬. 于右任传[M]. 上海:复旦大学出版社,1997:215.

❷ 许有成,徐晓彬. 于右任传[M]. 上海:复旦大学出版社,1997:215.

❸ 审计院. 总理纪念周:第一次纪念周//民国审计院(部)公报(第1册)[M]. 北京:国家图书馆出版社,2014:101.

这也是未能办公的原因。以后大家即到本院来工作,我们都要切实的尽自己的职责,前回我曾说过,我们在革命机关服务,要将旧有的社会恶习改除,很希望各个人此后不要一丝一毫的放弃责任,应当使本院没有一个无用的人才好。❶

在这里,于右任指出审计院作为国民政府新办机构,其开展活动需要在审计法规完备、审计人员选定等条件具备之后,尤其强调审计和协审人员的专业技能和实践经验,需要不断强化审计院工作人员的思想认识和业务素质。按照当时的要求,"审计、协审由在国内外大学或专门学校学习政治、经济学3年以上毕业,并对财政学或会计学有精深研究的人担任"❷。依据该条件,国民政府任命了10名审计人员、15名协审人员。在8月初审计院第二次院务会议上,于右任再次发表如下训词:

本院工作已开始,各位同志对于公事须要非常郑重,不能稍有疏忽,北伐阵亡将士之牺牲,我们应当怎样努力,才对住阵亡之先烈,才能为被压迫之民众谋得利益,现在国家事业很进展,北伐之完成,不平等条约之废除,及五次会议之召集进行皆很顺利,我们以后对工作当认真。我们审计院工作,纵不能出人头地,也不能落后云云。❸

在于右任看来,审计人员对于审计工作必须非常郑重,不能稍有疏忽,也就是对审计工作必须高度重视,认真细致,不许有任何马虎和失误,否则,无法面对前线阵亡的先烈。审计院工作无论怎样努力,都不为过,要为民众谋利益。此外,再次强调员工的思想教育,让他们在政治上必须有高的站位,明了党义,在7月16日、23日及30日纪念总理的第三、第四、第五次纪念周会上,于右任都提到了这一点,他指出:

第三次:诸位同志今天要与大家说的是院内的事,审计及各处厅主管人员已经发表,协审科长日内亦可决定。此次人选以学识渊博、对党义有深刻研究者为标准,在工作开始后,先进来的同志与后进来的同志对于工作俱须努力,当各部分组织开始的时候,外间对本院的谣言很多,皆说本院各部分很多北方的官僚,

---

❶ 审计院.总理纪念周:第二次纪念周//民国审计院(部)公报(第1册)[M].北京:国家图书馆出版社,2014:103.

❷ 李金华.中国审计史(第二卷)[M].北京:中国时代经济出版社,2004:83.

❸ 审计院.第二次院务会议纪录//民国审计院(部)公报(第1册)[M].北京:国家图书馆出版社,2014:213.

但是这些谣言以什么为根据呢？要是说在北方曾做过官的，则现在国民政府委员也有曾经在北方做过官的，为什么他们就没有人说呢，这岂不是有大小之分么，我们对于这一层要纯粹站在党的立场上来观察判断，才对才明了党义、专致力于革命工作以革命为目的者，就不是官僚。反之不是以革命为目的、对于工作不努力的就是官僚，因前一种人他能明瞭党义，对于工作既不会疏懈，所以个人的思想行为，也就绝对不会官僚化……现在各位同志对于党义须努力研究，因为一切设施计划都已经由总理为我们制定，若明了党义，则凡事皆可以迎刃而解。❶

第四次：今天要报告的关于党务方面报告是非常重要的，因为在党政之下对于党务若不明了犹如盲人瞎马，一切事无从做起，不论所在职务大小，对党义非须明了不可。……关于院务方面审计协审科长俱已由国民政府任命，本院工作即正式开始，回想从前延误进行就是慎重人选，现既已委下，对于工作就要格外努力，比如我的事忙，不能常常到院，副院长又因种种原因，尚未抵此。各处厅长审计协审务须认识自己的责任，不必一定要人督促，要自动的做去。此外每次纪念周无论何人，非到不行，我们在党的政府下做事，决不可不遵守党的命令，要是不遵守党的命令，决不能轻轻放过的。否则别人在那里作报告，我们尚高卧不起，这个样子，还说什么纪律呢。❷

第五次：本院工作已经开始，我希望大家要遵守时间，至办公时候一定要来，如若时间不能遵守，做事即难精密周到，个人的浪漫与全院的秩序都有影响的，所以遵守时间是最要紧的事，还有我屡次说过的，在革命机关服务人员，要知道不是做官，务必将社会旧有恶习铲除，以簇新之革命精神去工作，才能有好大效果，此次还有关于党义家力要努力去研究，每个职员对于党义不明了，做事不能算尽责，因为不能够说将个人的事做完就算尽责了，要知道对于社会责任很大，而且我们在革命机关服务，就应该对于主义有彻底的认识。❸

连续三周，于右任面对审计院全体员工做了三次重要的"训话"，其中着重强

❶ 审计院.总理纪念周：第三次纪念周//民国审计院（部）公报（第1册）[M].北京：国家图书馆出版社,2014：104-105.
❷ 审计院.总理纪念周：第四次纪念周//民国审计院（部）公报（第1册）[M].北京：国家图书馆出版社,2014：105-107.
❸ 审计院.总理纪念周：第五次纪念周//民国审计院（部）公报（第1册）[M].北京：国家图书馆出版社,2014：107-108.

调党义的重要性,要"站在党的立场上来观察判断,才对明了党义""对于党义须努力研究""不论所在职务大小,对党义非须明了不可""在党的政府下做事,决不可不遵守党的命令,要是不遵守党的命令,决不能轻轻放过的""关于党义家力要努力去研究,每个职员对于党义不明了,做事不能算尽责"等。一句话,全体审计员工必须认真研究和明了党义,在这个基础上才能做好审计工作。

值得一提的是,于右任的这种要求与当时的意识形态"党治"背景是紧密相关的。"党治"即"以党治国",最早是由孙中山先生提出的管理国家的理论模式,南京国民政府建立后,孙中山先生的"党治"及"五权"理论逐步付诸实践。❶也即南京国民政府将"党治"作为各项工作的指导方针,审计工作自然也不例外。

由此可见,于右任先生在任审计院院长之初,多次讲话都强调工作人员的思想和纪律,尤其要遵守党的命令,明了党的宗旨。显然,于右任先生在任职审计院院长期间,极其重视人的管理,抓住员工的思想政治工作。作为审计工作者,不仅要有过硬的业务知识,更要有过硬的政治素质。毕竟人是最主要的生产力,人的素质是决定工作成功的关键。作为审计院院长的于右任,其在任职之初的做法也是符合当时的社会背景和审计管理规律的。

由于机构改革和人事变动,于右任在审计院院长的岗位上时间不长,后被调任监察院院长,"于右任在任监察院院长之前,担任过二年多的审计院院长,主管财物审核工作"❷。于右任先生从1928年4月就职审计院院长,到1931年2月就职监察院院长,在两年多、不到三年的审计院院长岗位上,他主抓院里内部机构的设置、相关人员的配备、审计业务的主导,着力管理人事,抓员工的思想引领。

三、注重审计挽救经济,关注民生实际

国民政府初期,中国政坛风起云涌,处于紧张态势,导致人心惶惶,在很大程度上影响了当时正常的社会经济生活。孙中山曾指出:民国大局……若只从政治方面下药,必至日弄日纷,每况愈下而已。必先从根本下手,发展物力,使民生充裕,国势不摇,政治乃能活动。❸面对经济危局,必须采取措施,解决矛盾,为经

❶ 张仁善.国民政府时期司法独立的理论创意、制度构建与实践障碍[J].法律史学研究,2004(0):230-248.

❷ 许有成,徐晓彬.于右任传[M].上海:复旦大学出版社,1997:212.

❸ 唐振楚.国父书信选集[M].台北:中央文物供应社,1978:68.

济发展开辟道路。在此背景下,担任审计院院长的于右任则注重审计挽救经济,关注民生实际。

1927年的国民政府于南京建都,政局未完全统一,经济状况非常不景气,涉及工商业发展的财经、金融、交通、市场等诸方面的问题待解决。无奈,大举借外债作为财政来源。1928年,国民政府欠外债相当于47500万美元(不包括东北铁路债务)。❶同时,地方财力也非常有限。面对困窘的经济现状,于右任于6月7日以国民政府审计院的名义呈交国民政府的第一份请示:

呈为呈请通令全国各机关所用物品国货而仍购洋货者,应以不经济支出论事,谨按总理演讲,有洋货侵入,每年剥夺我利益者,约五万万元,若不从速挽救必至受经济之压迫,至于亡国灭种而后已,每诵此语,至于警惕。查国货之可替代洋货者正多,各机关所用物品应即尽量采用,以资提倡,振兴实业,庶乎有望。否则,政府不能表率民众,更加漠视,长此以往,洋货充斥,国货无形委弃,涓涓不塞,势必流为江河。查职院审计法第十二条审计院审查各项决算及计算时,对于不经济之支出,虽与预算案或支出法案相符亦得驳覆之等语,职院拟对于全国各机关所用物品,如有国货,可以适用,而仍购用洋货者,一律以不经济支出论。俾各机关对于此事有所注意,亦提倡国货之一道也,所拟之处是否有当理合。……允准即祈通令各机关一体遵行……审计院长于右任❷

这份《请示》饱含着于右任以审计拯救国家经济的热情。当时国内政局不稳,经济极度困难,于右任希望全国各机关所用办公物品尽量选择国货,这样既节省了资金,又支持了本国工业,一举两得。为防止某些机关"仍购洋货者",于右任主张从审计关口上进行杜绝。由于购买办公用品需要动用公款,而使用公款必须接受审计。于是,于右任代表审计院向国民政府请示,最终得到国民政府的支持,发挥了审计促进经济的作用。无疑,这是于右任以审计挽救国家经济的成功之举,也是他一贯倡导的财政经济政策的实践。1930年,于右任先生曾专门做过国民政府财政政策的演讲,指出:

今后国府对于财政问题,不外"开源节流"四字。无论开源或节流,总以能顾到人民与国家两个方面的利益为原则。我们所要建设的是三民主义的国家,我

❶ 张宪文,等. 中华民国史(第2卷)[M].南京:南京大学出版社,2006:151.

❷ 审计院.呈国民政府//民国审计(部)公报(第1册)[M].北京:国家图书馆出版社,2014:74.

们的财政政策,不能与其他资本主义的国家一样。我们要以民生主义来作为财政政策的最高原则。积极方面,我们要使政府养成生产的政府,建设起进步的国民经济来,这个工作之完成,全在财政的运用上。如果我们长以借债或税收来维持国家的财政,那就与三民主义的精神相反了。❶

　　显然,于右任在做审计院院长期间,十分关心国家的财政政策,要以民生主义来作为财政政策的最高原则,倡导国家发展经济,主张开源节流,杜绝长期借款。当时的中国社会动荡不安定,中英签订《收回威海卫协定》,蒋阎冯大战爆发,国民党军对红军发动了军事"围剿",经济面临严重问题,于右任从中国民生实际出发,探索积极的、维持国家财政的政策。在这种社会背景下,开源节流,加强财政审计监督及为此而开展的财政审计显得更有意义和价值。

　　那么,如何"开源节流",如何以审计挽救经济呢? 首先是紧抓财政预算决算工作,其次是做好各种专项审计。自上任国民政府审计院院长之后,于右任立即展开了国民政府财政预算决算的审计工作。

　　首先,审查国民政府的财政预决算。《审计院组织法》规定审计院直属国民政府,负责监督预算执行,审核年度财政收支决算。也即审计院的主要任务是监督国家财政预算决算,这也是国家和政府审计工作的重心。因此,审计院开张工作的第一件事是通知相关部门上报预算。1928年6月18日,于右任要求财政部报送国民政府1928年预算书,以便作为审计工作的基础性资料,公文如下:

　　呈国民政府呈为造送十七年预算书事,窃职院奉到钧府第二六五号令开现在十六年度瞬届终结,十七年度开始在即,所有中央及地方各机关,应令编送十七年度岁出入预算书,以凭编制总预算书,转送财政监理委员会核定等因,奉此谨将十七年度预算书遵令编制,造送清册叁份,备文呈候……审计院长于右任。❷

　　这里,审计院所发公文里要求提交的资料都很清楚。审计院不仅负责预算,还要负责决算。当时的审计院设二厅二处,其中第一厅负责事前审计,也即监督预算的执行,第二厅负责事后审计,审核决算的情况。根据审计法,凡主管财政机关之支付命令,须先经审计院核准,支付命令与预算案或支出法案不符时,审

---

❶ 近贤.于右任言行录[M].上海:广益书局,1931:33–34.

❷ 审计院.呈国民政府//民国审计院(部)公报(第1册)[M].北京:国家图书馆出版社,2014:79.

计院应拒绝签字,国库不得付款,这里有一份审计院呈请国民政府的函:

　　为呈请事案查审计法第一条载称:凡主管财政机关之支付命令,须先经审计院核准,支付命令与预算案或支出法案不符时,审计院应拒绝签字。审计法施行细则第二条载称:各机关于每月十五日以前,依预算之范围编造次月份支付预算书,送由财政部查核,转送审计院备查各等语。据此职院审查支付命令,应以支付预算书为准据。曾经呈请钧府训令各机关依法编送在案查财政部函送十七年七月份各机关支付命令,仅附有该部证明书,对于各机关支付预算书,多有未按月编造,间尚无预算者,虽经职院分别变通办理,究与法定程序不合,理合再行呈请钧府训令各机关依法按期编造支付预算书送财政部转送职院以凭审核实为公便谨呈

国府训令
审计院院长于右任
副院长茹欲立❶

　　紧接着,于右任于1928年7月29日主持召开审计院第一次院务会议(见表1),本次会议的前三个议题是"(一)本院职权;(二)关于监督预算之执行;(三)关于审核决算"。其中关于监督预算之执行最终包括两部分决议,即"1. 咨财政部编送各机关七八月份支付预算书;2. 议决九月一日起执行预算监督审核支付命令"。而关于审核决算,会议达成四个决议,即"1. 致函法制局速将会计法提交政治会议;2. 十七年度各机关应按月编送支付预算书;3. 各机关编送十八年各月收支计算书;4. 十六年度之决算应限期整理送院审查"❷。

表1　1928年7月29日审计院第一次院务会议纪录(议题节选)

(二)	关于监督预算之执行	咨财政部编送各机关七八月份支付预算书,如十七年度岁入岁出预算书编定,亦请送院
		议决九月一日起执行预算监督审核支付命令

---

❶ 审计院. 呈国民政府//民国审计院(部)公报(第1册)[M]. 北京:国家图书馆出版社,2014:326-327.

❷ 审计院. 审计院第一次院务会议纪录//民国审计院(部)公报(第1册)[M]. 北京:国家图书馆出版社,2014:95-96.

续表

（三）	关于审核决算	致函法制局速将会计法提交政治会议
		十七年度各机关应按月编送支付预算书
		各机关编送十八年各月收支计算书,在审计法未颁布前是否核销,请示国府
		十六年度之决算应规定整理期间,整理送院审查

9月1日,审计院开始办理核签支付命令等具体事宜。根据审计法,审计院认为各机关收支账目与证明材料合理的,应发给核准证明,解除出纳官吏的责任;如果认为不合理的,应通知各机关主管长官对责任人给予处分,或呈请国民政府对其进行处分,出纳官吏可以提出申辩。"审计院在审查决算与计算时,发现有浪费行为的,即使有计算书或支出法案也要驳复。"[1]简言之,监督预算和审核决算成为审计院首次院务会议的重要议题,凸显了审计院的中心工作——监督财政预决算,而于右任领导的审计院严格依照当时的法律规定开展预决算审计工作。

其次,各种专项审计,严格审查公款使用。除了国家财政预决算审计之外,于右任要求对所有使用国家公款运行的行业开展审计,杜绝公款浪费或被挪作他用。例如,对于卫生行业的审计,这里有一份1929年6月份审计院给卫生部的公函:

查贵部以公费为部次长每月宴会及其他一切酬应、办公之用,如将部次长公出旅费均于其公费项下开支,则每月所领公费有限,将因顾虑不敷开支,遇有应行亲办之事,而不能前往贻误要公,于无形矣等语。按公费不限于每月宴会及其他一切酬应办公之用,举凡因公所需车马旅费,以及因地位上关系所发生之一切费用,均应由公费内开支,实为当然之解释,矧部长月支公费八百元,次长月支公费六百元,为数甚巨,何致不敷,况公费系包办性质,即或此月不敷而彼月有余,把彼注此收支仍可相衡当不荷,顾虑开支贻误要公,倘果属特别开支,如国家大典以及长期或长途之出勤自不在此限。

贵部次长既已领有公费自不便复报京沪旅费,兹依审计法第十二条之规定,

---

[1] 李金华.中国审计史(第二卷)[M].北京:中国时代经济出版社,2004:90.

应请将薛部长及随员等三人赴申参观旅费分别列报,其关于部长旅费及刘次长瑞恒旅费洋七十五元一角八分,均应如数剔除,至声叙查询第二项所称自备汽车,系为公共出外,办公使用并非专供部次长使用者,刘次长瑞恒先后租用汽车,均因当时有要紧公务,紧急待用车,本部汽车均因公开往外边一时,不敷支配,所以不得不另租汽车等语。查各部自备汽车,当然系备公共出外,办公使用并非专供部长次长使用者,殊无疑义可言,惟公费内容业于前文加以说明,凡因公所需车马等费,均应由公费内开支,不得另报,刘次长瑞恒所支汽车费洋二十四元,依同一之理由碍难核销⋯⋯院长于右任❶

很清楚,这份审计院的公函例举了国民政府卫生部的正副部长在公务活动工作中,已经领取部分费用,却依然超出公费使用范围,存在重复报销、占用公款的行为,责成卫生部覆核处理。诸如此类的案件绝不是卫生部一家存在,在其他行业也时有发生。于右任将其所牵挂的大学教育经费审计纳入自己的工作范围,当时的大学院曾被要求接受审计,这里是审计院向大学院所发的公函。

贵院第三九二号函开前准咨催造送(原文附后)俾便遵行等因,准此查所称特殊情形,自应变通办法,兹决定三项办法:(一)无论经费有无欠发、核减,均依审计法施行细则规定期限,造送书类及单据;(二)如有欠发经费情形,得变通办理实支实报,并将各项欠发数目注明以备参考;(三)每月补送以前各月份之收支计算书,对照表及单据粘存簿等,应按月分别造送,不得混合,准函前由相应函复即希查照为荷⋯⋯院长于右任❷

1928年5月济南惨案爆发,南京总商会酝酿成立国货银行,联合南京特别市市政府、中国国货银行筹备委员会于10月给审计院院长发送公函,请求支持总商会开会讨论认募办法,于右任给予积极响应,认为这是拯救国家经济,关注民生实际的重要举措,正如当时的南京总商会及特别市政府公函所言:

迳启者济案发生,举国愤慨,雪耻要图,首在振兴实业,发扬国货,然必先有此项,金融机关以为资助国货,方能充分之发展,此即国货银行之所由设也,倘筹备会自筹备以来积极进行,各地认股甚形踊跃,首都为群才荟萃之区,中外观瞻

---

❶ 审计院. 国民政府审计院公函//民国审计院(部)公报(第1册)[M].北京:国家图书馆出版社,2014:422-424.

❷ 审计院. 国民政府审计院公函//民国审计院(部)公报(第1册)[M].北京:国家图书馆出版社,2014:354-355.

所紧,倘市政府暨商会,自应尽力协助,广为提倡,俾得早观厥成,兹特函邀本京各界人士于十月十九日下午二时在总商会开会讨论认募办法,事关救国大计。❶

在国家和民族处在危难之际,首先要考虑拯救经济,而拯救经济必先振兴实业,发扬国货,也即优先发展民族企业,设立自己的金融机关,事关救国大计,对此,以于右任为首的审计院院长和副院长都选择了支持和赞同态度。尽管有人认为国民政府时期,"审计院的设置徒具形式,只有签字盖章之责,并无监督各方之权"❷,但是,于右任作为审计院院长,对待国家的态度是忠诚的,所做的贡献也是值得肯定的。

综上,审计院是审计工作的重要机构,也是行使国家监督经济权的重要机器,审计院院长的素质和水准直接决定着审计院这台国家机器的运行效果。国民政府选择素有审计思想、清正廉洁、办事公正的于右任担任审计院院长,可谓正确的选择。于右任任职国民政府审计院院长期间着力抓员工的思想引领、业务管理,以审计拯救国家经济,注重民生实际的做法都是值得后人借鉴和参考的。

---

❶ 审计院.国民政府审计院公函//民国审计院(部)公报(第1册)[M].北京:国家图书馆出版社,2014:368-369.

❷ 许有成,徐晓彬.于右任传[M].上海:复旦大学出版社,1997:212.

南京国民政府首任审计部部长茹欲立

南京国民政府时期,审计机构随着政治体制的变迁而发展,从审计院到监察院之下的审计部,几易管理者。其中,茹欲立最为著名,他从审计院的副院长做到审计部的部长,见证了国民政府初期的审计事业,在南京国民政府的审计历史上留下了深刻记忆。尽管"茹欲立先生的名字并不为一般人所知晓,也没有在中国历史上留下一页一笔,但茹先生确是民国审计工作的创始人"●。作为民国时期重要的审计人物,国民政府首任审计部的部长茹欲立值得探讨和研究。

一、勤奋苦读并关注国家命运

学习文化是提升认识和成长成才的基础,茹欲立也不例外。他从小接受了良好的教育,并且在学习的过程中,思想逐渐成熟起来。他刻苦钻研学术,不忘关心国家和百姓的安危。翻阅有关记载茹欲立先生的史料,不难发现一个重要事实,那就是茹欲立自幼热爱读书,关心国家大事。年轻的茹欲立不仅是一位学习勤奋刻苦的"学霸"书生,还是一个关心国家前途命运的有志青年。在大学期间,他一边读书,一边参加革命事业,将自己的前途同国家未来紧密联系在一起。这也是茹欲立后来走上审计管理岗位之后,能够不畏权贵,敢于与不良势力较量,拒绝不当签字,维护红军利益,关注革命事业的主要原因。

1883年,茹欲立出生于陕西省三原县鲁桥镇,在兄弟姐妹六人中排行老二。其父爱好读书,有文采,茹欲立从小耳濡目染。在父亲的影响下,茹欲立于1890年拜当地有名的朱佛光先生,开始了读书生涯,1898年入高等学堂,1905年留学日本。根据茹家后人回忆:"欲立遵父训,在学习中能刻苦博览群书,深究百家之言。"●可见,茹欲立读书勤奋,认真钻研。他深知父亲当年因家境贫寒不得不弃学从商,自己有一个好的条件一定要学好知识,掌握好本领,更好地为家庭、为国

● 斑澜.民国第一任审计部长——茹欲立[J]//咸阳市政协文史资料委员会.咸阳文史资料(第八辑),2008年8月内部资料:54.

● 斑澜.民国第一任审计部长——茹欲立[J]//咸阳市政协文史资料委员会.咸阳文史资料(第八辑),2008年8月内部资料:73.

家多做事情。于是,茹欲立刻苦钻研知识,广泛阅读,博览群书,并在读书中探究前人的理论和经验。

在认真学习的同时,茹欲立还练得一手好字,后来的史料记载:茹"自幼酷爱书法,冬夏临池不辍,书艺精湛"❶。"茹先生自幼酷爱书法。一生坚持不懈地广临汉魏名碑及二王法帖、石鼓文、急就篇等,博采众长,对我国书法之精髓体味极深。"❷俗话说,"书,如其人"。"尽管以人论书如果仅将书法与人品联系起来因人贵书或废书则有些偏颇,但茹先生将刚烈高尚的人品与博通经史的学识修养很好的结合一体。"❸的确,书法练就得如此精湛,离不开平时的刻苦练习,这恰是茹欲立勤奋苦读的一个缩影和写照。

也就是在求学的过程中,茹欲立不仅增长了知识和见识,为后来的成长和发展奠定了学识基础,并且在学习的同时,他认识了于右任等一批志同道合的朋友,为后来的工作和事业奠定了人脉基础。14岁时,茹欲立与自己的哥哥一起入读泾阳崇实书院,由于学习勤奋刻苦,不久他们便成为该书院有名的高材生。正好此时的于右任在味经书院读书,由于志趣相投,茹欲立兄弟与于右任结下了深厚的友谊,他们时常往来,互相信赖。这也是后来于右任主政国民政府审计院之后,极力邀请茹欲立协助自己开展审计工作,后来又推荐茹欲立担任首任审计部部长的主要因素。

不仅如此,茹欲立在学习过程中,不忘关注国家前途和民族命运,希望通过博览群书和对百家之言的深入研究,达到为国分忧、为民解愁的目的。史料记载,茹"先生常随其兄与于右任、李博、李协、程运鹏、张宗福诸人相聚,公议国家大事及世界形势,以学问事功相砥砺"❹。在留学日本期间,茹欲立率先加入了孙中山在日本成立的中国同盟会,积极开展救国活动,并于1908年与留日同学共创革命刊物《夏声》杂志,还撰文揭露清政府的不作为,倡导青年人努力振兴中

---

❶ 茹季札,茹斑澜.茹欲立传略[J]//三原县政协文史资料委员会.三原文史资料(第八辑),1991年12月内部资料:85.

❷ 张直诚.茹玉立先生事略[J].咸阳文史资料(第七辑),1994年3月内部资料:149.

❸ 曹宝麟.北魏风意　银钩铁画[J].书画世界,2009(11):16-18,5.

❹ 张直诚.茹玉立先生事略[J].咸阳文史资料(第七辑),1994年3月内部资料:115.

华。●1911年，茹欲立在陕西参加辛亥革命，后因痛恨国内局势，一度居家读书，不复从政。他是一位刚毅正直的人，这一秉性始终没变，在后来的审计职业生涯中，对那些有违国家和民族利益的不当财政"支付"，他总是以拒绝"签字"作为回应。即使是位高权重之人，茹欲立也一视同仁，毫不留情。

1932年"一·二八"淞沪抗战之后，南京政府暂迁洛阳，正在做国民政府审计部部长的茹欲立作诗云志，其中"即览兴亡事，复凛忠贞言。国仇亮未灭，我志谁与宣？书此布亲友，用矢金石坚"❷，意思是一知晓国家生死存亡之事，就再次让他敬畏那些忠贞之士，国仇未报，永志不忘，希望同胞亲友们继续努力。茹欲立痛恨国民党政府的抗日不积极态度，在辞去审计部部长之后，茹欲立又拒绝接受国民政府先后给予的陕西省政府高等顾问、晋陕监察使等职，"但对国家命运未尝一日忘怀"❸。他将满腔热忱倾注到那个时代的国家前途和命运之中，真乃身无分文，但却心怀天下，他曾在一首《无题》诗中写道："思欲赴国难，愧无尺寸兵。献书既无路，众志或成城。将遂鼓作气，制梃挞秦荆。一雪禹甸污，再睹时俗平。以此为华胄，庶报黄轩灵。"❹毫无疑问，这首诗将茹欲立倾志报国、关注民族的志向淋漓尽致地表达了出来。

茹欲立不仅自己关心国家前途，还要求家人一起关心国家大事及百姓命运。1937年7月，中日战争全面爆发后，茹欲立不仅自己留在南京，与抗日军民共同坚守南京，还经常给儿女们写信，教育子女要关心抗战事业和国家命运。信中写道："国家不幸，吾辈又不能加力，此次抗战结果未可知，假使战不利于我，有待于将来者实多，复兴之责，即在尔等。……汝辈既幼弱，未能效力国家，实亦无法，然当求学自立，谋储后日之能力，以备其时之至，若此时不知奋勉，将来终为无用之人，于国于家于己身，三者皆无益也。"字里行间，茹欲立都倾注了对国家未来的关注和思考，告诫子女们为国分忧和效力，让他们认真求学，储备知识报效国

● 茹欲立在《策国民之前途》一文中，充分揭露清政府所谓"立新法""施新政"的欺骗性，以打破人们的幻想。三原县政协文史资料委员会. 三原文史资料(第八辑)，1991年12月内部资料，第74页。

❷ 茹季札，茹斑澜. 茹欲立传略[J]//三原县政协文史资料委员会. 三原文史资料(第八辑)，1991年12月内部资料:77.

❸ 茹季札，茹斑澜. 茹欲立传略[J]//三原县政协文史资料委员会. 三原文史资料(第八辑)，1991年12月内部资料:81.

❹ 茹季札，茹斑澜. 茹欲立传略[J]//三原县政协文史资料委员会. 三原文史资料(第八辑)，1991年12月内部资料:81.

家。否则,不知勤勉,将来就成为无用之人,对国家、家庭和自己都没有作用,是一件多么可怕的事情。

也正因为有如此坚毅的对国家和民族利益的关注,茹欲立才勇敢地离开国民党阵营,逐渐关心共产党的事业。据记载,"由于目睹国民党政府日益专制独裁,贪污腐败,民不聊生,茹欲立唯望中国共产党能救国家于危亡之际,拯人民于水火之中,因而对于中国共产党的方针政策及军事活动十分关心"❶。的确,国民党蒋介石为了围剿共产党,政治上专制独裁,经济上贪污腐化,置监督他的体制机制于不顾,激起有良知的国民党官员的愤慨和失望。在这种背景之下,茹欲立果敢地站出来,与国民党势不两立,开始关心投身国家命运的共产党,实在难能可贵。后来的史实证明,茹欲立的判断是准确的,这与他对国家和民族长久的关心和热爱是分不开的。

二、协助于右任开展审计工作

1928年2月,南京国民政府成立主管财政的审计院,茹欲立的同乡兼同学于右任被推为国民政府审计院院长,基于对茹欲立的高度信任,于右任多次函电邀请茹欲立赴南京襄助,茹欲立也拒绝。但由于茹欲立与于右任是同窗好友,"茹以友情难却,勉为其难"❷,最终在于右任的再三邀请之下,茹欲立于同年9月赴南京就任审计院副院长,正式开始接触审计管理工作。这从民国审计院公报的记载上得以验证,根据民国审计院公报记载,国民政府审计院令"中华民国十七年九月一日"的落款人印是"院长于右任",而之后的"九月七日""九月十日"等时间的落款人印则是"院长于右任副院长茹欲立"❸,表明:自1928年9月开始,茹欲立正式任职国民政府审计院,协助于右任开展审计工作。

(一)经办各类审查事项

在国民政府审计院,与茹欲立搭档工作的于右任院长是一个性格比较刚毅、做事比较有原则的人,但是他的工作作风遭到某些国民党人的反对,最终于右任

---

❶ 茹季札,茹斑澜.茹欲立傳略[J]//三原县政协文史资料委员会.三原文史资料(第八辑),1991年12月内部资料:82.

❷ 李振民,张守宪.陕西近现代名人录续集[M].西安:西北大学出版社,1991:220.

❸ 审计院.民国审计院(部)公报(第1册)[M].北京:国家图书馆出版社,2014:163-164.

选择离开南京。特别是"当时国民党各派系明争暗斗互相倾轧不已,使于右任心灰意冷,不安于位,不久便离宁去沪"❶。"徜徉苏、常山水间,后又称病长期蛰居上海。"其间,审计院的工作全落在了茹欲立身上,正如资料所载:"期间,于右任因受冷遇,负气离京,审计院实际由茹先生主持。"❷但因于右任没被免职,所以民国《审计院公报》上所记载审计文书上的签字仍是审计院的院长和副院长共同署名的。这里有一份1929年11月19日审计院的审计史料,主要是对当时的江苏卷烟统税局1928年9月1—10日账目进行审计❸:

机关名称:江苏卷烟统税局

审核书类:支出计算书一册　收支对照表一件　附属表一册　单据粘存簿二册

书类年月:民国十七年九月一日至十日

预算数额(经常门　五七一八元六七〇　　临时门　三六六元六六〇)

计算数额(经常门　五七〇五元三三〇　　临时门　三八〇元〇〇〇)

上面书类,业经审核完竣,内有应行查询补送注意事项列于后

查询事项:

一、查贵局之调查员、驻厂副主任、驻厂办事员、驻厂帮办员及差遣等员之任用及额数是否悉依组织法之规定及驻厂各员究驻何厂办公?虽于八月份通知书查询在案,应请一并声叙(审人)。

二、查纸张单据第209号至218号共支纸张费大洋五百五十元四角之多,仅就稿中纸一项而论,计购入一万三千张,在十日之内,事实上何致需用如此之多,显有疑义,况纸张一节,原则预算为三十三元三角三分,乃计算数超出五百一十七元零七分,致本项预算不敷,流用他项,而曾否呈奉核准,亦未叙明,应请一并声复,以凭审核(审物)。

三、查贵局薪俸单据所注付款机关名称均为财政部卷烟统税处,究竟是贵局支出抑系财政部卷烟统税处支出,无从分辨,应请声叙(审财)。

---

❶ 德风堂.于右任:从审计院院长到监察院院长[EB/OL].(2019-03-09)[2021-12-12].https://www.sohu.com/a/300133227_385274。

❷ 斑斓.民国第一任审计部长——茹欲立[J]//咸阳市政协文史资料委员会.咸阳文史资料(第八辑),2008年8月内部资料:55.

❸ 审计院.民国审计院(部)公报(第7册)[M].北京:国家图书馆出版社,2014:114-116.

补送事项：……

查照办理此致江苏卷烟统税局

院　长于右任

副院长茹欲立

1929年时于右任已离开审计院去了上海，但是这份类似于今天的审计报告尾部落款是"院长于右任、副院长茹欲立"。从这篇史料中不难发现，审计事项很细，实际上是由茹欲立组织的。类似的审计事项不计其数，主要包括对人财物的审核，国民政府各个机关的人事运行也即履职情况、薪俸财务执行情况及办公物品使用等三大类是当时国家审计的重要内容，审计院院长和副院长得亲自过问，由于于右任负气出走，所有的审计工作责任都由茹欲立承担，实属不易。

除了审查国家机关的人财物运行情况之外，茹欲立还组织力量对军队的军费开支情况进行审计，根据《审计院公报》记载：1929年4月，"查国军编遣委员会四部开办费，业经主席批准，并经财部检同原案，填发支付命令，送由职院签发，各在案，其临时经常各费预算书，应俟财政委员会核准后，再行办理，奉令前因，除将原预算书中所列款项目节审核相符存留参考外，理合具文，呈复仰祈……"❶这就表明，军费审计程序复杂，要经过层层批准，办理一系列手续，但是其审计的意义是明显的。

（二）严格依法查办案件

在上述各类案件的办理过程中，茹欲立非常注重依法办案。我们从审计公文中，总能看到这样的表述："为呈请事案，查审计法第一条载称：凡主管财政机关之支付命令，须先经审计院核准，支付命令与预算案或支出法案不符时，审计院应拒绝签字。审计法施行细则第二条载称：各机关于每月十五日以前，依预算之范围编造次月份支付预算书，送由财政部查核，转送审计院备查各等语。据此，职院审查支付命令，应以预算书为准据，曾经呈请。"❷从这里可以清楚地发现：无论是审计的程序，还是实体事项，茹欲立都要求按照已有审计法及施行细则的规定来做，规矩意识非常强。茹欲立不仅要求自己做到，还对被审的不守审计法的部门提出忠告，这里有一则例子：

❶ 审计院.民国审计院(部)公报(第3册)[M].北京:国家图书馆出版社,2014:.178.

❷ 审计院.民国审计院(部)公报(第1册)[M].北京:国家图书馆出版社,2014:326.

窃查南京特别市市政府年度预算书、每月支付预算书及支付命令,未遵审计法规送核。曾由职院函知该府,查照办理,并经呈准。钧府令饬遵行,各在案,兹查该府预算书、支付命令,迄今未送院审核,长此以往,不免紊乱全国计政,职院职责所在,未能缄默所有。南京特别市市政府不遵法规之处,究应如何办理,理合呈请钧府鉴核令遵,实为公便谨呈国民政府。审计院长于右任副院长茹欲立中华民国十八年二月二十三日❶

显然,对南京特别市市政府不遵守审计法的行为,茹欲立提出了批评和忠告。他指出政府机关的预算书、支付命令等文件不按时送审计院审核,其后果的严重危害性,即“长此以往,不免紊乱全国计政”,也即是长期发展下去,最终必然带来国家更大的麻烦,所以要求审计院有职责提醒特别市政府尽快改进措施,加强遵纪守法的教育。从这则案例中,不难发现茹欲立的办事风格,严格依法办案,纠正国家机关不守法的乱象,以自己的实际行动,去改变不良的社会风气。

(三)加强员工思想教育

茹欲立在任审计院副院长期间,不仅主张依法审计,还注重加强员工思想教育。并且,茹欲立重视从政治理论和职业道德等方面,开展对审计院员工的思想教育。为此,茹欲立首先领导开办了审计院党义研究班,专门对员工开展思想教育。而为了办好这个研究班,使其受到良好效果,茹欲立还组织起草了该研究班的规则。1928年8月6日审计院第3次院务会议通过的《国民政府审计院党义研究班规则》,就是茹欲立牵头组织的。该规则一共12条,规定了开班学习的具体时间、任务安排、学习内容及考查方法。与此同时,该规则要求审计院全体人员明确研究党义的意义、职责,进而加强对审计职业的深刻认识,提升员工的政治思想水平,这也是茹欲立组织起草该规则的宗旨所在。

尤其从研究班的学习内容可以发现茹欲立是一个贤达之人。研究班规则的第六条说:“研究党义暂分六期举行之:1. 第一期研究三民主义及民权初步;2. 第二期研究五权宪法及实业计划;3. 第三期研究建国大纲及孙文学说;4. 第四期研究本党重要历史宣言及决议;5. 第五期研究帝国主义侵略中国史

---

❶审计院.民国审计院(部)公报(第2册)[M].北京:国家图书馆出版社,2014:448.

及不平等条约;6. 第六期研究其他关于发挥党义之重要书籍及刊物。"❶这里,茹欲立号召研究班的学员关注国家大政方针,从三民主义到五权宪法,从建国大纲到孙文学说,从帝国主义侵略中国史到不平等条约。这些内容对于每一个审计院公职人员来说,都是极其重要的指导思想。因为这些思想理论和历史史实都与国家和民族的前途命运密切相关,每个员工只有将个人的前途与国家和民族的命运紧密相连,才能甘于奉献,勤奋工作。因此,茹欲立所举办的这种研究班,其所产生的效应是十分广泛的,从政治思想辐射到业务工作领域,实实在在地让审计院的员工们思想站位高、工作态度正、业务收效好。尽管当时的社会条件艰苦,但是,审计院的员工们精神状态可佳,与茹欲立所开展的思想教育不无关联。

　　除了对员工进行思想教育之外,茹欲立还从职业道德的角度,强调审计工作自身的价值,并经常告诫下属及员工:"国家的钱,都是人民的血汗,就是一分也不能用之不当。"❷这是茹欲立对员工最朴实的忠告,他要求审计人树立正确的金钱观,自觉廉政从业,同时也以此来教育员工,增强对审计工作的责任心。当然,茹欲立自己也带头做好表率,身体力行,生活简朴。

　　在后来的审计部工作期间,茹欲立重视员工思想教育的风格没有改变,史料记载:"先生十分重视对其部属思想品德方面的教育,在《审计部公报》中经常摘录《总理遗训》,以为自己和全体部属的座右铭。"❸茹欲立用来加强员工思想教育的目标和思路是正确的,其意义也是值得赞赏的。

三、主政国民政府的审计工作

　　1931年3月2日,国民政府撤审计院改审计部,茹欲立被任命为审计部部长❹,正式主政国民政府最高审计事业。事实上,茹欲立是先宣誓就职,审计部随后再成立的。史料记载:"兹据审计院某重要职员云,谓该院茹部长随同在京之

---

❶《国民政府审计院党义研究班规则》,详见台北"国史馆"馆藏:1929年9月5日审计院长于右任副院长茹欲立呈国民政府为呈报党义研究班办理情形并呈送规则二份。

❷ 汪运渠. 胸有方心 身无眉骨:说民国书家茹欲立先生[J]. 收藏界,2010(12):99-102.

❸ 张直诚. 茹玉立先生事略[J]. 咸阳文史资料(第七辑),1994年3月内部资料:130.

❹ 根据史料记载:为咨行事,本月十八日本会议第二六二次会议特任茹欲立为审计部部长,相应录案咨请政府查照办理此咨,国民政府中央执行委员会政治会议,二十年二月十八日。详见台北"国史馆"馆藏:1931年2月19日中国国民党中央执行委员会政治会议函国民政府为请特任茹欲立为审计部部长。

各监察委员宣誓就职后,即将改院称部。"❶令人不解的是,茹欲立似乎没有做过就职演说,查阅同时期的史料,没有发现文字记载,只有1931年3月4日的《本部呈国民政府监察院呈报部长宣誓就职及启用印信日期文》如下:

为呈报事窃欲立于二月二十八日奉国民政府钧院状开特任茹欲立为审计部部长,此状又奉钧府监察院第七号令开为令遵事案,准国民政府文官处第一五九三号公函开奉国民政府颁发贵院审计部铜质大印一颗,文曰审计部印;象牙小章一颗,文曰审计部长等相应函送。请查收见复转发领用,并饬将启用日期呈转本府备查为荷……奉此,欲立遵于本月二日敬谨宣誓就职,即就审计院原址设部,视事并于是日启用印信……❷

从这则公文里可以判断,2月28日国民政府发文任命茹欲立为审计部部长,且一并颁发审计部的大小公章各一颗。同时,茹欲立于1931年2月2日宣誓就职,也即是监察院成立的日子,而审计部恰在监察院下面,表明审计部与审计院的地位不同,而审计部的办公场所却在原来审计院旧址。至于茹欲立的就职演讲内容,语焉不详。但是,在接下来的短短两年时间里,茹欲立对审计部部长一职还是比较努力的。他从重视法制建设开始,坚持原则和秉公办事的个性远近闻名,他为官简朴、清正廉明的品格赢得好评。

(一)重视法制,依法审计

茹欲立重视审计法制建设,在他任职审计工作之际,努力建立或完善审计法制。据史料记载:"是时,蒋政府成立不久,国内财政制度混乱,财政审计程序更是无章可循。茹先生任职期间,除借鉴国外财政审计制度,聘请国内有关专家学者,共同努力逐步建立完善了中国的审计法规,改变了中华民国成立以来财务混乱无序的局面……"❸从1929年的《审计部组织法》到1931年的《国民政府审计程序》与《审计部职员请假规则》,以及1932年的《审计部分掌事务规则》等一系列审计法律法规的出台,可以肯定茹欲立对审计法规的重视程度。

首先,茹欲立认为应依法设立审计机构,依法进行审计。虽然,作为中央层

---

❶ 审计院改组为部[J].银行周报,1931,15(7):58.

❷ 审计院.民国审计院(部)公报(第14册)[M].北京:国家图书馆出版社,2014:47.

❸ 斑澜.民国第一任审计部长——茹欲立[J]//咸阳市政协文史资料委员会.咸阳文史资料(第八辑),2008年8月内部资料:55.

面的审计部设置是国民政府的决断,但是,审计部及地方审计机构设置的法律依据是《审计部组织法》。该组织法第1条规定:审计部直属国民政府监察院,依监察院组织法第13条及审计法之规定行使职权。而第15条,审计部于各省设立审计处。原则上,审计处的设置及工作也有法律依据,但是审计处具体的工作规则并没有法律依据。1931年3月2日,审计部茹欲立宣布就职,3月20日,茹欲立即要求立法院尽快草拟各省审计处组织法。原文如下:

　　呈为呈请事窃属部职司监督财政,自应以剔除积弊,杜绝浮糜为务职,自视事以来,对于全国收支即思有以详加审核,以期无负国家,厉行审计制度之至意,惟查已往经过情形,各机关收入支出送经审查者,悉属中央机关,而各地方政府之收支,虽经造送到部,则以按照审计法第二十一条之规定,限于职权审核未便拟,俟审计处将来成立,再行发交办理,讵意各省政府造送预计算书,近复纷至沓来,属部对于地方政府收支虽无直接审查之规定,但亦无拒绝收受之明文。夫既无法拒绝,而又无法审核收受,日久积压日多,长此以往,恐地方财政整理愈形困难。查属部组织法第十五条规定审计部于各省设立审计处等语,际兹五院制度完全成立之时,各省审计处似应早日设立,惟此项组织法迄今未经制定拟请。

　　钧院转催立法院从速草订各省审计处组织法,暨令行地方政府暂行停送预计算书,各缘由是否有当理合备文呈请。

　　鉴核施行谨呈

监察院院长于

审计部长茹欲立[1]

　　可见,茹欲立对审计处组织法重要性的重视程度非常高,他从审计部监督财政的职责出发,为做到对全国财政收支的详细审核,且不辜负国家利益,必须厉行审计法制。同时希望:各省审计处早日设立,而各省审计处组织法更应从速草订。但是,因种种原因未能成行。1932年,身为监察院院长的于右任提出要在各省设审计处,却遭到茹欲立的反对。"茹欲立认为,审计法规尚不健全,坚决执行更非易事,目前各省设审计处,徒增人民负担而已,坚决反对。"[2]显然,在茹欲

---

[1] 审计院.民国审计院(部)公报(第14册)[M].北京:国家图书馆出版社,2014:48.

[2] 茹季札,茹斑澜.茹欲立传略[J]//三原县政协文史资料委员会.三原文史资料(第八辑),1991年12月内部资料:77.

立看来,审计法规尚不健全,各省设审计处于法无据,会给人民带来负担。茹欲立对法制的重视程度,可见一斑。

但是令人费解的是:"立法院对审计处组织法却迟迟不予制定,先生到任后即致函监察院,请其催促立法院'速草定各省审计处组织法'。后又多次催问,但组织法始终未见颁发……先生对国民政府各院工作拖拉,不负责任的现象极为不满。"❶这也是茹欲立后来拒绝在国民政府为官的主要原因,他觉得必须依法审计,而法律不完善是万万不能的,必须首先得有可以依据的"法"。可以说,茹先生在主持全国审计的4年中,逐步完善了中国的审计法规,改变了中华民国成立后多年来财务出纳混乱无章的局面。❷这也是茹欲立重视法制和依法审计的目的所在。

其次,有了法律规则,必须依据法律规则办事。茹欲立在任职国民政府审计部期间,每每强调这一点,即使职位再高的人找他也一样,他要求依法办事,不依据职位办事。这里有一份茹欲立先生签发的公函,里面提到:

主席发下监察院,呈为呈明该院为监察全国官吏,随时须派员分赴各省及内地调查控案,所支川资及调查费,因有特殊情形,不能按照国内出差旅费规则所定数目支给,请鉴核备案,令遵一案奉,谕交审计部核复等因,相应抄同原件函达,查照办理等由,并附原呈一件,准此案查,行政院前所送计算书类,关于调查等费,因有特别情形,而未能按照国内出差旅费规则办理之处,当经本部函请行政院,查照国内出差旅费规则第一条后段之规定呈准。

国民政府另订特别规则,以便审核。兹准行政院复称,查本院派员赴国内外考察及调查机密事件,应给以调查费及特别费。又对于各处派来接洽要务代表,应酬给川资,当时按任务之轻重及程途之远近酌量发给,均因有特殊性质,未能照国内出差旅费规则所定数目支给,其支付凭证亦以限于事实,只能令受款人出具收条,不能责令呈缴其他单据,行之已久,业经本院根据国内出差旅费规则第一条后段及支出凭证单据证明规则第二条置规定呈奉。

❶ 张直诚.茹玉立先生事略[J].咸阳文史资料(第七辑),1994年3月内部资料:131.
❷ 张直诚.茹玉立先生事略[J].咸阳文史资料(第七辑),1994年3月内部资料:130.

……部长茹欲立(签名)❶

在此公函里,茹欲立非常清楚地表明:无论有再多的特殊情形,监察院人员外出调查所产生的一切费用报销必须要有法律依据,即使不能按照国内出差旅费规则办理,也应按照行政院以往的先例去做。况且监察院监察全国官吏,更要以身作则。这里,"国内出差旅费规则"固然属于法规,而"先例"也属于法的表现形式之一。而对于各地派来监察院办事的代表,发给他们的费用,该支付凭证也应实事求是,要求他们出具收条,作为未来审计的依据。可见,在茹欲立心目中,依法审计是极其重要的。

(二)坚持原则,秉公办事

茹欲立性格刚毅,办事坚持原则,严格遵循法律法规。根据记载:"茹先生在财务审核中要求:凡不合规定的开支,无论是哪个部门、哪个人,一律不予报销;该缴还的款项必须缴还;账目不清楚,发票有问题的,必须查清;凡有虚报冒领或超出预算者,无论多少,一律剔除。先生是这样要求的,也是这样严格执行的。无论官大官小,一律照章行事。"❷坚持原则,秉公办事的风格可见一斑。他还要求:对各单位的单据,更要坚持原则,进行严格审查,"审查中不以单位小、钱数少而粗疏马虎;也不以权势重、钱数大而犹豫通融"❸。茹欲立坚持原则最著名的案例是1932年拒签南昌行营军费。根据史料:

蒋介石为加紧对江西中央苏区的围剿,要更改预算,将巨款拨付南昌行营作为反共军事之用。审计部主持财政拨款审核工作,有签字盖章之责(财政部发出的支付书,须由审计部长核签始能生效)并无监督各方之权,但茹欲立却坚持1932年4月9日立法院通过的1931年度总预算案(收入共7.13亿元,支出8.93亿元),拒绝增加军费。因没有审计部的核签,国库不能付款,财政部只能向中央银行透支,不算正式开支。于右任多次劝说茹对财政部拨付南昌行营经费姑予签

---

❶ 1931年12月8日,审计部长茹欲立致函国民政府文官处,为监察院呈为关于调查旅费因有特殊情形未能按照国内出差旅费规则办理之缘案,似应照行政院前例办理。详见台北"国史馆"馆藏《审计部公函》字第1833号。

❷ 斑澜.民国第一任审计部长——茹欲立[J]//咸阳市政协文史资料委员会.咸阳文史资料(第八辑),2008年8月内部资料:56.

❸ 斑澜.民国第一任审计部长——茹欲立[J]//载咸阳市政协文史资料委员会.咸阳文史资料(第八辑),2008年8月内部资料:58.

字。茹欲立坚不从命,并对于说:'一·二八'十九路军在淞沪抗日,屡次追加军事经费,没有预算,没有法案,来多少我核签多少,那是打日本,应该签。如今给南昌行营增拨巨额军费是为了打中国人,这个字我是不签的。❶

从这个案例里,不难判断:茹欲立作为审计部的负责人,面对蒋介石等人的威严,他没有屈服。他坚持公平正当原则不放松,并将审计事业与国家前途乃至人民命运紧密联系在一起,是一个爱憎分明、真正爱国爱民、令人敬佩之人。可是,国民党高层并没有放弃索要这笔军费。到了1932年下半年,于右任继续促劝茹欲立同意核签给南昌行营军费拨款,此时的茹欲立宁可断绝与于右任的朋友兼同乡关系,也没有签字。实在忍无可忍,茹欲立就断然提出辞职。"他看透了蒋介石的独裁专制面目,坚决弃职,并发誓宁愿卖字为生,不再当国民党政府的官员。"❷"自此,茹先生即弃职,避居上海,当即将书面辞呈寄往南京,并在《申报》上刊登'茹欲立鬻书为活'的广告,以示其决心。"❸1933年1月,茹欲立正式离开审计部部长岗位,由副部长李元鼎接替担任。

(三)为官简朴,清正廉明

在国民政府主要部门领导人当中,茹欲立可以算是一位为官简朴谦和、平易近人、有风度也有温度的领导。在审计部副职就职仪式上,茹欲立在致词中表示:"欲立这次承政府及于院长之命来担负这样的重任,自己觉得才疏学浅,担负不起,所以特请李副部长来帮忙……"❹在工作中,他对同志们要求极为严格,刚上任不久,就提出"今后希望大家在一起共同努力,切实负责担负审计的责任,更望大家要格外勤慎清明,吃苦耐劳、同为党国服务"❺,意思是要求同事们不仅要切实担负起审计的职责,还要特别勤奋、吃苦耐劳,更要做到审慎与清正廉明,一起为国家做好服务工作。

作为一名官员,其最优秀的品质就是清正廉明,茹欲立就是这样的优秀官

---

❶ 茹季札,茹斑澜.茹欲立傳略[J]//三原县政协文史资料委员会.三原文史资料(第八辑),1991年12月内部资料:77-78.

❷ 李振民,张守宪.陕西近现代名人录续集[J].西北大学出版社,1991:220.

❸ 斑澜.民国第一任审计部长——茹欲立[J]//咸阳市政协文史资料委员会.咸阳文史资料(第八辑),2008年8月内部资料:60.

❹ 审计院.民国审计院(部)公报(第14册)[M].北京:国家图书馆出版社,2014:72.

❺ 审计院.民国审计院(部)公报(第14册)[M].北京:国家图书馆出版社,2014:72.

员。"按规定,部长有一辆专用小车,但先生除因公外出路途较远乘坐外,上下班及路途较近的公务,总是步行。先生从不接受单位、个人的馈赠、宴请。及至弃官所居,除卖字外,不得不接受部属的接济以养家糊口。"❶在国民政府的高级官员当中,几乎很难找到这样的清官。以致史料多处记载:"茹欲立为官廉洁清正,为人刚正不阿,爱国爱人,直言不讳,在陕西人民中颇有影响。"❷茹欲立不仅自己清正廉洁,还严格要求下属。"茹先生主持民国审计工作仅有四年,虽无卓著政绩,但其清正廉明、刚正不阿的高风亮节为知者所敬仰与推崇。"❸如此记载无不表明:为官简朴、清正廉明是茹欲立职业生涯给人们留下的最真实的印象。

(四)创刊办报,接受监督

国民政府时期,审计机构先后出版发行了《审计院公报》与《审计部公报》等重要的国家官方审计出版物,涵盖内容包括国民政府有关审计的命令、法规、公牍、统计、工作报告、会议记录、译着和历史图片等,其主持创办者就是茹欲立先生。该出版物从1928年直至1946年,中间因故暂停过。茹欲立还办了"中华邮政特别立券之报纸",公开发行。通过这些审计出版物和报纸,对外宣传报道审计的法律法规,以及审计的相关情况,使国家审计工作处于群众监督之下。因为当时的审计信息全部刊载于《审计院公报》与《审计部公报》,每月必有审计部工作报告,为人们监督审计工作提供了书面依据。这里举一个载入《审计部公报》的审计工作报告例子:

审计部二十年三月份工作报告

甲、关于事前审计事项……

乙、关于事后审计事项

一、审核各机关计算书类之经过

1. 总述　第二厅依审计部组织法之规定掌理审核政府所属全国各机关之

---

❶ 斑澜.民国第一任审计部长——茹欲立[J]//咸阳市政协文史资料委员会.咸阳文史资料(第八辑),2008年8月内部资料:60.

❷ 茹季札,茹斑澜.茹欲立傳略[J]//三原县政协文史资料委员会.三原文史资料(第八辑),1991年12月内部资料:82.

❸ 斑澜.民国第一任审计部长——茹欲立[J]//咸阳市政协文史资料委员会.咸阳文史资料(第八辑),2008年8月内部资料:60.

决算及计算与监督预算之执行所有各机关送到计算书类查无不合者发给审核证明书以解除出纳官吏之责任查有异议者则发审核通知书列举事端令其答复所以第二厅每月之工作报告惟有查明所发证明书及通知书之件数以表示之。

2. 进行经过　本年三月份计收到各机关计算书及附属单据并接收前审计院积存案卷等件均在详细核办中计已发出审核证明书七十一件审核通知书三十件兹谨附呈三月份审核通知书一览表一份。

3. 结论　第二厅接收前审计院移交之案现正积极审核务于最短期间清理完竣一面于本部改组后所收计算书类随到随办使无积压事后审计之功效庶可实现也。❶

从上述审计部的工作报告里不难判断,《审计部公报》将审计工作的流程、详细资料、审计结果等信息全部公布与众,民众通过阅读《审计院公报》或《审计部公报》就可以了解审计的所有信息,实现对审计工作的全面监督。

简言之,茹欲立主政审计部期间,的确做了很多事情,深受百姓欢迎。他重视立法工作,强调依法审计;他坚持原则,矢志秉公办事;虽为高官,却生活简朴,以清正廉明为本;他还通过创刊办报,使审计工作接受社会监督。可以说,茹欲立是一位难得的清官,值得后人学习。

综上所述,茹欲立作为国民政府审计界一位非常有风骨的官员,始终关心国家的前途命运,将自己的学识和才华融入审计事业,无论是协助于右任的审计院工作,还是主政审计部,都尽心尽职,加强员工思想教育;重视审计法制建设,依法审计;坚持原则,秉公办事;为官简朴,清政廉明;创刊办报,接受监督等。茹欲立先生在审计岗位任职虽然只有短短的四年,但是他在南京国民政府的审计历史上却留下了深刻记忆。

---

❶ 审计院.民国审计院(部)公报(第14册)[M].北京:国家图书馆出版社,2014:72.

南京国民政府第二任审计部部长李元鼎

在民国审计界的官员中,李元鼎是一位值得追忆的人物。与当时的于右任、茹欲立一样,李元鼎也是陕西人,他1879年出生于陕西省蒲城县荆姚镇,其家庭在当地算是有名望的,可谓书香门第,所以李元鼎自小接受良好的教育。更令人惊奇的是,李元鼎紧跟于右任、茹欲立的脚步,成为国民政府审计部的第二任部长,从1933年2月24日到1935年2月24日,执掌国民政府的审计大权,且性格及处事风格与其他两位极为相似,刚正不阿,清正廉洁,勤奋敬业。正是在这些审计官员们的努力之下,民国时期的审计工作逐步迈向法制化、专业化的道路,值得后人研究。但是,目前学界未有相关成果,本书试图做一些粗浅的探讨。

一、接受教育及其影响

李元鼎之所以能够执掌国民政府审计部,与他所接受的教育背景是分不开的。从跟随祖父的启蒙教育,到就读著名的宏道学堂,再到日本的早稻田大学,李元鼎在知识的海洋里尽情遨游与品味,在复杂的社会环境里感知人情冷暖与国运发危。他下定决心,要为国家公平与社会正义事业而赴汤蹈火。

(一)祖父的抚养及启蒙

通常一个人的成长成才,家庭教育是重要因素。李元鼎从小失去父亲,由祖父抚养教育成人。据记载:"父亲丁昌为秀才,不幸早殁,李元鼎由祖父李云萼抚养。李云萼以举人授泾阳县教谕、汉中府学教授。李云萼学识渊博,为人耿介。"❶"元鼎幼小时性格孤僻,但却持重老练,深得祖父器重,遂教其读书识字。"❷还有李云萼"学识鸿博,立教行事,严谨端庄,颇重义节。元鼎自幼深受熏陶,故不仅学业早植根基,且一生为官处事,清廉刚正,一丝不苟"❸。从对李元鼎诸如

---

❶ 郭昭明,马文良.鲁连耻帝秦程婴能存赵:陕西民主革命先躯李元鼎[J].渭南师专学报(社会科学版),1992(3):92-96.

❷ 万少平.辛亥革命100周年陕西风云人物李元鼎[M].北京:世界图书出版公司,2012:6.

❸ 万少平.辛亥革命100周年陕西风云人物李元鼎[M].北京:世界图书出版公司,2012:3.

此类的描述中,可以判断:作为晚清举人,李云蕚是个了不起的读书人和教育工作者,他以自己渊博的知识和学养塑造李元鼎。在李元鼎的成长过程中,祖父对他的影响是巨大而深远的。

有学者指出:"李云蕚治学有道,注重实践和条理性。李元鼎在祖父循循善诱下,加之自己秉性好学刻苦,学业优异,为以后继续深造打下了坚实的基础。"[1] 虽然李云蕚收入甚微,但是他对学生及孙子李元鼎的培养及教育是尽心尽力的,影响是极其深刻的。史实证明,成人后的李元鼎负责审计部的审计工作及其管理,无论是担任副职还是正职,他都严格要求自己,清正廉洁,一丝不苟。这些品格的形成,与祖父对他的影响是分不开的。

(二)火热革命的学生生涯

祖父去世之后,李元鼎赶上读中学的年纪,先是补县生员,后入著名的三原宏道书院[2]学习。之后的1905年,时值日俄战争结束,"爱国志士深感祖国愚弱,出洋寻求救国救民真理已成为风气。李元鼎在强烈的忧国忧民之心的驱使下,准备出国留学,走科学救国的道路"[3]。也恰在此时,陕西政府官费选派学生留日,26岁的李元鼎有幸被选上了。当时,陕西省公派留日学生30名,李元鼎与茹欲立等15名宏道书院学生入选,为他在后来的人生征途迎来了发展的良好机遇。李元鼎入日本济美学校,继而转入明治大学分校——经纬学校,毕业后入早稻田大学文科。在日本,李元鼎结识了一批志同道合的友人,尤其是孙中山的同盟会会员,开启了人生新的序章。

此时的中国,继"庚子"赔款以后,内忧外患严重,中华民族之命运岌岌可危,仁人志士摩拳擦掌,青年学生群情激昂,为挽救国家和民族的前途而殚精竭虑,苦苦探索。但是,日本政府与清政府驻日公使联合起来,取缔留日学生的政治活动。在这种背景下,留日学生纷纷组织或者参加革命团体,尤其是积极参与孙中山先生发起的同盟会。其中,有一件事激起了李元鼎的斗志,那就是"中国留学生陈天华为激励国人进行革命,蹈海自杀。李元鼎及所有留日学生深受感动,认

---

[1] 万少平. 辛亥革命100周年陕西风云人物李元鼎[M]. 北京:世界图书出版公司,2012:6-7.

[2] 该书院曾被称为西北学界之旗帜和陕西省明、清四大书院之一,于右任先生当年也在该书院就读过。

[3] 万少平. 辛亥革命100周年陕西风云人物李元鼎[M]. 北京:世界图书出版公司,2012:6-7.

为非革命不能救国。从此他放弃了学习科学实业救国的志愿,成为一个革命者"❶。因此,李元鼎先行加入了同盟会,积极开展爱国活动。

不久,李元鼎又参与了《夏声》杂志社的工作,担任负责人之一,并兼撰稿人。《夏声》是由东京的陕西留学生创办的进步刊物,这份由李元鼎与"西北革命巨柱"井勿幕等人一起组织创办的《夏声》杂志"在陕、甘青年志士中颇有影响"❷,成为宣传革命的有力武器。李元鼎亲自为《夏声》撰写了多篇鼓舞中国人民士气的文章❸,列举三篇见表1。

表1　李元鼎在《夏声》发文的风格及立意

序号	文章题名	精彩文句
1	论中国现今之民气	民气之在国家,犹精神之在身体,强弱系之,生死关之者也。故觇国家者,觇其民气而已,觇其民气之盛衰而已
2	广解蔽篇	不优于学问,不长于才能,不备于道德,激烈自饰,而冀以动众。……以守道为固执,以明民为迂阔,因利乘便,汲汲焉以操持天下
3	陕西近数十年来民生之疾苦	故事实较多,词无空设,但赋税之弊,无书以佐吾笔,不能直穷其源,正以此为恨,正自愧空疏耳

所谓"民气",就是广大民众面对关乎国家和民族存亡的危急关头,所表现出来的意志和气势。李元鼎通过《论中国现今之民气》一文号召中国的广大民众鼓足勇气,挺直腰杆,为维护国家的前途和民族的未来而斗争。而在《广解蔽篇》一文里,李元鼎则将"不优于学问,不长于才能,不备于道德"作为社会的弊病予以批评和抨击。

此外,李元鼎积极保护革命同志。在当时的非常时期,革命的力量受到敌人的威胁,但是,李元鼎想方设法予以回击,确保革命同志的安全。研究表明:"当时全国不少革命据点被清政府查获。井勿幕回陕宣传革命,常苦机密泄露,李元鼎为此设计了'通讯横斜格'及'纵横联系法'。因而,西北革命党人机关从未暴

---

❶ 万少平. 辛亥革命100周年陕西风云人物李元鼎[M]. 北京:世界图书出版公司,2012:7.

❷ 万少平. 辛亥革命100周年陕西风云人物李元鼎[M]. 北京:世界图书出版公司,2012:3.

❸ 李元鼎. 李元鼎诗文墨迹散拾[M]. 西安:三秦出版社,2008:146,161,170.

露。"●李元鼎的做法可钦可佩。

简言之,李元鼎自青年学生时代起,就非常关心国家未来,将自己的命运与国家联系在一起,立志报效祖国,这体现了李元鼎的爱国情怀和担当精神,也是他后来在审计部的工作中敢做敢为、敢于碰硬的勇气基础。

(三)走上工作岗位的表现

在日本留学结束之后,李元鼎选择了回国工作。1910年,李元鼎回原籍陕西,在西安实业学堂担任教习。●中华民国成立后,李元鼎出任陕西教育司司长。无论是做教师,还是担任官职,李元鼎都是一个正直清廉、一丝不苟之人。1914年,袁世凯窃取临时大总统职务,李元鼎忍无可忍,愤然离职。而此时的教育司节余白银3000多两,秘书常某提出一个想法,就是将该白银一半留给李元鼎,剩下的由秘书科均分。得知此信息,李元鼎非常生气,当场予以严厉批评,责令将全部白银上缴后卸任职务。李元鼎刚正清廉的为官处事风格,深为国民政府官员和民众所佩服。

1928年,南京国民政府成立后,于右任担任国民政府审计院院长,将其知根知底的同学兼同乡茹欲立和李元鼎也引荐到了南京工作。起初,李元鼎被安排在国民党中央党部编纂委员会从事编纂工作。不久后,监察院成立,于右任任职监察院院长,而原先的审计院改成审计部,茹欲立和李元鼎分别担任部长与副部长。从此,李元鼎与审计结下情缘。根据史料记载:民国二十年(1931年)三月二十八日(星期六),李元鼎担任审计部副部长。当天上午十时,在本部大礼堂举行宣誓就职典礼。其中,李元鼎的誓词如下:

元鼎是一介书生,从事革命三十余年,对于计政实非所长,此次蒙国府暨监察院于院长委托,来担负副部长之职务,深感才疏学浅,芜惶悚万分,惟到部的责任是辅助部长处理部务,此后愿竭诚追随部长之后,共同担负监督财政重任,以效于党国。●

显然,从这份简短的宣誓词里,我们领略到李元鼎谦虚低调、忠诚担当的为

● 郭昭明,马文良.鲁连耻帝秦 程婴能存赵:陕西民主革命先躯李元鼎[J].渭南师专学报(社会科学版),1992(3):92-96.

● 相当于今天的副教授。教习,今天的教师称谓,当时的总教习,相当于今天大学的教授。

● 审计院.民国审计院(部)公报(第14册)[M].北京:国家图书馆出版社,2014:72.

官风格。他能准确定位自己"辅助部长处理部务",决心"竭诚追随部长""共同担负监督财政重任,以效于党国"。在后来的工作中,他慎终如始地践行了自己的这份誓言,为民国审计事业作出了贡献。

但是,由于抗战爆发,时局有变。1932年,随着"一·二八事变"日本对上海的进攻,南京受到极大的威胁。于是,国民政府宣布将首都迁至中原地区的魅力之城——洛阳。1月30日,林森与汪精卫联合签署了《国民政府移驻洛阳办公宣言》,表示"政府为完全自由行使职权,不受暴力胁迫起见,故决定迁都"。此时,严重的财政危机使国民政府几乎无法运转,上任不到一个月的财政部长孙科被迫辞职。与此同时,审计部部长茹欲立因痛恨国民党政府的不积极抗日态度,辞去了审计部部长职务。在此背景下,李元鼎也辞去了审计部副部长的职务。这表明李元鼎对国家和民族危亡的极度关注,对国民政府抗日不力的愤恨。不过,根据当时的《监察院公报》信息,1933年1月李元鼎才正式获得批准离开审计部副部长职务,改任监察委员。

呈请免去李元鼎审计部副部长原职,由呈为呈请事:窃查审计部副部长李元鼎,业经于民国二十一年十月三十一日奉钧府明令,简授本院监察委员,并于本年一月九日依法就职各在案。所有该委员原任审计部副部长一职,应请予令免,理合呈请钧府鉴核施行。谨呈。❶

特任李元鼎为审计部部长。此令❷

在这份公文中,国民政府一方面同意免去李元鼎的审计部副部长职务,而另一方面又让他做监察委员会委员。由此可知,李元鼎在国民政府的威望之高,他的专业素养和思想品格足以胜任监督国家权力的岗位。当然,不排除同乡兼学友的于右任对他的关照和眷顾之情。

二、主政审计工作的执政理念

虽然李元鼎于1931年3月即已到审计部就职,但一开始不是主政而是辅政,也即辅助茹欲立工作,直至茹欲立辞职。根据相关记载,1933年2月23日,国民党中央执行委员会政治会议致函国民政府,为审计部部长茹欲立辞职,照准特任

---

❶ 本院呈国民政府文——二十二年一月十四日[J]. 监察院公报. 公文,1933(18):266.

❷ 国民政府令——二十二年二月二十四日[J]. 监察院公报. 公文,1933(18):266.

李元鼎为审计部部长,也即1933年2月24日,李元鼎正式接替前任部长茹欲立,走马上任国民政府审计部部长的岗位,成为国民政府审计部的第二任部长。当时,国民党中央执行委员会政治会议函的内容如下:

> 为咨行事本日本会议第三百四十五次会议决议,审计部长茹欲立因病呈请辞职,照准特任李元鼎为审计部部长,相应录案咨请政府查照,分别任免,此咨,国民政府中央执行委员会政治会议,二十二年二月廿二日❶

显然,这份任命确认了李元鼎主政国民政府审计部的地位,自1933年2月24日到1935年2月24日,尽管国内外形势复杂,但是李元鼎在国民政府审计工作的法制化、审计人员队伍的专业化等方面做了大量的思考和谋划。

(一)关注审计的法制化建设

李元鼎认识到审计工作对法制的需求度非常高,所以在他执政审计部以后,密切关注审计的法制化建设。他深知"在任何一个社会形态里,政府审计制度同那个时代的法律制度客观上存在着必然的密切的联系。同时政府审计活动总是离不开与它有关联的法律和规章,并一定要以当时的经济法律法规为准绳"❷。的确,从审计机构的设立到审计业务的开展,处处都需要相关法律法规的支持。因此,审计工作与法律法规的密切关系,促使审计部加强法规的制定。

众所周知,1927—1937年乃民国立法的"黄金时期",在这一背景之下,审计立法成果斐然。纵观国民政府审计立法,从1933年开始,按照立法的职权范围,审计部在李元鼎的主持下制定了诸多审计法规,下表例举几部法规名称(表2)。❸

表2　李元鼎在位期间制定的审计法规概览

序号	法规名称	颁布时间
1	审计部法规委员会章程	1933年3月

❶ 中国国民党中央执行委员会政治会议函国民政府为审计部部长茹欲立辞职照准特任李元鼎为审计部部长录案请查照分别任免(1933年2月23日),详见台北"国史馆"馆藏,001-032105-00001-017。

❷ 鄢定友.从传统到现代:南京国民政府审计制度演进研究(1927—1937)[M].北京:中国时代经济出版社,2011:32.

❸ 谢冬慧,等.民国审计法规资料选编[M].北京:知识产权出版社,2019:144-256.

序号	法规名称	颁布时间
2	审计部法规委员会办事细则	1933年6月22日
3	审计部法规委员会会议规则	1933年6月22日
4	审计部职员遗失证章惩戒规则	1933年7月11日
5	审计部职员请假规则	1933年7月12日
……	……	……

　　从颁布的时间看,上述审计法规都是李元鼎部长主政审计部期间所制定并颁布完成的。进言之,从这些法规可以知道,为了规范的法规制定,审计部专门成立了机构——审计部法规委员会,《审计部法规委员会章程》第一条写道:"本部(审计部)为编拟各种法规设立法规委员会。"❶而为了规范该机构的行为,又制定了《审计部法规委员会办事细则》及《审计部法规委员会会议规则》。它们彼此的关系是章程在前,办事细则在后。因为办事细则第一条即为"本细则依本章程第十一条之规定订之"❷。可见,法规之间逻辑关系极为严密。而从《审计部职员遗失证章惩戒规则》及《审计部职员请假规则》两部法规的内容来看,李元鼎对职员的要求也是非常严格和规范的,以适应审计工作的规范化,为提升审计质量奠定基础。

　　此外,从李元鼎在位期间的每月"工作报告"和"审计部会议纪录"中可以发现,每份工作报告包括三大项内容,第一项就是"关于法令事项",而几乎每次审计会议,由李元鼎部长主持,他都要组织报告或者讨论"法规"事项❸,可见,审计部尤其是李元鼎部长关注审计工作的法制化程度之高,这也是国民政府审计工作注重规范化的重要体现(表3)。

表3　李元鼎在位期间讨论审计法规的会议概览

审计会议次数	开会时间	讨论法规内容
第91次会议	1933年5月9日上午9时	关于就地审计暂行办法

---

❶ 谢冬慧.民国审计法规资料选编[M].北京:知识产权出版社,2019:133.

❷ 谢冬慧.民国审计法规资料选编[M].北京:知识产权出版社,2019:133.

❸ 审计院.民国审计院(部)公报(第18册),[M].北京:国家图书馆出版社,2014:176-732.

审计会议次数	开会时间	讨论法规内容
第111次会议	1933年7月25日上午9时	关于审计法令存查事项
第112次会议	1933年8月1日上午9时	关于法令存查事项
第113次会议	1933年8月8日上午9时	关于审计则例事项
第122—129次	1933年9月26日—11月7日	关于法令存查事项(每次)
……	……	……

（二）重视审计人员的专业化建设

审计工作不仅对法制化程度的要求高,更是一项专业化程度高的职业。因此,李元鼎主政审计部之后,非常重视审计人员的专业化建设,诸如要求修正应考人专门资格、把好职员的入口关、要求职员严格保密等。

第一,加强审计人员的入职考试。李元鼎主政后,将审计人员的入职资格考试提上了议事日程,要求下属收集资料,草拟规则。但是由于种种原因,没有及时制定出来。其中,主要是人才和经济原因。不过无论如何,"李任审计部部长期间,曾筹设各省审计处,对审计人员采取了考试任职的录取办法"❶,见表4。

表4　李元鼎任审计部部长期间的部分立法

序号	法规名称	颁布时间
1	审计部公务员补习教育施行细则	1933年8月3日
2	审计部职员补习教育办法	1934年1月5日
3	普通考试会计审计人员考试条例	1935年
4	高等考试会计审计人员考试条例	1935年
……	……	……

依据审计工作的专业化需求,审计人员应满足一定的专业学习条件和基本素养要求。有如表4的《普通考试条例》规定:

凡审计人员之普通考试,除法律别有规定外,依本条例之规定行之。中华民国国民有下列各款资格之一者,得应审计人员之普通考试:一、经立案之公私立

---

❶ 少平. 辛亥革命100周年陕西风云人物李元鼎[M]. 北京:世界图书出版公司,2012:25.

高级中学旧制中学或其他同等学校毕业得有证书者。二、经普通检定考试及格者。三、在国立及经教育部立案或承认之国内外专门以上学校修经济法律会计商业等学科一年以上毕业得有证书者。四、有考试法第七条第一款至第四款所列资格之一者。五、曾办理审计会计职务三年以上有证明书者。❶

遗憾的是,按照这样的要求,参加考试的人都不多,更何况经过选拔,所剩无几。而《高等考试条例》规定的条件更高:

凡会计审计人员之高等考试,除法律别有规定外,依本条例之规定行之。中华民国国民有下列各款资格之一者,得应会计审计人员之高等考试。一、公立或经立案之私立大学、独立学院或专科学校会计、审计、经济、财政、商业各学科毕业得有证书者。二、教育部承认之国外大学、独立学院或专科学校会计、审计、经济、财政、商业各学科毕业得有证书者。三、有大学或专科学校会计、审计、经济、财政、商业各学科毕业之同等学力,经高等检定考试及格者。四、有会计审计专门著作,经审查及格者。五、经同类之普通考试及格满四年者。六、曾任会计或审计职务,委任。七、曾任资本十万元以上之公司、任会计主要职员三年以上有证明文件者。❷

这样的现状,更让很多人望而却步,加上当时的恶劣经济和政治环境,审计的专业化建设步履维艰。需要说明的是,虽然这两部法规,不一定是李元鼎主持制定的,但是也是在他的一贯倡导和坚持之下努力的结果。因为在1934年8月份与10月份两期的《审计部公报》里关于当月的"工作报告"里"奉行法令事项"与"关于主管事务之进行事项"分别提及"准考试院为公布普通考试审计人员考试条例请查照饬知"与"审计人员考试之进行事项"。❸❹足见,审计工作的专业化建设是个长期的过程。

第二,加强审计人员的职业培训。根据《审计部公务员补习教育施行细则》,审计部职员补习教育以设班讲授与读书自修两种形式。这里,要求本部职员除荐任以上及职务上有特殊情形者外,一律须受补习教育。职员补习教育的教务工作由部长指派本部高级职员5—7人组织教育委员会承部长之命处理教务事

---

❶ 谢冬慧,等.民国审计法规资料选编[M].北京:知识产权出版社,2019:137.

❷ 谢冬慧,等.民国审计法规资料选编[M].北京:知识产权出版社,2019:138.

❸ 审计院.民国审计院(部)公报(第20册)[M].北京:国家图书馆出版社,2014:693.

❹ 审计院.民国审计院(部)公报(第21册)[M].北京:国家图书馆出版社,2014:334.

务。至于师资方面,由部长选派本部职员或聘请专门学者充担。当然,于必要时,可以请专门学者讲演。学习的内容及期限及每周授课时间由教育委员会规定。补习结束前需要组织考试,补习人员如因事故不能受课时,必须书面请假,说明理由,先期呈由教育委员会核准,如有无故缺席屡戒不悛者,由教育委员会呈送审计部部长处理,职业培训的管理无疑是严格的。

而《审计部职员补习教育办法》要求也不轻松:首先,班次分为普通会计补习班及政府会计研究班,各班课程及人数由补习教育委员会呈送审计部部长核定,各班每周讲授时间两小时至四小时,以三个月为期;其次,各班期满由部长派员举行考试一次,评定成绩,委任职员应一律编入普通会计补习班,期满经考核后升入政府会计研究班,但对于普通会计有相当研究,经主管长官证明及补习教育委员会核准者,可以直接进入政府会计研究班;再次,各班授课时,荐任以上职员亦得自由参加;最后,本部设会计制度讨论会,以对于会计学科有相当研究或受完补习教育之职员来组织,并由部长派定高级职员轮流指导,对于各种会计制度及实例分组讨论,会计制度讨论会每月至少举行两次。看来,李元鼎部长对于审计人员的职业培训要求是严格的,这也正是审计工作专业化建设的重要途径。

第三,严格强化审计职员的保密意识。审计工作的性质决定了审计工作人员负有保密的义务,包括对审计资料、审计结果,以及审计中发现的违法违规问题,甚至被审计单位的某些不宜泄露的信息,审计人员都应该严格保密。李元鼎主政审计部期间,曾发现职员中有泄密的现象,他立即发布命令,要求引以为戒,令文如下:

为令遵事,查公务员对于职务上重要文件,有保守秘密之义务。迭经本部长面加申儆,近查有本京各报登载本部重要议决案件,全文显系有人暗漏消息,实属不成事体。姑念初次发现,免予深究,特再严行诰诫,嗣后倘再有此项不忠于职务行为,一经查觉,定行从严惩处,决不姑宽。仰本部各职员一体凛遵,毋违此令。部长李元鼎　政务次长王正基　常务次长童冠贤❶

李元鼎的这道命令,要求所有公务员有保守职务文件的义务,更不能随便登报。就审计职员而言,所涉及的职务文件很多,范围很广。另外,对今后犯类似错误的职员将严惩不贷。以此令警醒所有职员,严格强化审计职员的保密意识。

---

❶ 审计院.民国审计院(部)公报(第18册)[M].北京:国家图书馆出版社,2014:216.

（三）主张对监察审计分支机构的经费投入

李元鼎是个有思想、有创见的人,他对不合时宜的事毫无保留地提出自己的看法。1933年,李元鼎主政审计部工作,正好赶上监察院于右任院长推行监审分支机构改革,需要经费投入。于右任提出,为推行监察审计制度,拟在全国设立分支机构。而时任行政院长的汪精卫则不支持这种改革,他授意"财政部拟定财政预算规定:新预算大于旧预算者,执行旧预算;反之,执行新预算;未列入预算者严禁开支。因此,增设各地监察署、审计处便无经费"❶。汪精卫的意思很明显,就是不支持经费开支,意在阻止监察、审计工作的开展。

对此,李元鼎站在监察审计分立并设分支机构的立场,他从监察审计的功能出发,认为:"设立监察、审计分支机构,有其特殊需要,应与其他新机构分别对待。如果监察审计职权真正发挥作用,每年不但可为国家节约大量不必要的开支,同时在整饬吏治方面,将能收到不可估量的效果。"❷后来,有学者指出:"在国民党中央委员会政务会上,身任审计部部长的李元鼎,据理力争,慷慨陈词,终于使监察院、审计部提出的设立分支机构的新预算得以通过。"❸李元鼎的管理魄力,可见一斑。

显然,李元鼎主政国民政府审计部期间的执政理念是清晰的,他所认定的审计工作法制化,倡导的审计人员专业化,以及主张对监察审计分支机构经费投入等思想观念和做法,都是值得肯定的。

三、开展审计工作的经典纪录

李元鼎在审计部工作前后4年之久,虽然时间不长,但是他经办的事情却很出名,堪称"经典纪录"。他严把人员及财务审核关,决不私分公共资金,拒签不合法的军费支付命令,等等。人们最通常的评价是"李元鼎主持审计部,坚持原则,刚正不阿"或者"李元鼎是以清正廉洁著称的"❹。

❶ 郭昭明,马文良.鲁连耻帝秦 程婴能存赵:陕西民主革命先驱李元鼎[J].渭南师专学报(社会科学版),1992(3).

❷ 郭昭明,马文良.鲁连耻帝秦 程婴能存赵:陕西民主革命先驱李元鼎[J].渭南师专学报(社会科学版),1992(3):92-96.

❸ 汪运渠.记民国书家李元鼎先生[J].各界,2019(11):65-67.

❹ 万少平.辛亥革命100周年陕西风云人物李元鼎[M].北京:世界图书出版公司,2012:12.

(一)严把人员与财务审核关

在李元鼎看来,审计部工作人员无论是普通行政者还是审计专业人员,均需进行资格审查。这里有一份1933年12月14日的《公牍》"关于普通行政者"的呈文第196号:

案查本部审计一职,尚有缺额,兹拟以协审李文伯、稽察伍应钟升任,所遗协审一缺,拟以佐理员史静涛荐升,稽察一缺,拟以佐理员许祖烈荐升,理合填具李文伯、伍应钟、史静涛、许祖烈四员资格审查表,连同证明文件,备文呈请察核,转呈国民政府鉴核……审计部部长李元鼎❶

通过浏览《民国审计部公报》,不难发现:诸如此类关于职员资格审查的《公牍》非常之多,除了普通行政者,还有事前审计者、事后审计者和稽察者。对于上述人员,在进入审计部之前,都需要经过严格的审查,有的需要审查书面材料,而有的还要去当事人住所地进行实地调查。而审计的中心工作是进行财务审核,李元鼎部长要求所有审计工作人员必须严把财务审核关,一个问题也不能放过。这里有一份他的嘱咐:

呈为呈请事,案查各机关挪用款项多不按法定程序办理,以致本部审核计算时,每感困难,兹为尊重法令起见,嗣后,各机关凡有挪用款项之处,须应先向财政部办理转账手续,方得动支。否则,不能予以核销。上述缘由拟请……审计部部长李元鼎❷

显然,从这份纪录里,我们发现:李元鼎部长要求员工们审查各机关是否依法办事,将依法定程序办事作为审核财务的审计工作重心。正如有学者所指出的审计工作与法不可分:"理财之道慎于聚财,而尤慎于用财,用财贵乎公开而适当,使收支符合获大效。而锱铢无处靡是,固有赖乎良善精密之会计,而监视会计之形式及内容是否合法之司法机关(审计部门)尤不可少,此东西各国所以有审计机关之设也。"❸也即审计的法学属性决定了严格审核的必要性,这里有一份1934年6月22日的呈文第259号:

案审计法及审计法施行细则,对于各机关收支计算书类之编造,均经规定期

---

❶ 审计院.民国审计院(部)公报(第19册)[M].北京:国家图书馆出版社,2014:35.

❷ 审计院.民国审计院(部)公报(第18册)[M].北京:国家图书馆出版社,2014:356.

❸ 资料来源:北京图书馆藏《云南省审计处公报》1934年第1期"弁言"第1页。

限,历年以来,依限造送者固多,而延未造送者亦属不少,因此年度终了,出纳无从整理,本部原拟依法严办,第恐牵涉过广,影响实大,惟应催罔应,计政前途,窒碍甚钜。……审计部部长李元鼎❶

从这份"呈文"的内容里可以发现,对于不按照法律法规规定送达材料的被审机关,李元鼎提出了严肃的警示,由于涉及面广,暂且网开一面,下不为例,希望其好自为之。这也从侧面体现了李元鼎有人情味的一面。

(二)决不私分公共资金

前文已述,1914年的李元鼎面对教育司秘书处置的3000两白银纹丝不动,这种品格一直到后来都没有改变。巧合的是,时隔20年后的1934年,也即在李元鼎主政审计部的第二年,类似的事情再次发生。

有一天,审计部的总务处长找到李元鼎汇报说:总务处最近出售了历年积存的汽油桶、废报纸等物品,得价款2万元。该总务处长认为此款在预算之外,没有必要上交,就去李元鼎那里汇报了这笔款项的处置想法,他建议由审计部科长以上人员将这笔钱分掉了事。李元鼎听后不但没同意此做法,还将那位总务处长训斥了一顿,他非常严肃地指出:"审计机关人员私分国家财产,与理与法难容。已身不正,焉能正人?"❷后来,这笔款被审计部用来购置了单位通勤车,供职员外出办公、上下班乘坐用。总之,这笔钱还是用在了公共利益上,李元鼎公私分明,在利益面前毫不动摇的优秀品格,也因此载入历史,成为经典纪录。

(三)拒签支付不合法的军费命令

1932年下半年至1933年年初,国民政府首任审计部部长茹欲立因拒签给南昌行营军费一事而断然辞职。因此,换了李元鼎任部长。此时,正值蒋介石疯狂"剿共",倾力剿灭江西中央苏区红军力量,动用了上百万兵力,军费开支浩大。按照规定,军费开支必须要经过审计部把关。但是,深知李元鼎个性的蒋介石及其身边的幕僚,担心李元鼎那一关过不了。于是,他们中的某些"谋士"开始动脑筋打审计部的主意,并向蒋介石献策:"军费开支,何必一定须审计部过问,徒滋

---

❶ 审计院. 民国审计院(部)公报(第20册)[M]. 北京:国家图书馆出版社,2014:200.

❷ 郭昭明,马文良. 鲁连耻帝秦 程婴能存赵:陕西民主革命先躯李元鼎[J]. 渭南师专学报(社会科学版),1992(3):92-96.

干扰;可在国民政府军事委员会内设第三厅(审计厅)主管其事。"❶果不其然,蒋介石采纳了该建议,成立了国民政府军事委员会审计厅。

国民政府军事委员会审计厅刚成立不久,就匆忙开业,其实,"自第三厅成立后,因现行审计法对于稽察职权之规定尚未完备,应候审计法修正公布后,方可开始执行职务"❷。李元鼎对国民政府军事委员会无视法律的行为大为不满,更为不满的是,蒋介石竟然以国民政府军事委员会委员长的名义咨文审计部,要求嗣后军费一律由第三厅(审计厅)审核后,交审计部照发支付。当时,蒋介石的意志和做法,谁也不敢反对,即使于右任也不敢行使监察之权,唯有刚正不阿的李元鼎力排众议,敢于"抗旨"不遵,他指出:

按照国民政府组织法,审计部行使审计职权,即使国民政府主席之开支,均在检查范围,(审计部)认为不合理者有权拒签支付命令。军事委员会隶属国民政府,军费开支应在审计部职权范围之内。如认为不妥,可由中央政治会议先行修改国民政府组织法,将军事委员会另行独立方可。❸

就这样,在李元鼎的态度之下,很快国民政府军事委员会审计厅的负责人亲自到审计部撤销经费申请,蒋介石集团筹集"剿共"资金的计划因此未果。但是,蒋介石方面不愿意就此罢休,到了1935年上半年,再次找到李元鼎。据记载:

1935年四五月间某日,蒋介石派某侍从室某要员给李元鼎送去五十万元支票。蒋惯以金钱收买人,此事无非拉李下水,使其在非法开支方面给予便利。元鼎认为南京不能再留,一面派人将原支票送蒋之侍从室,一面向于右任递交辞呈,同时立即派人买火车票,携眷回陕,从此不再在国民党政府中任职。❹

从这里可以看出,蒋介石集团不惜采取非正常的手段,也是"糖衣炮弹"试探李元鼎,但是李元鼎对金钱始终不为所动,他是个硬汉子,一方面他刚正不阿,敢于与当时的恶势力作斗争,另一方面他不为金钱所动,在巨大的利益面前意志坚定,即使失去饭碗也在所不惜,实属难能可贵。"李元鼎忠于职守,敢于碰硬的大无畏精神,受到陕西各界人士的称颂。"❺

❶ 万少平.辛亥革命100周年陕西风云人物李元鼎[M].北京:世界图书出版公司,2012:4.
❷ 审计院.民国审计院(部)公报(第18册)[M].北京:国家图书馆出版社,2014:563.
❸ 万少平.辛亥革命100周年陕西风云人物李元鼎[M].北京:世界图书出版公司,2012:5.
❹ 万少平.辛亥革命100周年陕西风云人物李元鼎[M].北京:世界图书出版公司,2012:5.
❺ 万少平.辛亥革命100周年陕西风云人物李元鼎[M].北京:世界图书出版公司,2012:14.

　　李元鼎律己极严,即使在坚守西安这样严峻的时期,也从不谋取非分之财。围城(陕西地名)最艰苦的时候,各校经费来源断绝,对教员经常是欠薪不发。省立第一师范学校校长王子年体念李家中人口众多,生活困难,送去银币三十元。李元鼎询问送钱人员是否全体教职员都有份。当他知道这是对自己的特殊照顾时,便坚决不收,立即交给来人,让其带回。先生之气度即见一斑。❶

　　这是李元鼎在陕西从事教育工作、还没来南京之前,曾经遇到的有据可查的"送钱"事情。可以说,"拒腐蚀、永不沾"是李元鼎一辈子都在践行的品格,也是审计人最可贵的精神和品质。

　　综上,在民国的审计官员中,李元鼎紧跟于右任、茹欲立的脚步,成为国民政府审计部的第二任部长。在其的成长过程中,深受祖父的培育和影响。在火热的革命环境中,他完成学业,从事教育工作,继而与审计结缘。从1933年2月24日开始短暂的两年时光里,李元鼎主政国民政府审计部,在国民政府审计工作的法制化、审计人员的专业化建设等方面发挥了领导作用。他严把人员及财务审核关,决不私分公共资金,拒签不合法的军费支付命令等堪称"经典纪录",他刚正不阿,清正廉洁的品格,值得后人敬仰和追忆。

---

❶ 万少平.辛亥革命100周年陕西风云人物李元鼎[M].北京:世界图书出版公司,2012:11.

南京国民政府末任审计部部长林云陔

民国时期掌管审计机构的官员当中,林云陔任职时间最长,自1936年8月被任命为国民政府审计部部长,到1948年10月因病逝世,他共执掌审计部长达12年之久,是民国长期从事审计工作的专业人士。在任职期间,林云陔对审计制度的建设和贡献是值得肯定与研究的。然而当前学界对林云陔的研究多局限于他青年时期参加革命与执政广东时期的事迹,还有少数针对他青年时期学术著作、译作的研究,相关林云陔的审计工作及审计思想则尚有进一步探索的空间。以下从林云陔的审计思想及其对审计制度的贡献作出梳理和考证,并努力厘清国民政府时期审计制度与在财政经济监督中所发挥的作用。

一、参加革命从政广东

林云陔原名公竞,字毅公,广东信宜人,生于1881年。幼年就读于乡塾,随后入学高州府城(茂名)的海山书院,师从名家梁海山研习经史词章,奠定了良好的传统文化基础。1909年,他考入广州两广方言学堂,学习英语与其他科目,就读期间受孙中山先生革命精神的感召而加入革命党,立志推翻腐朽的清王朝。1911年,林云陔参加广州黄花岗起义,随后又掩护革命家朱执信脱离险境。次年,林云陔受中山先生之命,率众返回家乡组织高雷起义,以70余人武装震慑清军5000余人。高雷道九县光复后,林云陔就任都督,然而他不贪恋权势,很快辞职移交职位,回广州辅佐胡汉民。❶孙中山先生赏识他有功于革命,派赴美国求学,获得哥伦比亚大学政治经济学硕士学位。❷

1918年,学成归国的林云陔应孙中山、胡汉民之邀赴上海担任《建设》杂志主编。此间他致力于学术研究,发表《孤立之日本》《利用人力问题》《阶级斗争之研究》《社会主义国家之建设概略》《欧美市制概论都市与文明之关系》等论文。他在《社会主义国家之建设概略》中指出,"当社会主义国家成立后,实行其所主

---

❶ 黄季陆. 革命人物志·第二集[M]. 台北:中国国民党中央委员会党史史料编纂委员会,1969:426.

❷ 郑彦棻. 学优从政的林云陔先生//思齐集[M]. 台北:东大图书股份有限公司,1983:109.

张,使幼有所长、长有所学、壮有所用……一切人民生活不至为政府所蹂躏,只为政府所经理,不为强造之法律所操纵,只供自由活动"❶;林云陔还在《阶级斗争之研究》中提出,"为劳动而生产之人,亦即有主管公业之权"❷。1920年,他翻译出版了《布尔色维克底俄国》。❸可见青年时期的林云陔精于学术,对于社会主义制度与阶级斗争问题有一定认识,并且对于公平公正的社会制度较为向往。孙中山在广州设大元帅府后,林云陔出任他的秘书,翻译出孙中山先生所著《中国实业计划大纲》中文版。

　　林云陔早在大革命前后就出任与财政金融相关的要职,孙中山挥师北伐,他担任大本营金库部长,兼任广西银行总理,后又出任中央银行行长。❹1922年,陈炯明叛变。执掌金库的林云陔守护军费港币30余万元,面对乱兵临危不惧,他把全数钱款缝在夹袍中,穿过叛军的封锁线,前往韶关面见粤军总司令许崇智,如数将军费转交。林云陔只身离开时,才发现自己身无分文,只得依靠借贷度日。❺1927年,林云陔担任代理广州市政委员长,处理了一系列与政府审计相关的政务,开始建立严格的财政制度。以广州市库预决算案为例,对于公园音乐亭军乐队演奏开销制定出详细会计科目,严格执行预算编制,一方面节约政府经费,另一方面杜绝舞弊可能。他还参与制定财政局花筵捐总处的支付预算制度。作为广州重要的财政来源之一,花筵捐的征收与支出事关重大。由财政局专门制定捐税制度,并由监察院进行审批,林云陔细致的参与该处预算的制定,并要求监察院详细审核❻,可见他对财政监督有独特的见解。

　　对于公安、土地两局的岁出预算案超支问题,林云陔将两局将岁出预算书退回,要求按照财政局的审查签注认真核减后重新提交审查;对于电话所的年度开支预算超标,他要求驳回并比对前一年预算比较增减,还要将详细收支状况说

　　❶ 林云陔.社会主义国家之建设概略[J].建设,1920年,2(1):86.

　　❷ 林云陔.阶级斗争之研究[J].建设,1920,2(6):15.

　　❸ 社会经济丛书第一期出版预告[N].申报,1920-06-06(2).

　　❹ 中国人民政治协商会议桂林市委员会文史资料研究委员会.委派林云陔职务令(1921年12月26日)//桂林文史资料(第9辑)[M].桂林:中国人民政治协商会议桂林市委员会,1986:2.

　　❺ 中国民党中央党史史料编纂委员会.革命先烈先进传[M].台北:各界纪念国父百年诞辰筹备委员会,1965:1089.

　　❻ 林云陔.市库预决算案(五)[J].广州市市政公报,1927(259-261):47-48.

明。❶相比同期其他地方政府,广州的财政制度明显更为严格,也具有较高效的审计监督环节。林云陔针对市教育局提交的教师训练班费用预算书,要求教育局严格会计科目管理,要做到专款专用,不得随意改变支出项目等❷;还专门设立了预算委员,对每个行政机构的预算申报进行审核❸。林云陔在任期内驳回大量不符规定的预算报告,为广州当局的财政安全作出了贡献。值得称道的是,林云陔提出由财政局与市政委员会共同进行预算审核❹,一是可以彰显公平,二是能够杜绝失误。

1927年5月,时任财政部长的古应芬亲笔致信蒋介石,因军事造成的财政危机过于严重,请蒋介石命林云陔等人迅速在上海、宁波等处筹设中央银行分行,并且发行纸币以活络金融。❺因为出众的领导能力与在财经工作中的公正不阿,林云陔获得美名并受国民政府器重。林云陔在广州严查财政收支,本人以身作则从不徇私,对于有损国库与破坏经济稳定的行为也不庇护。林云陔发现前任广州市政委员长甘乃光曾在公款中提取16万元,并没有提供报销实数,于是迅速向国民政府呈报并通缉甘乃光,同时将其卷款潜逃的证据递交中央,要求严惩贪污并以儆效尤。❻无论是为北伐筹措军事资金,还是严格处理贪污腐败问题,林云陔都能秉公处置。

长期担任广州市长的林云陔,对于财政制度建设与收支监督的认识更加完善。以撠揰❼运销所收支审核为例,当运销所将支出数目图表呈递财政局后,经审查后向林云陔汇报,其中支出各数多有不合,并将不符合与应当删除处一一指明,称:"结存或不敷若干,均未注明,似有不合其所称领支经费不足一节"❽。林云陔立刻向运销所上级的卫生局发布命令,要求其彻查运销所支出计算中的问

❶ 林云陔. 市库预决算案(六)[J]. 广州市市政公报,1927(262—264):29-30.

❷ 林云陔. 市库预决算案(九)[J]. 广州市市政公报,1927(267):19-20.

❸ 林云陔. 市库预决算案(十)[J]. 广州市市政公报,1927(268):22.

❹ 林云陔. 市库预决算案(十二)[J]. 广州市市政公报,1927(269):25.

❺《古应芬函蒋中正》(1927年5月1日),详见台北"国史馆"馆藏蒋介石档案,002-080200-00618-053。

❻《通缉广州市政府委员甘乃光》(1928年5月10日),详见台北"国史馆"馆藏国民政府档案,001-101500-00049-001。

❼ 撠揰,即粤语方言垃圾的意思。

❽ 林云陔. 撠揰运销所支出计算案[J]. 广州市市政公报,1928(286):41-42.

题,并且详细列出问题所在,同时命财政局保留运销所支出申请与审查报告书作为复核的底本。❶从以上可知,林云陔在处理财政支出报销问题时认真细致,不仅对于不符合财政制度的收支申请予以驳回,还保留先前底本留作复查之用,这已经是较为严密财政监督审计流程。

1929年,广州发生自来水公司舞弊卷款逃跑案,林云陔组织人手进行调查后发现,是自来水公司内外勾结进行舞弊,参与者有收费员及庶务员数人,而这些人均由公司董事张道珍保荐入职,因此林云陔要求张道珍承担责任,严格维护国家财政安全。❷1931年,林云陔再次主持修正广州市金库的收支细则,一是要求各机关解款需要连同单据送往财政局核查,再由财政局通知金库加盖印章,解款人凭通知与印章提交市立银行,市立银行收款后再由解款人从金库换回正式收条,同时金库每日将收条存报递交财政局审核。二是承包商解款也须经财政局核查,再凭条前往银行取款,随后再由银行通知金库销账,最终上报财政局。❸林云陔主持修订的进口收支细则,每个环节都紧密联系,不同单位间相互制约,还规定不定期的抽查制度,对于防止集体舞弊有很好的效果。

林云陔先后三次出任广州市政委员会委员长(市长)。他邀城市建设专家程天固打造出"广州两年工务计划"。林云陔通过对南京、上海等地的考察,决心改善广州的市政建设,他主持修建了中山图书馆、海珠桥、市政府大楼、中山纪念堂等当时的地标建筑,还组织人力物力整改道路600余条及小巷1356条。1929年3月,林云陔被选为国民党第三届中央候补监察委员,仍任广州市长。1931年5月,任广东省政府委员兼财政厅长及广东财政特派委员,参加了反蒋各派组织召开的中央执监委广州非常会议。是年6月他出任广东省政府主席,同时还兼任省财政厅长。他在此期间,聘用大量留学欧美的工程技术人员,担任政府部门和厂矿负责人,致力于广东地方工业的建设。在广州市郊建立了以西村工业区为主的一批轻重工业企业,如造纸厂、硫酸厂、西村水泥厂、电解厂、电厂、纺织厂及新造、市头、顺德的一批制糖企业。他任广州市长和广东省政府主席时期,是民国时期广东市政与经济发展最快的阶段,也奠定了民国时期广东的工业基础。❹

❶ 林云陔. 审查撖撞运销所报销事案[J]. 广州市市政公报,1928(291):81-82.

❷ 林云陔. 自来水公司职员舞弊卷逃案[J]. 广州市市政公报,1929(308):118-119.

❸ 林云陔. 令发修正金库收支细则案[J]. 广州市市政公报,1931(379):80-81.

❹ 广州市地方志编纂委员会. 广州市志 卷十九 人物志[M]. 广州:广州出版社,1996:66.

二、执掌审计革新制度

以蒋介石为首的中央势力长期与粤、桂方面不睦,无论是胡汉民、陈济棠等代表的广东势力还是李宗仁、白崇禧为代表的广西势力都与林云陔关系密切。作为长期执掌广东政治经济职权的林云陔,也被卷入中央与两广的斗争。1935年起,蒋介石欲解决两广问题,多次对粤桂势力进行离间,要求其归化中央反对彼此,面对压力,两广势力开始联合反蒋。同年11月,粤桂双方李宗仁、胡汉民、陈济棠、林云陔等联名通过戴季陶向蒋介石提出四点要求:首先,要求政治改善、政府充实,即吸纳粤桂人物进入中央政权,参加国家大计的决策;其次,如果中央选举增加人数时,粤桂方面人数也要同比例增加;再次,粤桂方面要求西南政务机构保留;最后,两广暂时保留对海外党部的控制权,徐图统一。❶林云陔与刘纪文在斡旋两广与中央冲突上,发挥了较重要的作用。1936年,蒋介石利用政治手段瓦解粤桂联盟后,陈济棠去职,起初林云陔为维护局势稳定,希望继续执政广东。❷

蒋介石忌惮林云陔在广东的影响力与执政能力,最终决定将林调离经营多年的广东。最初,蒋介石因怀疑林云陔,仅想任命他为蒙藏委员会主席。然而蒋也深知林在财经工作上的能力,并对他的人品较为赏识。经过多次与国民党元老于右任商议,蒋决定将原本留给自己亲信吴忠信的审计部部长一职给林云陔,以充分发挥其才能。❸1936年7月,蒋介石亲自致电林云陔,称"中央同志皆盼兄来中央共事,增加效率……已征求监察院于院长同意,将任兄为审计部部长,俾用得其长也"❹。值得一提的是,林云陔与审计颇有渊源,其师长辛亥革命元老朱执信曾任广东审计处长。朱执信曾影响林云陔走上反清的革命之路,又曾在审计职务上兢兢业业,因此舆论称,"今林亦拜审计部长之命,是必能秉承乃师之精

---

❶《戴传贤电蒋中正以陈济棠李宗仁切求政府同意救国恳求中央改善四要项》(1935年11月7日),详见台北"国史馆"馆藏蒋介石档案,002-080200-00258-037。

❷《广东省政府主席林云陔呈国民政府主席林森等为陈济棠已解职》(1936年5月23日),详见台北"国史馆"馆藏国民政府档案,001-030030-00010-003。

❸《蒋中正电于右任》(1936年7月27日),详见台北"国史馆"馆藏蒋介石档案,002-080200-00267-103。

❹《蒋中正电林云陔》(1936年7月28日),详见台北"国史馆"馆藏蒋介石档案,002-020200-00028-055。

神,努力从公矣"❶。蒋介石对于林云陔财政经济工作能力的充分肯定,促成了林云陔在之后审计工作中的成就。

1936年8月,将广东政务交界完毕的林云陔及曾任审计局长的刘纪文同往牯岭谒见蒋介石。经过会商后,林云陔前往南京准备接任审计部部长工作。❷林云陔到任后,还未来得及进行就职典礼,就立刻投入工作。由于审计工作的专业性,林云陔对于部内人员全部留任不做大规模调整,并继续执行原有的审计工作计划,如筹设河南、陕西审计处及改组广东审计处、推广就地审计制度。此外,审计部还兴建办公场所,全部职员迁入新址。❸

林云陔8月14日抵达审计部开始视事,林云陔在训话中指出:"审计为国家要政之一,关系国家财政至巨。本部办理事前审计、事后审计及稽查收支,应使国家税收涓滴归公,各级支出不致妄费一文。盼同人以此为共同努力目标。"林云陔认为,审计事业属于财政监督领域的专业性工作,他继任部长后,不会将人事进行大规模变动,嘱咐部员安心供职。对于审计领域的专家王籍田、常云湄、唐乃康、雍家源等人,林云陔皆继续委以重任。监察院长于右任在林云陔到岗后巡视了审计部,国民政府于17日举行典礼,林云陔正式就职。❹

林云陔在全国审计系统稳定人心,一方面鼓励审计部内专业人才尽心工作、全力以赴,另一方面计划加强各省市审计处职能建设。林云陔命审计部次长张承槱收回原由西南政务委员会管辖的广州审计处职权,推广全国审计职权统一。张向林报告接收粤审计处及改组情形,称"粤省当局望治心殷,尤盼财政早上轨道,故对审计处颇感切要,对该处之开办经常各费,均允拨款垫付,俟中央将该处预算追加通过后,再行归垫付"❺。林云陔出任审计部部长后,首选从其故地的广东入手,要求收回地方财政审计职权,足能看出其工作认真、毫不徇私。此外,林云陔电召全国各地审计处长来南京,面询各地审计工作概况。❻可见林云陔对审计部工作的推行,与其以往任职广东时一样雷厉风行、一丝不苟。

---

❶ 长风.林云陔审计有师承[N].铁报,1936-09-03(4).

❷ 牯岭电话[N].申报,1936-08-08(3).

❸ 林云陔今晨到部视事[N].申报,1936-08-14(8).

❹ 林云陔昨到部视事[N].申报,1936-08-15(8).

❺ 张承槱晋谒林云陔[N].申报,1936-08-25(8).

❻ 张承槱电告接收粤审计处竣事[N].申报,1936-08-19(7).

1936年9月8日，审计部向财政部及中央信托局致信指出，各级政府机关的存款及保险，应该交由中央信托局办理，并且由国民政府颁布通令，经过财政部咨请审计部审查后才能生效。林云陔主导的审计部指出，在审核各机关账目时，对于各机关的存款、保险，是否遵从国民政府命令办理，要特别注意，如果发现违规违纪现象要及时纠正。❶林云陔执掌审计部不久，就努力改革税收机关不愿将税收总额情况报审的恶习。同年12月，为维护国家税收安全，财政部与审计部联合行文，通令关、盐、统各税务机关，将其当年岁入预算中列有的各征收的税款全数缴纳国库。由于年度收支时限临近，所有应入国库的款项都应上缴。虽然有机关需要国库补贴或追加预算调拨，也应先在上缴统计完毕后，再行由中央下拨，不得擅自截留等。林云陔代表审计部指出，"各机关已送到该部之解款报核金额，与岁入预算相差甚巨，殊与国家监督预算本旨不合，顷已函经各部会转饬所属各机关，将本年收入，从速报解，并将报核联转送过部，以便审核"❷。

林云陔还查找原有地方财政预算制度的不足，通过上级监察院向国民政府申请改革地方审计制度，根据行政院向财政部的呈请，县市级预算执行办法一案，经过国民政府的命令，应由财政部与各省政府严格监督执行，并且要求各区监察特使与地方检察官注意纠察。审计部曾经多次指出地方审计监督的缺失，根据《审计处组织法》的规定，审计处"掌理本省或本市内中央及地方各机关之事前审计事务，审计处监督县市地方预算"。在国家大力推行计政的时刻，已经设立审计处的省份，已经将审计监督逐渐推广至市县地方财政。但值得注意的是，各县市预算办法之中，并没有将审计处的监督明文加入，林云陔认为这样会造成误会，甚至会被地方政府借口阻挠审计监督。因此，"由监察院呈请重申前令，补入各省之有审计处者，其审计处有监督县市预算之责，以符法制，而计政等情前来。查各省审计处现正次第成立，其对于地方各机关之事前审计事务，既有明文规定，所请将前令补入"❸。

于右任、林云陔的呈请很快得到林森的同意，他通令各省要求必须接受审计

---

❶ 各机关存款及保险审计部加以注意[N]. 申报,1936-09-08(15).

❷ 财部通令解缴税收[N]. 申报,1936-12-10(4).

❸《监察院长于右任呈国民政府主席林森》(1936年9月26日),详见台北"国史馆"馆藏国民政府档案,001-012060-00062-005.

处的财政监督。❶审计部在林云陔的领导下逐渐加强审计制度建设,先后在江苏、浙江、上海、湖北四省市完成设置审计处,开启对地方审计制度的实践,紧急加设陕西、河南、广东三省的审计处,并在轮船招商局、津浦铁路等国有单位推行审计制度。县级审计制度的推广实践,以福建省为典型,1936年7月,在审计部未设审计处之前,省政府秘书处就下设立审计室,作为审核各县财政收支及预决算的机构。❷1936年年底,全国进行送报审计的单位已由数十个增加至近千个,审计部仍在积极推动审计法令的修订,将新法草拟就绪并呈报中央。

　　以于右任、林云陔为代表的监察院及审计部官员也认为旧有系列审计法规不合时宜,多次提出修订意见。监察委员朱雷章等向国民政府及监察院呈文称,《审计法》于1928年4月施行。是时五院尚未组成,《审计法》各条文所规定之机关系属审计院,在1928年《审计法》各条文中,还有审计院称谓。1928年《审计法施行细则》也有"审计院"称谓。而1931年监察院成立,该院组织法规定设置审计部,审计院即于同年经国民政府命令撤销。但《审计法》及施行细则一直沿用,未因审计院的撤销而加以修正。❸因此监察院依据监委朱雷章的提请,查1928年公布之审计法及现行之审计法施行细则内,关于处分违法公务员之规定,已不通用,请决定办法令审计部遵照。

　　在林云陔等人不断呼吁下,时任国民政府主席林森在训令中指出,"监察院成立后,依该院组织法及其职权,似宜即将审计法及审计法施行细则加以修正。监委朱雷章提案及监察使高一涵等审查报告均尚有见地……关于《审计法》及《审计法施行细则》各条文中,所有审计院之称谓,似应统予修改为审计部,期臻完善"❹此外林云陔还领衔制定《审计部对于无法清结案件处理办法》,其主要内容如下:

---

❶《国民政府主席林森训令》(1936年10月8日),详见台北"国史馆"馆藏国民政府档案,001-012060-00062-006。

❷何举帆.闽省现行地方审计制度[J].浙江财政月刊,1937,10(6):101.

❸《监察院长于右任呈国民政府主席林森为审计法及审计法施行细则内关于处分违法公务员规定已不适用请决定办法一案》(1936年3月10日),详见台北"国史馆"馆藏国民政府档案,001-012051-00001-011。

❹《国民政府主席林森训令立法院为审计法及审计法施行细则内关于处分违法公务员规定已不适用请决定办法一案令仰查照审议》(1936年3月21日),详见台北"国史馆"馆藏国民政府档案,001-012051-00001-012。

近年以来,本部审核案所发查询之通知书,间由延置不复,及至迭次催询,无法推宕则以事隔多年,人员星散,或前任行踪不明为辞。其经通知剔除缴还,函请负责查追或公告者,亦类多诿称函件无法投递,或费用无着并不照办,以致延历岁时,无从清结,其中负责人员往往置身事外,或仍任职其他机关,倘不规定补救办法,诚恐法令竟同具文,影响计政前途,殊非浅鲜。本部职责所在,谨参酌法令适应事实,拟定办法四项……一、审计机关审查各机关计算,如因被审查机关负责人员行踪不明,或有其他情形,致无法清结者,得照本办法处理之。二、二十五年度以前之计算,有前条情事时,审计机关处通知主管机关负责查追外,并得摘要公告。查追及公告之期限,由审计机关随时酌定,刊登《国民政府公报》及《审计部公报》,期限满后,如该机关负责人员仍不照办(系指对该案件在法律上应负责人之人员而言),审计机关得分别依法办理。三、二十五年度以后之计算,有第一条情事时,审计机关除照前条办理外,并得将负责人姓名呈院转呈国府或通知铨叙机关,在未清理以前停止叙用。四、关于追查或公告之费用,均得依法报销。❶

1937年6月,林云陔与各路专家经过对各地审计制度进行调研后,在南京召开改进审计法制的研讨会。全国审计专家共提案30余起,主要有《厉行收入监督案》《推行就地审计制度案》《在未设审计办事处的官商合营企业与事业单位派驻审计员案》《规定控告各机关人员财政违法舞弊案》《未进报销机关催促造报案》《稽查各机关营缮工程及购料验收办法案、建议修正组织法以宏效益案》等❷,其目的均为增进审计工作的效能,对即将爆发的战争做好准备。在林云陔主持下,审计制度不断强化,也为随后的抗战审计制度的变革奠定了基础。

三、抗战审计为国监督

抗战全面爆发后,大部分国家机关内迁,原有一系列审计法规及审计制度已很难适用,国民政府须迅速针对战时特殊情况作出应对。林云陔向国民政府呈文称,"每至时过境迁,无从追究其责任,事后补救,既极为难,且恐监察疏懈,滋

---

❶《审计部对于无法清结案件处理办法》(1936年10月8日),详见台北"国史馆"馆藏国民政府行政院档案,001-012051-00002-001。

❷ 第二次审计联席会议开幕[N]. 申报,1937-06-16(4).

生流弊。战时审计制度,似有酌予以改变之必要"❶。财政专门委员会组织专家进行讨论后提出,全面抗战以来,各地交通中断,中央各机关将人员疏散转徙内地办公。原有相对烦琐的审计工作事实上已难以继续,中央各院部机关分散至全国,其经管收支款项,若要造册报告几乎不可能。以事后审计为例,各院部每月财会收支计算书种类复杂,多达上千册文件若在战火中运输,难以保证没有闪失。早在抗战爆发前夕,林云陔敏锐察觉到以当时审计制度在战时施行财政监督的困难重重,深刻的思考应该如何进行制度变革。以他在第二次审计联席会议上的发言为例:

> 审计机关所负的使命,在审核各机关之收支,如何使一切收入,涓滴归公,如何使一切支出,款不虚糜,同时就审核之结果,能否与国情需要相符合? 果能注意及此,审计效能不独可使国家收支入于正轨,并且可使国家设施得有正确准据,这是我们审计人员应负的重大责任。惟我们审计制度,尚在草创时期。一种制度的建立,眼光要望着以后的百年,所谓百年大计,就是这个意思。负担建立制度的人,固然要有远大的眼光,严正的态度。而负担推行制度的人,固然要有远大的眼光,严正的态度。且一种制度,在推行之初,一定要经过多少次的和环境奋斗,基础才能巩固。审计制度亦不能例外。况现在关于审计应用法规,尚无完备,我们审计工作人员,一方面要使现有法令,见诸实行。一方面要根据以往经验,并参考各国成规,订立种种章则表格,使计政能推行尽利,博得国人的信仰。各处确各有长处,然亦各有短处。原因不仅为负责人员,努力程度有高低,所处环境,实有不同。就整个审计制度前途说,非力求进步不可。以各别之长,化为全体之进步,而力纠其短。就是目前要做的调查工作,再过一年,又有长短,然而已不是今日的长短,再调整一下,如此一年进步一年,逐渐整齐起来,以达到完善制度的确立,值得为后人所遵循的楷模。❷

战争爆发后,交通已经被破坏,邮递运输也时常中断,在此非常时期,林云陔认为审计制度应作出改变,他在江、浙、沪、鄂、豫、陕、粤已设有审计处的省市,实行中央各机关的就地审计。因战时财政困境严重,林云陔致力于加强官员廉洁

---

❶《非常时期京外中央各机关就地推行审计制度办法》(1937年10月12日),详见台北"国史馆"馆藏国民政府档案,001-012051-00002-006。

❷ 第二次审计联席会议之经过[N].中央周报,1937(472):20-21.

度的考核审计。蒋介石要求,"嗣后当政各级机关一律不准再用任何各目,为变相兼薪之支给……无论给者领者一律按照授受贿赂及侵蚀公帑论罪,并应由监察院各省监察使及审计部各省市审计处随时勾稽,负责检举依法处分,以振肃官方,澄清积弊"❶。林云陔也认为在战事紧迫、经济困难时,更须节约财政经费。公务人员在战时应讲究奉献身兼多职,而不能兼薪。但实际情况是财政支出中领取的兼薪数额更大,这种情况不符合国家审计制度,并且造成战时财政的空虚。这种假公济私的行为,对于国家民族的抗战危害很大。

林云陔发现战时审计制度践行的过程中,仍有很多困难,如各机关的陋规很多,贪污恶习积弊严重,"收入机关往往尽量报销直至实在无可报销后方缴解国库,有借口外籍职员薪金特高,本国职员须受同等待遇者,有借口奉厚养廉须领各种津贴者。此尚未公开之弊病,当事者往往振振有辞,一若莫可与之辩论"❷。而审计机关采取的送审制度,由各机关将各种会计报表,凭证及其他主要表册送至审计机关审核。此为俗称的"报销制",往往虚伪不实,颇为各界诟病。至于就地审计,及派驻各机关直接检查账目凭证,此法虽好,但以财力人力不足的关系,一时尚难普遍,可见战时审计制度的具体实施,还面临很多困难。

1939年3月,在林云陔、于右任等人的不懈努力下,国民政府颁令修正公布《审计部组织法》。1939年《审计部组织法》终于纠正先前的问题,于第一条中规定,"审计部直属于国民政府监察院,依《监察院组织法》第五条及《审计法》之规定行使职权"❸。此外,修正后的《审计部组织法》还将审计部的职权覆盖问题阐释清楚,即审计部将在各省及直属行政院的特别市内设立审计处,由各处管理各省市中央及地方机关的财政审计稽查事务,不能依照行政区域划分设置审计处的机关,由国民政府批准设置审计办事处。国民政府以地域划分或以事业分类的方式,无差别设置审计机构,实现审计的覆盖,一方面增强的对战时后财政经济的监督,另一方面促进抗战时期财政经济力量的凝聚统一。

几乎与修订《审计部组织法》同时,林云陔与于右任共同推动制定《审计部稽查中央各机关营缮工程及购置变卖各种财务实施办法》。林云陔向国民政府呈

❶ 蒋委员长通电[N]. 大公报,1938-07-28(1).
❷ 高岳僧. 我国审计制度之现状及其前途[J]. 中山半月刊,1938,1(2):22-23.
❸《审计部组织法案》(1939年3月4日),详见台北"国史馆"馆藏国民政府行政院档案,014-000101-0122。

文称,"查中央各机关之营缮工程及购置变卖各种财务……其开标验收,均应通知本部派员监视,《审计法施行细则》又复详为规定,现各法公布已久,而各机关犹未能依法办理"❶。该实施办法规定,中央各机关营缮工程费在5000元以上,后置变卖各种财务在3000元以上者,应该依照《审计法》第四十九条及《审计法施行细则》第三十八条至第四十二条规定办理,即各机关应该补具图说、价单东审计部备查,而其工程等验收仍应依照法定程序办理。关于竞标等内容,该实施办法规定,一定要有三家以上的厂商竞标者参与,并且要严格保密,开标时由审计部派员监察。由于战争时期通货膨胀严重,至1942年时,关于申报审计的金额更改为营缮工程费30 000元以上,购置与变卖在15 000元以上。审计工作与国家财政经济息息相关,战时货币贬值严重,审计法令的调整与物价与财政政策紧密结合灵活运动,对财政体系的安全稳定有较好的推动作用。

战时地方审计,也是维护后方金融财政秩序极其重要的环节。作为大后方的西南地区,一方面因山地崎岖等原因,造成国家机关星散各地,另一方面由于后方审计人员严重缺乏,难以进行全面覆盖审计。1941年,林云陔协同贵州省长吴鼎昌向国民政府呈文,提交草拟的《审计部贵州省审计巡回审计办法》共计18条。其主要核心内容,依照审计部第二期《战时审计工作实施纲要分期进度表》制定。巡回审计期分为3个月、6个月及1年共计三类。而主要事项是针对关于会计凭证、簿籍报告的审核;关于现金票据政权银行往来账簿及其他关系文件的审计;关于财产物料的盘查;关于营业或事业进行状况的调查及其他审计上必要进行的检查。❷蒋介石对于林云陔等提交的《审计部贵州省审计巡回审计办法》表示赞同,并要求在各省推广施行。中央与地方在审计法制建设上统属明确,地方审计工作体现出国家审计的意志,有利于地方财政与国家财政的统一,更利于后方经济建设。

林云陔针对战时预决算失控问题,从根源上反思,决定在预算决算实施严格审计。计划颁行《公库法》,政府对于所有各机关的现金、票据、政权的出纳保管,全部由中央银行或其他指定银行代政府进行处理。孔祥熙、林云陔等召集监察

❶《审计部稽查中央各机关营缮工程及购置变卖各种财务实施办法案》(1939年3月8日),详见台北"国史馆"馆藏国民政府行政院档案,014-000101-0124。

❷《审计部贵州审计处巡回审计办法》(1941年2月25日),详见台北"国史馆"馆藏国民政府行政院档案,014-000101-0123。

院、行政院、审计部、内政部、财政部、经济部等机关集体商讨《公库法》及检查各机关收支的办法。孔祥熙指出,各机关收支由公库处理,可防止侵蚀挪移等弊端。《公库法》适用于以下机关:①设有特种基金或领用建设事业专款的中央机关;②国营事业各机关;③受国库补助的地方各机关及公私团体;④其他由财政部认为须派员检查的机关。林云陔提出,"一俟《公库法》实施,即行派员驻库就地审计……赴各机关所办事业之工厂所在地或各分支机关就地调查"❶。各院部经过讨论,指出检查各机关收支的目的,在于减免国家不经济、不确定的开支,乃至于防止各机关财务上违法行为,与会代表一致表示支持。当时,现行主计、审计制度事实上未能普遍实施,而《公库法》的实施应能弥补弊端。

　　1942年,蒋介石令孔祥熙、林云陔将审计人员派驻各家国有金融机构进行就地审计。以林云陔为代表的审计部非常认同蒋介石的意见,并希望在中央、中国、交通、农民四大银行及邮汇总局外,将派驻审计拓展到后方所设立的各省立银行❷。财政部再次组织各院部官员及专家对此进行讨论,关于建立主计、审计、公库及银行等"联综组织",指出从民生主义出发,超然主计、就地审计、代理公库、银行代办出纳等均可以防制弊端而增加效率。关于在派驻就地审计的办法方式,审计专家杨汝梅指出经过调查各国家营业机关仍有不进行编制预算决算者,有编制不全者,有借口不将建设转款按投资细目呈报者,财政部与审计处应该严定上述不当行为的取缔办法。闻亦有提出,营业机构预算依据预算法作为附属类预算,但是历年来各机构营业预算都没有完成过,此类情况应制定补救的办法。赵棣华认为,预算、决算、会计等法律对于营业机关的会计规定过于简单,而《公有营业机关办理岁计事项暂行办法》有助于对以上法令的补充,但是真正要点是各公营机构能够切实执行国家颁布的法律与政令。❸

　　四联总处将前文专家意见汇总后,由兼任中央银行行长的孔祥熙向蒋介石呈报就地审计事务意见共计四条。"一、派驻审计自应接受;二、审计范围应以总

---

❶《商讨各机关收支办法案》(1939年7月27日),详见台北"国史馆"馆藏国民政府行政院档案,014-040600-0023。

❷《审计部长林云陔电称军事委员会委员长蒋中正为派员驻中央中国交通农民四银行与邮汇总局等工作情形》(1943年1月9日),详见台北"国史馆"馆藏国民政府档案,001-018000-00002-002。

❸《孔祥熙电呈各方对公有营业机关办理岁计事项暂行办法草案意见》(1943年1月24日),详见台北"国史馆"馆藏国民政府档案,001-018000-00002-003。

务开支为限;三、派驻审计以总行局为限;四、银行与普通国营机关性质不同且情形特殊,不能适用于一般审计办法,应请另订办法在未另订办法一钱由各行局将每旬一切开支表报送往审计。"❶中央银行作为唯一的代理国库并领导金融的国家银行,各类情形与其余银行不同。抗战以来中央银行进行金融调剂,目的在于安定后方市面,力求敏捷才能迅速平息隐患。中央银行官员认为很多金融操作都是国家机密,如果按照审计部的要求,对于经营业务一切动支前都进过审计,时机上会出现很大延误,也会造成经济机密的泄露,从而造成有不法之徒从中投机渔利。孔祥熙指出,中央银行早已有稽核处且地位超然,制度完善,没有必要针对中央银行的预决算及收支进行全面就地审计。❷"本行居银行之银行地位,在国际金融上极为重要,无论国际平准机构或世界银行将来实现时,本行将皆被认为参加分子之一。故本行之组织系统如有紊乱,实关系国际观瞻及国际信用,不可不临以慎重。"❸

以孔祥熙为代表的国家金融机构官员对于就地审计制度非常反感,并屡次呈报国民政府表态反对。中央银行副总裁陈行认为,审计处派驻官员就地审计,会打破原有银行的行政建制,此外延迟中央金融措施的施行从而在大局上对国家金融稳定造成不良后果,因此国家应在就地审计制度的推行上对其豁免。就地审计制度受到各级国有金融机构的抵触。1943年8月,林云陔呈文蒋介石说明审计困难情形。原先在四行两局进行的审计仅通过编送报表进行,而各行局送审的范围仅属于日用开支内的杂费、车马费、水电费等8个项目。审计部对此表示不满,在磋商后,各行局再增添薪俸、津贴、伙食、差旅、房租等项。然而关键的业务费用、特别费用等仍旧推诿不审。审计部计划在将来严格执行国民政府的命令,对于一切收支全部审核。各金融机构长期推诿阻碍审计,并以业务涉及抗战机密为由阻碍审计的情况长期难以解决。

为了解决战时财政监督的困难,林云陔顶住了重重压力,他代表审计部指

---

❶《孔祥熙电呈各行对审计机关派员办理四行局就地审计事务意见》(1943年8月5日),详见台北"国史馆"馆藏国民政府档案,001-018000-00002-005。

❷《孔祥熙电呈各行对审计机关派员办理四行局就地审计事务意见》(1943年8月5日),详见台北"国史馆"馆藏国民政府档案,001-018000-00002-005。

❸《孔祥熙呈国民政府主席蒋中正为中央银行副总裁陈行呈请维持中央银行会计制度原状》(1944年6月25日),详见台北"国史馆"馆藏国民政府档案,001-018000-00002-009。

出,从1944年度开始,审计部为加强就地审计工作,曾通令各驻审人员洽办各驻审机关,经管一切收支之全部审计事务。各处的驻审机关尊重法治,大多已经施行。但四行两局方面,虽经一再通知办理并无结果,随后屡次函请四联总处转告各相关行局或派员前往洽商,请其将各项费用全部交审并办理稽查事项,而一再迁延未能照办。以至于依法剔减的开支,很可能已经移转于其他科目,所负财务上的责任也无从证明,因此效率非常低下,法制难以推行,实在是难以推行国家审计制度。各相关单位进行推诿或拒绝的理由,或以银行业性质特殊,其审计事务必须单行法规始能适应,抑或以特别费用关于员工待遇办法尚有异于一般公营事业机关,在法律层面不符合送审等地。林云陔认为审计法及审计法施行细则尚不能完全符合供应实业机关审计上的需要,经呈奉颁行《公有营业及共有事业机关审计条例》其规定原则既甚宽泛且颇具有弹性,又为加强办理驻在审计事务复经制定修正《审计部暨所属各处办理各机关就地审计事务规则》,其处理手续也非常周详,易于实施上述法规对于银行业的审计事务均可适用,也无须另行制定公营事业机关员工之待遇办法。因此,各行局未能依法交审,对审计部部执行审计职权阻碍很大。❶

　　林云陔的坚持与努力得到了回报,1945年,国民政府行政院通令要求公营事业机关切实遵行就地审计制度及《战时营业预算编审办法》。以甘肃玉门油田为例,审计部开始派驻人员实行驻点审计,要求该油田所有收支记账凭证一律送请驻局审计,依法核查签后,再行执行出纳,并不得有任何借口推辞隐匿。❷除工矿企业外,审计部也开始对各公务机关推广审计,前文所提及的四行两局也不能例外。在全面抗战的八年时间里,林云陔始终坚持厉行审计制度,为国家战时财政安全作出了努力。

　　抗日战争胜利后,审计专家许祖烈对抗战前后的审计制度进行回溯时认为,中国人民以不屈不挠的精神,一面抗战一面建设,林云陔带领审计部对于审计制度的积极推进,因战时情形进行各种专业化的调适,并指定了各种审计、会计、公库及财政收支类的法规。在林云陔的努力下,先后颁行的法规有《非常时期京外

---

❶《审计部长林云陔呈军事委长蒋中正为办理四行两局就地审计事务困难情形》(1944年8月30日),详见台北"国史馆"馆藏国民政府档案,001-018000-00002-012.

❷《公营事业机关切实遵行就地审计制度及战时营业预算编审办法》(1945年4月),详见台北"国史馆"馆藏国民政府行政院档案,014-000101-0021。

中央各机关推行就地审计办法》《建设事业专款预算办法》《战时审计工作实施纲要》《战时预算编审办法》《预算法》《审计法》《公库法》《决算法》等。因为林云陔强调与时俱进,审计制度亦逐渐改进,出现了就地审计、巡回审计及各县级财政的抽查审计,实行田赋征实以后,审计部又开展实物审计等。当局根据财政分权的新趋势,分为主计系统与财务行政系统,主计审计处处于超然地位,各自独立行使权利,减少串通舞弊。纵观抗战前后的审计制度,无论制度之完善还是执行之严格,都远超以往任何时期❶,而这一时期正是林云陔任审计部部长期间。民国时期中国的时局发生重大变化,尽管国民政府在财政监督体制上,仍存在诸多问题,而林云陔主持审计部因地制宜而及时作出变革,为当时的财政监督及审计制度建设作出了较大贡献。

---

❶ 许祖烈.中国现行审计制度[M].上海:立信会计图书用品社,1947:27–29.

下篇　民国时期会计兼审计学者研究

民国会计学家杨汝梅的审计思想

民国时期,在会计学领域涌现了诸多著名的会计学家,其中有两位同名同姓的会计学家——杨汝梅,真是近代中国会计师史上的奇迹。但是,二人对审计领域的涉猎则有区别。本部分所论之人专指字为"予戒"的杨汝梅,他1879年出生于湖北随州,被誉为会计与审计教育家,曾做过国民政府主计长,担任过审计院的审计官,具有丰富而深邃的审计思想,他对审计教育、审计管理及审计研究都作出了巨大贡献。本部分试图对他在审计领域的思想及其成就做一些粗浅的探讨。

一、审计教育:塑造新型会计审计人才

清末民国是中国审计教育发展的重要时期,这一时期审计发展成就的取得离不开一大批先进的知识分子的努力。杨汝梅就是其中之一,他有志于审计教育,留日回来即曾担任商科院校的主管。1912年年底,他即在北洋政府审计处创办了审计讲习所,该讲习所被称为中国历史上第一个审计专业的培训机构,为近代中国培养了很多会计和审计人才。杨汝梅的这一成就,与他的审计教育思想是密不可分的。

(一)教育经历奠定了杨汝梅从事会计审计教育理念的基础

通常,一个人某种思想形成与他的成长经历是分不开的。一是留学经历对杨汝梅的启发。他很早就接受了与审计密切联系的商科专业知识学习,这种专业教育经历为他后来积极从事会计审计教育奠定了坚实基础。按照学科划分,审计与会计同归工商管理学科,而审计与会计密不可分,审计人员必须是会计方面的专家,所以审计教育也离不开会计教育,二者融为一体,同步进行。1903年,24岁的杨汝梅赴日本东京高等商业大学留学,主攻商业学和财政学,直到8年后回国。"在留学的八年里,他深深感叹中国会计核算账簿科学性较差,如不进

行改革,很难杜绝贪污行为的发生。"❶这里,"会计核算账簿"的科学性如何,也需要审计制度去制约。因此,在日本留学8年的丰富经历,不仅使得杨汝梅对财政商业领域的精深把握,也产生了财政审计的思想。他极力倡导效仿日本的现代簿记,提升本国会计账簿的科学性,适应审计的要求。由于审计以审查会计簿记为依据,只有簿记规范科学,审计监督才真实有效。这是杨汝梅通过自己的留学经历所获得的对审计监督的感悟。

二是合作创新的阅历对杨汝梅的促动。俗话说,与优秀在一起,自己也变得更优秀。的确,杨汝梅与著名的会计师谢霖和徐永祚的思想同步,事业共进。研究发现:"杨汝梅精研银行会计和财政学,是中国第一位注册会计师谢霖的同学,和他共同倡导新式簿记。他与徐永祚共同开创了银行会计现金收付记账法,在解放后的税算会计、商业会计中沿用至上世纪九十年代。"❷由此,足见杨汝梅对财政商业领域的贡献之大。而财政商业知识是会计学和审计学等学科的基础,反过来,在财政商业活动中,会计是经济核算和管理经营必不可少的方式。因此,会计是商科学习的重要内容和必设课程。所以杨汝梅与同时代著名会计学家合作的经历,使其深刻认识到,会计审计人才及其教育的重要性。

(二)杨汝梅积极投身审计的基础学科——商科教育

清末政府官办商科教育,一方面派遣留学生赴日学习商科,另一方面派官员赴日考察会计制度。杨汝梅就是赴日留学的那一批。1912年民国初建,传统的清末商科教育面临改革。尤其在近代中国的会计领域,簿记方式发生了重大转变,由中式簿记向西式借贷簿记转变,因此促进了会计知识和会计人才的转型,也自然带来培养精通西式簿记人才的新型会计教育的转机。可以说,"中国系统的现代意义上的会计教育是从中华民国开始的"❸。当时,会计教育的师资曾是海外留学生的天下。这里有一则刊登在当时《政府公报》上的《商科同学会启事》:"本会今有特别要事待议并报告。……凡我东西洋同学诸君务请准时惠临为荷。"❹实际上,这样的同学聚会就是在响应政府会计改革的需要,积极投身会

---

❶ 佚名. 中国当代会计"双杨"[J]. 中国总会计师, 2009(9):2.

❷ 佚名. 中国当代会计"双杨"[J]. 中国总会计师, 2009(9):2.

❸ 李飞,陆鲲鹏. 民国会计教育研究[J]. 江苏商论, 2017(11):80-85,90.

❹ 商科同学会启事[J]. 政府公报, 1912年10月23日(175):26.

计事业的动员大会。

一时间,海外留学回国的留学生成为各大高等学府争相聘用的对象,杨汝梅就是其中之一。由于他在日本高等商科教育的背景,会计专业所学的正是西式簿记知识,所以立即成为新型会计教育的师资力量。从日本回国后,杨汝梅受聘担任今天湖北经济学院的前身、张之洞❶创办的湖北省商业中学堂的校长,从事高等商科教育管理工作,推动湖北地区的商科教育事业的发展,由于会计、审计属于典型的商科分支,自然也促动了会计、审计教育的发展。

(三)杨汝梅创办专门的审计培训机构——审计讲习所

1912年10月,北洋政府设中央审计处,地方设审计分处。但是,审计人才缺乏,此时的杨汝梅被调到中央审计处工作,并任审计处第三股主任审计。于是,他开始关注世界监督体制和审计人才现状。杨汝梅认为:"近世法治国家,对于监督财政之职务,特别注重。"❷中国在国家治理的过程中,也应该重视对财政状况的监督。他在做主任审计的过程中,深感审计专业人才奇缺,极力倡导中国建立培训机构,培养审计工作人员。正如学者考证的那样:"民国初期最早的专业会计教育是政府举办的短期培训,由政府举办的簿记讲习所和审计讲习所实施。"❸"初期的国民政府开始致力于培养专门人才,主要是创办簿记讲习所和审计讲习所,以短期培训的方式培养急需的会计审计人才。"❹显然,根据当时的条件,举办短期培训是培养专业人才的最佳途径。

中国早在清末预备立宪时即已引进了西方先进的审计制度,辛亥革命开始,部分独立省份已设置审计机关,开展了审计工作。❺但是,当时的审计专业人才寥寥无几。直到"民国初年,西方近代审计学开始传入中国,为迅速培养造就大

---

❶ 张之洞被称为近代湖北教育的设计师。他从1889年调任湖广总督起,在湖北兴学重教。在他看来,为了兴鄂需要大批新型人才,而这些人才的养成,必须依赖新式学堂。于是,出于现实的需要,张之洞在湖北兴办了一大批近代新式学堂。董宝良,熊贤君.从湖北看中国教育近代化[M].广州:广东教育出版社,1996:298-299.

❷ 杨汝梅.论审计制度[M].上海:中华书局,1930:绪论1.

❸ 曾劲.近代中国会计教育的发展历程[J].江西社会科学,2007:12:105-107.

❹ 李飞,陆鲲鹏.民国会计教育研究[J].江苏商论,2017(11):80-85,90.

❺ 李金华.中国审计史[M].北京:中国时代经济出版社,2004:14.

批会计审计人才,审计处开办审计讲习所,并制订了《审计讲习所章程》❶。于是,民国审计讲习所成立了,以便顺利推行新式会计规则,这是"我国历史上第一个审计专业培训机构"❷。该"审计讲习所以指导中央各官署的会计官员,熟练地运用新式记账规则,统一使用新式官厅会计账簿为宗旨"❸。培训意义重大。后来,北洋政府审计处被审计院所取代,对应地,审计院的审计讲习所,传播审计知识,为中国审计教育的起点。❹杨汝梅顺应社会发展的需求,创办了旨在培养审计人才的审计教育培训机构。

在审计讲习所,杨汝梅"亲自担任簿记学等课程的教学任务,向学员传授内容广泛的审计、会计知识,在我国由传统官厅会计向现代行政单位会计转变的进程中起到了积极的推动作用"❺。他不仅传授审计会计知识,还根据讲义编写相关教材,以便让更多的人学习掌握会计审计知识和技能。他的讲义《新式官厅簿记及会计》一书由商务印书馆出版发行,之后"未及一个月就全部售出,根据读者要求再次印刷发行。此后,随着会计、审计制度的变革,该书也多次修订再版,至1929年已是第五次修订再版"❻。可见,杨汝梅在审计教育方面的付出之多。

1914年北洋政府审计院成立,同年颁布的《审计院编制法》对审计人员的专业学历、行政经验及工作成绩等方面做了明确规定,"这对于提高审计人员素质,保证审计工作质量,无疑是大有裨益的"❼。为了提升审计人员的专业学历,杨汝梅高度关注审计专业教育。此时的审计讲习所所开设的课程由初期的《簿记学》《会计法规》《珠算学》3门课,增至《审计法规》《会计法规》《各国审计制度》《现在审计制度》《簿记学》《统计学》《财政学》7门课,显然加大了审计法制内容的学习,教育审计人养成公正的品质。

对于杨汝梅创办的审计讲习所,有学者给予充分的肯定,认为审计讲习所"成为中华民国时期最早的公办会计教育,传授了新式会计账册,介绍了新的会

❶ 曾劲. 近代中国会计教育的发展历程[J]. 江西社会科学,2007:12:105-107.

❷ 陈元芳. 官厅簿记与审计改革开拓者:杨汝梅[J]. 财会通讯,2012(2):145-147.

❸ 任德起. 杨汝梅与审计讲习所[J]. 审计理论与实践,1998(9):2.

❹ 陈元芳. 中国审计教育开创者:王璟芳[J]. 财会通讯(综合),2012(1):146-147.

❺ 陈元芳. 官厅簿记与审计改革开拓者:杨汝梅[J]. 财会通讯,2012(2):145-147.

❻ 任德起. 杨汝梅与审计讲习所[J]. 审计理论与实践,1998(9):2.

❼ 方宝璋. 中国审计史稿[M]. 福州:福建人民出版社,2006:388.

计方法,为会计改革奠定了基础;培养了专门会计人才,发展了会计事业"[1]。当然,也培养了众多的审计人才,因为会计和审计联系紧密。这里,审计讲习所的创始人杨汝梅功不可没。有学者认为:"在民国时期的会计教育活动中,会计学专家学者无疑起到了重大的推动作用。这些教育专家一是像谢霖、闻亦有、杨汝梅、王培源、于右任等人一样来自财政部、审计院等政府部门……"[2]的确,杨汝梅在会计审计教育方面影响深远。

对此,有学者总结:"杨师既是一位会计实务专家,又是一位会计教育家。在会计教育领域,他编著的会计教科书惠及千万会计学人,担任大学教授和参与审计培训,为我国培养会计审计专门人才,担任湖北商业中学堂首任校监,治教理校,服务商科教育。"[3]这份总结很全面,很恰当。的确,杨汝梅既是著名的会计学家,也是会计审计专业领域的教育家。他重视会计审计人才培养的思想,以及在商科教育和审计培训的亲身实践,为当时社会输送了众多新型的审计人才。

二、审计管理:提升现代审计监督水平

由于杨汝梅具有长期留学日本研习新式会计的经历,且精通于财政经济与会计审计领域,回国后很快得到北洋政府财政及审计机构的重用。1912年4月,杨汝梅被任命为北洋政府财政部制用局会办,会同其他人一起管理钱币,监督银行。但是不久,杨汝梅又被调到审计机构工作。从负责审计处第三股事务,到参与审计院的筹备工作,再到管理审计院第一厅,杨汝梅从事审计管理,致力于提升现代审计监督水平。

(一)负责审计处第三股事务

1912年10月23日,北洋政府中央审计处设立,审计处下设5个股,杨汝梅被任第三股主任审计,也即负责第三股事务。根据北洋政府《审计处暂行章程》,审计处"第三股负责审计外交部、内务部、财政部"[4]。也就是外交部、内务部、财政部三大机构所属收入支出的计算事项均由杨汝梅掌理。其实,原先的《审计处暂

---

[1] 曾劲.近代中国会计教育的发展历程[J].江西社会科学,2007:12:105-107.

[2] 李飞,陆鲲鹏.民国会计教育研究[J].江苏商论,2017(11):80-85,90.

[3] 陈元芳.官厅簿记与审计改革开拓者:杨汝梅[J].财会通讯,2012(2):145-147.

[4] 李金华.中国审计史[M].北京:中国时代经济出版社,2004:16.

行章程草案》第4条规定:第三股置四课分别掌审外交部、内务部、教育部、交通部所管之收支计算事务。❶但是,草案没获得通过,第三股的职能改成了掌审外交、内务及财政三大部门。杨汝梅任职第三股股长之后,积极组织本部门开展工作。

第一,他想方设法拟定各机关设计收入报告书,细化登记办法,为后面的审计工作提供便利。由于审计实践中,"审查每年总决算之时,可以发现每月支出计算书之错误,因支出计算书常于单独审查则确属正当,而一经参阅全年则过误毕露矣"❷。所以,杨汝梅设想拟定一套标准的收入报告书:"一、科目栏内三格按照预算所定之款项目分别登记之,但未划分款项目之收入机关得将三格变为一格登记,登记其固有名称……八、收入数总计与各种分配数之总计,必须平均。"❸这个细节表明杨汝梅考虑问题认真细致,注重方式方法。至于为何要这样做,根据杨汝梅的记载:

自民国二年前国务院颁行之普通官厅簿记始,当时熊秉三先生为国务总理,深知整理芬如乱丝之财政,非改革官厅簿记不可。于是搜集吾国京内京外各官厅之会计簿记格式及方法,选派曾经留学东西洋及富有经验之专家多人,权衡最新学理,揆度吾国事实,制定一中外参合之折衷簿记程式。❹

杨汝梅在后来的著作中也有过解释:"审计部应行审查的书类很多,其格式种类、送达期限等项,悉关重要;是以审计部有编订关于审计上的规则及书式之权。"❺因为审计,尤其书面审计,常常依据预算计算书类凭证单据及其他关系文件,来证明会计的收支数目及其执行手续是否确实。此外,送达书面材料的期限必须确定。如果被审机关故意违背书面材料的送达期限,则给审计工作带来巨大障碍,所以,书面材料的格式种类、送达期限均很重要,审计部应从规则上予以规范。

第二,杨汝梅亲自参与审计处的很多与审计相关的工作。根据北洋政府初

---

❶ 审计处.审计处暂行章程等文件汇编.内部资料:148.

❷ 中国第二历史档案馆.北洋政府审计院外籍顾问宝道等改革中国审计制度的建议[J].民国档案,1994(1).

❸ 杨汝梅.审计处拟定各机关每月收入报告书.审计处内部资料:3.

❹ 杨汝梅.论审计制度[M].上海:中华书局,1930:207.

❺ 杨汝梅.会计与审计[M].上海:中华书局,1932:368.

期的相关文书资料,从文件的落款处签名"第三股主任杨汝梅",可以知道杨汝梅亲自参与了许多与审计相关的工作:如1913年4月,审计处指令吉林分处解决审计上六端疑问,审计处呈国务总理解释法律所定兼任官制范围;1913年12月,审计处致函财政部催索元年积欠清审经费领款总收据;1914年5月,审计处为审查总统府前秘书厅暨军事会议处民国二年七至十二月支出决算疑义致政事室司务所函等。❶他还参与了《审计条例》的修订工作。

(二)参与审计院的筹备工作

北洋政府的审计处存续时间不长,依据1914年5月1日公布的《中华民国约法》,全国唯一的审计机关——审计院成立,杨汝梅积极投身审计院的筹备工作。根据杨汝梅给当时国民政府审计院于右任院长的回信:

> 汝梅于民元改革时,曾奉本党总理(时为第一任临时大总统)委任,服务于南京财政部,嗣因随同政府北迁,乃以财政部员资格,筹议设立审计院。旋又以审计员之资格,参议审计院之筹备。三年审计院成立。汝梅蒙丁院长谬采虚声,任为第一厅厅长,继续服务十余年。常思勉竭涓埃,以救财政上之浮滥。中经财政变化,而审计院常立于政潮之外。近数年以来,服务于审计院者,久已枵腹从公。汝梅暂以在各大学之讲演薄酬,维持生计。未忍舍而他去者,非有所爱于此区区官职也。盖以审计事务官吏,有终身服务性质。见异思迁,殊非所宜。本年虽受战地政务委员会之委任,参议财政事宜,仍思于审计有所贡献。❷

从杨汝梅回复于右任的信中,我们可以得知几点:第一,杨汝梅自始至终参与了民国审计院的筹建工作。从财政部职员到审计院的职员,他见证了北洋审计院诞生的全部过程。第二,1914年审计院成立之后,杨汝梅又被丁振铎院长任命为第一厅厅长,服务10年。第三,由于财政变化,审计院运行不畅,职员收入很低。第四,尽管审计院不顺,他个人意愿终身服务,有为审计事业做贡献的意志。事实证明,杨汝梅在审计管理方面所做的事务之多,在他回复于右任先生的第二封信里有所反映:

> 民元审计处开办起,至十七年止,一切案卷,均存北平旧审计院,异常繁多,除已办结者,编案存库,致将后楼数十间房屋,全行堆满外,其尚未办结,存在主

---

❶ 中国第二历史档案馆所存资料,全宗号1066,第193卷。
❷ 杨汝梅.论世界各国审计新制及吾国审计制度(下)[J].银行周刊,1928,12(41):40-46.

管厅者,亦复不少。现在旧有各机关,虽多已消灭。而一切经管财政人员之责任,不能因此完全免除。国民政府审计院接收后,必须继续清理核办。❶

从审计所留存的材料数量,可以判断:杨汝梅所领导的团队在审计工作中的贡献是较大的。此外,在审计管理实践中,杨汝梅认为审计院不能满足审计实务需要,于是主张国民政府应设立审计分院,理由如下:

训政伊始,待理万端,改良建设,悉需巨款,非统一财政,不克立庶政之基础,非设立审计分院,不可收监督财政之实效。兹述应设分院之理由于次,以资参考:(一)审计院审查案件,首贵迅速。我国幅员辽阔,交通不便,公文达送动需时日。自民三撤销各省区旧审计分处以后,旧审计院审查案件,每因达送拖延,发生种种困难。或因事过境迁,调查非易;或因人员更调,查询为难,此宜设分院之理由一也。(二)武功告成,建设开始。收束军队,实为亟务。若不施行事前监督,以促财政之统一,则凡百措施,莫由实现。(三)政府取信于民之工具,首在财政公开,故审计院之审计报告,宜于会计年度终结后,早日编成公布。有分院以就地审查,则能详悉各地方政情,各项案件,自可随时完结。❷

"根据《审计院编制法》,全国只设审计院一级审计机关,直隶于大总统,各省不设审计分院。"❸而在杨汝梅看来,只有设立审计分院,才能真正收到财政监督的实效,从审查案件急切需求与交通不便的矛盾、战争结束与建设开始对审计的广泛需求、就地审计熟悉地方政情与快速结案三个方面说明审计分院设立的必要性,理由充分,说服力强。

(三)管理审计院第一厅

其一,根据北洋政府《审计院编制法》,"审计院内设3厅2室1会,其中,第一厅负责审计外交部、财政部、教育部本部、直管各机关及全国国债收支、使用及各级国库出纳账目"❹。这里的业务范围较审计处广泛一些,职员包括审计官、协审官、机要员、核算官、学习员、文官、办事员等,总体上,职员人数随着时间的发展

---

❶ 杨汝梅.论世界各国审计新制及吾国审计制度(下)[J].银行周刊,1928,12(41):40-46.

❷ 杨汝梅.论世界各国审计新制及吾国审计制度(下)[J].银行周刊,1928,12(41):40-46.

❸ 李金华.中国审计史[M].北京:中国时代经济出版社,2004:18.

❹ 李金华.中国审计史[M].北京:中国时代经济出版社,2004:18.

呈现递增趋势,见表1❶。

表1　杨汝梅任审计院第一厅厅长期间职员数量的变化

序号	时间	审计院第一厅厅长杨汝梅年龄	职员人数	备注
1	1914年	38岁	39人	
2	1915年	39岁	41人	
3	1918年	42岁	51人	
4	1920年	44岁	52人	
5	1921年	45岁	53人	
6	1922年	46岁	51人	

　　从表1可知,杨汝梅任职审计院第一厅长多年,业务经验丰富。相关的审计史料里均留下了他的签名痕迹,如"审计院审查外交部关税特别会议筹备处1923年5月至1925年6月支出计算书"❷与"审计院第一届报告(审查外交部预算主管经费情形说明)"❸,其中的系列"计算书"和"情形说明"后面的落款皆为"第一厅厅长杨汝梅"。可见,杨汝梅在审计实务管理方面做了大量工作。

　　其二,依据北洋政府时期审计处的公文及立法过程材料,杨汝梅以审计院第一厅厅长的名义参与了很多事务❹:第一,立法工作。他亲自参与1914年8月《审计院编制法》的修订,1921年1月《审计院官制》的修正,1922年4月《审查国债支出规则》的修正。第二,拟订规则。他代表审计院拟订1915年的《审计院呈大总统拟定机密费办法》及《审计院拟订发给核准状规则》,还有拟订1921年的《各官署违背审计期限及程式处分则例》等任务。第三,其他事务。审计院成立后,要求审计分处一律裁撤,他代表审计处向各省发去电报,要求各地将审计文件送交审计院。

　　但是,北洋政府时期,国力衰弱,外交实力不强,对外交部的审计作用有限。

---

❶本表依据各年度的《审计院职员录》进行统计,详见北京市档案馆所存资料《审计院职员录》,全宗号ZQ16,第23卷。

❷中国第二历史档案馆所存资料,全宗号1066,第2卷。

❸中国第二历史档案馆所存资料,全宗号1066,第12卷。

❹中国第二历史档案馆所存资料,全宗号1066,第2卷。

要知道,北洋政府前期袁世凯统治期间,财政状况很差,而军政开支庞大,入不敷出,举借外债。"据统计,自1912年始至1927年止,北洋军阀政府所借外债总额约达134 800万元。仅1913年至1914年两年,袁世凯政府就举借外债20笔,合计银37 600万元。"❶通常弱国无外交,在经济极其衰弱的背景下,国民政府的外交工作也比较薄弱,对外交部的审计效果不大。"北洋政府时期,审计工作存在着一些严重的问题。审计制度依法律的规定是很严格的,但实际上对统治者来说是没什么约束力的。"❷这就表明由于特殊的社会背景所限,杨汝梅厅长负责审计院第一厅,他所发挥的审计作用也是有限的。

然而,在当时的条件下,杨汝梅个人对审计工作尽心尽力,成绩突出,因此获得了大总统颁发的最高奖章,北洋政府公报全文刊登了奖励公告❸,足见杨汝梅在审计业务及管理方面的贡献,他的努力提升了现代审计监督水平。

审计院呈请将佐理计政得力人员杨汝梅择优奖给勋章文并　此令

为佐理计政得力人员,拟请择优奖给勋章,仰祈钧鉴,事窃维推行计政量资群策之赞褒,而鼓舞人才,宜有勋章之宠锡伏。查本院署审计官兼署第一厅厅长杨汝梅,前在审计处办事得力,曾奉大总统特令奖给四等嘉禾章。本院成立以来,勤敏奉公,弗辞劳怨,夷考……署审计官兼署第二厅厅长张润霖、兼第三厅厅长万雲路、署审计官单镇、陈宗番、陆世芬……署协审官胡壁城、胡大崇、陆葆靖、陈绎均属办事勤劳、成绩卓著。杨汝梅拟署特准奖给三等嘉禾章;张润霖、万雲路、单镇、陈宗番、陆世芬……拟请特准奖给四等嘉禾章;胡壁城、胡大崇、陆葆靖、陈绎拟请各奖给五等嘉禾章,以资鼓励而彰劳动。所有拟请择优奖励。本院办事得力人员缘由伏乞　大总统钧鉴训示施行。谨呈　批令　呈悉交政事堂饬铨叙局核樊　此批　中华民国三年十二月三十一日

三、审计研究:彰显中国审计科学魅力

杨汝梅的审计思想集中体现在他的学术观点和主张当中。在日本留学期间,杨汝梅就致力于会计审计的学术研究。"他深深感叹中国会计核算账簿科学

---

❶ 虞伟萍.近代中国政府外债与审计[J].审计研究,2000(4):8.

❷ 方宝璋.北洋政府时期的审计实绩与历史地位[J].当代审计,1995(2):2.

❸ 大总统钧令[J].政府公报,1915-01-08(958):21.

性较差,如不进行改革,很难杜绝贪污行为的发生。于是,杨汝梅先生又致力于会计学的研究,撰写了许多有关会计学的文章,同时也积累了会计学的丰富经验。"❶当然,他也撰写了多篇审计研究的文章。有学者指出:"杨氏一生致力于财政、会计基本理论与方法、官厅会计、银行会计、审计特别是官厅审计的理论与方法研究,出版著作、编写教材近40部,发表学术论文近30篇。"❷从这里可以发现,杨汝梅在审计研究方面,成果非常突出,选择一些列举于表2。

表2 杨汝梅的论著成果例举

序号	成果形式	成果名称	出版机构或刊名	出版时间
1	专著	民国财政论	商务印书馆	1927年
2	专著	论审计制度	军需学校	1930年
3	专著	近代各国审计制度	中华书局	1931年
4	专著	会计与审计	中华书局	1932年
5	专著	国民政府财政概况论	中华书局	1938年
6	论文	关于财政监督上审计院与国会之关系	银行周刊	1922年
7	论文	吾国审计制度之商榷	银行周刊	1923年
8	论文	论世界各国审计新制及吾国审计制度	银行周刊	1928年
9	论文	论吾国应采新审计制度	法科丛刊	1928年
10	论文	比较各国审计制度	军需杂志	1930年
11	论文	对于现行审计法规之修订意见	军需杂志	1930年

从表2所列成果的名称,不难发现:杨汝梅在审计研究领域成果丰硕,他结合自己的审计管理及审计实务经历,就审计及其制度所诞生的财政经济背景、汲取国外先进的制度经验等诸多内容进行了深入细致的思考和探索,观点鲜明,朴实可靠,对民国时期审计制度的构建及其完善,作出了卓越的贡献,是名副其实的著名审计学家和会计学家。杨汝梅在审计研究方面有以下一些学术观点,对审计事业有所帮助。

---

❶ 任德起.杨汝梅与审计讲习所[J].审计理论与实践,1998(9):59-60.

❷ 陈元芳.官厅簿记与审计改革开拓者:杨汝梅[J].财会通讯,2012(2):145-147.

（一）关于设置审计机关之意义及组织方法

审计机关是国家审计活动的组织者,负责监督预算执行、审核国家岁出岁入决算。从清末1906年的《审计院官制草案》到经过多次修改的1945年《审计部组织法》无不对此作了明确规定,也足见审计机关设置之价值,杨汝梅（予戒）在《论吾国审计制度及近世各国之审计新制》一文中指出:

一国政务,非财莫举。财政实为施行一切政务之基础。故凡属立宪国家之财政,均设有三重监督机关。国会为财政立法监督,财政部为财政行政监督,审计院为财政司法监督,其组织权限极为分明。稍明政治学者,类能言之,不必细述。而要以立法监督为始基,为行政监督为中坚,最后则以司法监督为之结束。三者固相须为用,缺一不备……审计为财政上之最后监督,国家一切款项出纳,非经过审计程序,即无从结束。故审计院为宪法上之特设机关,为近世立宪各国所重视也。❶

这里,杨汝梅从国家权力监督的视角,认为审计机关设置的重要意义,就是作为国家财政监督的最后一道屏障,国家一切财政收支,不经过审计机关的审核,不能动用,也不能销账。所以,近代世界立宪国家非常重视审计机关,在宪法上明确特设审计机关。"在立宪国家政权建设中,政府为管理财政者,不能自身监督财政;审计机关作为财经监督机构,应不受政府管辖,其机构、人员的独立性是重要的特征。"❷从这个角度考虑,杨汝梅认为设置审计机关无疑是非常有价值的。

既然设置审计机关意义重大,那么"吾国今后之审计机关如何组织?"❸这是杨汝梅所经常思考的问题。他认为:"欧战以后,世界各国之政治组织,颇有根本改革者,其审计组织,亦受此影响,多生变化。欲论吾国今后之审计组织,可先评论欧战后世界各国之现行审计组织,然后参酌国情及五权宪法之精义,而得一公正之论断焉。"❹在杨汝梅看来,学习和借鉴西方国家先进的审计制度和技术,是中国审计发展的重要途径。于是,杨汝梅仔细考察了美国、瑞典、挪威、丹麦、俄

---

❶ 杨汝梅.民国财政论[M].上海:商务印书馆,1927:附编50.

❷ 方宝璋.民国审计思想史[M].北京:中央编译出版社,2010:49.

❸ 杨汝梅.论世界各国审计新制及吾国审计制度（上）[J].银行周刊,1928,12(40):32-38.

❹ 杨汝梅.论世界各国审计新制及吾国审计制度（上）[J].银行周刊,1928,12(40):32-38.

国、澳大利亚、英国、法国、德国等诸多国家的审计组织,得出结论:

> 综观各国先例,参酌吾国政情,以为吾国今后如仍施行责任内阁制,则将来之审计组织,似宜参考欧战以后之法国组织,别设会计检查官,隶属财政总长,俾专任发款签字之职。审计只须就现行法令所赋与之职务,设法除去政治上之障碍,切实施行,亦可尽审计之能事,别无遗憾也。❶

也就是综合各国的先例,结合中国的国情,杨汝梅自认为适宜参考欧战之后的法国审计组织,在财政总长下面设会计检查官。至于该审计职员如何产生?杨汝梅进一步做了考证:"审计职员之产生,究竟以选举为宜,抑以任命为宜,可比较世界各国之现制,而得一折衷办法。……如出自选举,须有两种防弊之限制:1. 不由国会选举,以防党派把持及贿选之弊;2. 参照奥国办法,于宪法内规定现任议员及国务员,不得当选为审计职员,以防暗中操纵选举之弊。"❷甚至,在杨汝梅的心目中,选举不如考试,欲消除选举的弊端,"须有独立之考试制度,此五权宪法所以特设考试一院也"❸。五权宪法特设考试院,其目的就是建立人才选拔的考试制度,考试面前人人平等,公平公正地选拔审计职员。史实上:

> 吾国的审计部,隶属监察院,系根据五权宪法精神而组织的机关,与三权宪法的审计机关,其性质当然不同。今吾国试行五权宪法,所谓立法权与监察权,同属治权内的一部分各自独立实行其职权,而互相辅助,以完治权的作用,俾成一极有能力的政府。❹

这里表明:国民政府的审计部隶属于监察院,是根据五权宪法精神所建立的经济监督机构,与西方的权力制约结构不同,国民政府的治理权分得较细,当时的审计权仅属其中监察权的一部分,而审计人员的审计权又得通过考试权的运行而获得。这种制约的力度更大,其效果应该更好。所以,杨汝梅倾向于通过考试选拔审计人员,公平公正,真正选到优秀的审计人才。1929年3月,国民政府为草拟《审计部组织法》而征求财经审计专家的意见,其中,杨汝梅对审计部内部机构设置及人员配备提出了宝贵的建议:

> 杨汝梅主张:审计部分一、二、三司,以被审查机关之多寡及其事务之繁简为

---

❶ 杨汝梅.民国财政论[M].上海:商务印书馆,1927:附编56.

❷ 杨汝梅.民国财政论[M].上海:商务印书馆,1927:附编56-58.

❸ 杨汝梅.论世界各国审计新制及吾国审计制度(上)[J].银行周刊,1928,12(40):32-38.

❹ 杨汝梅.会计与审计[M].上海:中华书局,1932:372.

标准,平均分配各司职务,使同一机关之收支,在一定时间内,归同一司之同一人审查,则为办理可期迅速,自无不相接洽之弊,而按事务之繁简,定人数之多寡,亦可免劳逸不均之害。❶

(二)主张审计院与财政部及监察院的协作

其一,财政部与审计院应密切配合。杨汝梅指出:"财政部为财政行政监督,审计院为财政司法监督。"❷虽然在机构设置上,财政部与审计院是并立的,但是基于共同的"财政"事业,二者的工作有交集——预算,财政部制作预算,审计部的审计以预算为依据。因此,杨汝梅认为审计工作离不开财政机关的配合。第一,由于预算是审计的前提,因此建议"财政部须设法编制与事实接近之预算,以为审计之根据。……政府须设法使金库有统一收支之特权,以为实行事前监督之准备"❸。也即建议财政部编制预算尽可能接近实际支出,政府设法维护金库统一收支的权利,为审计和事前监督打好基础。第二,部分财政事务,财政与审计两机关会同办理,具体有三:①财政部编制总预算,应请审计院派员参订之;②统一金库出纳计算,以便审计上之对照;③国家总预算经过会计年度后若干月,可以提交国会,应由财政部与审计院会同酌定其限期。❹毫无疑问,在编制总预算、金库出纳预算、国家总预算提交国会的期限等事项方面,杨汝梅建议应由财政部与审计院会同办理。

其二,就监察院在财政预算及审计中的作用,杨汝梅提出了四点建议:①财政部编制预算,应请监察院派员参议;②监察院实行审计职务,宜增加调查经费,多派人员实地调查,以补书面审查之不足;③监察院宜调查官厅所用物品实价,以补单据证明之缺点;④凡属国债支出,应送监察院先行审核,以防滥增国库负担。❺这四点主要表达三层意思:第一,监察院派员参与财政预算;第二,监察院支持审计的物力、人力;第三,国家机关所用物品及国库支出都应由监察院审核。不难发现,监察院对审计院工作有着促动和支持。

❶ 项俊波,等.审计史[M].中国审计出版社,2001:202.

❷ 杨汝梅.民国财政论[M].上海:商务印书馆,1927:附编50.

❸ 杨汝梅.民国财政论[M].上海:商务印书馆,1927:附编51.

❹ 杨汝梅.论财政部与审计院应行会同办理之事项[J].银行周刊,1922,6(29):34-35.

❺ 杨汝梅.论世界各国审计新制及吾国审计制度(下)[J].银行周刊,1928,12(41):40-46.

简言之,在杨汝梅看来,由于财政部与审计院在财政监督上有不同作用,且工作有交集,所以财政部与审计院应密切配合。而监察院对审计院的工作又有促动和支持作用,故监察院与审计院亦应加强协作。

(三)关于中国审计范围的决定因素

今天的审计范围概念,指的是审计工作在空间上所达到的广度。在审计实践中,审计范围应该根据审计的对象和目标来决定。但是,民国杨汝梅对审计范围的决定依据却大不相同。他在分析比较世界各国审计范围理论之后,对中国审计范围如何决定做了细致的思考。他认为:

审计范围,原涉及事前监督及事后监督的两方面。❶

审计机关之监督财政,得大别为二类:其一为专行事后监督,又其一为兼行事前监督是也。事前监督之目的,在于防弊未然,款不虚耗;事后监督之目的,在于惩创既往。人有戒心,采用事前监督制之国。仍行事后监督,采用事后监督制之国,亦行一部分之事前监督。不过范围有广狭之不同耳。以学理言,事后监督,自不如事前监督之善。就事实论,则事前监督,亦有数弊。……❷

在谈到"官厅审计的范围"时,杨汝梅再次指出:"审计机关的监督范围,得大别为二类:1. 专行事后监督;2. 兼行事前监督。……"❸显然,在杨汝梅看来,中国审计范围的决定,应是基于事前审计和事后监督的优缺点而定,与现今的审计理论差异较大。今天的事前或事后审计被称为审计方式或者审计类别。如有学者认为:"从整体上来说,事前审计、事中审计、事后审计都是相互补充、相互作用的完整审计方式。"❹另有学者指出:"依审计主体客体发生联系的时间,可分为事前审计、事中审计和事后审计。……它们不是同一审计过程的三个审计阶段,而是整个审计监督机制的三个不同的审计类别。"❺但是,在杨汝梅那里,事前或事后审计却成为国家权力监督的重要途径和决定审计范围的重要因素:

国家财政收支,事前有立法院议决之法律及预算,以为标准。执行时又有各

❶ 杨汝梅.会计与审计[M].上海:中华书局,1932:377.

❷ 杨汝梅.论世界各国审计新制及吾国审计制度(上)[J].银行周刊,1928,12(40):32-38.

❸ 杨汝梅.会计与审计[M].上海:中华书局,1932:365.

❹ 厉声和,虞文钦.现代审计学概论[M].广西人民出版社,1987:93.

❺ 张振文,曾永华.审计学原理[M].北京:中国经济出版社,1992:61-62.

部长官之行政监督,及财政部之财务行政监督,审计院即加入事前干涉之权限,其范围亦甚狭隘。故审计机关之职务,惟事后监督无限制,事前则无论何国,均只能行于一部分,以为行政机关之辅助。❶

也就是说,对于国家财政收支,审计院的事前审计权力有限,唯有事后审计的空间无限。所以,审计范围重在事后审计。尽管理论上事前审计能够杜绝损失,其社会价值更高,但是鉴于作为审计依据的预算已经接受了立法及行政监督,审计的介入不便过多,故而事后审计才是审计范围的主体。

不过,从杨汝梅给审计院院长于右任的回信中,可以知道,他心目中的"审计范围"即"监督财政的方法",他认为:"窃维审计院监督财政之方法,原分为兼行事前监督及专行事后监督之两种。……汝梅仅主张对于国债一部分,施行事前监督,现在国民政府为委员制,审计院长亦得由政府常务委员兼任,实行事前监督。"❷也就是说,事前或事后监督既是财政监督的方式,也属于审计范围。

(四)关于中国审计制度的法系归属问题

综观世界各国,不同的法系,法律制度之间差异较大,优劣不同。中国的审计制度建构及完善,借鉴哪一个法系更合适呢,这是杨汝梅长期思考的一个学术话题,也是审计法制实践问题。对此,杨汝梅认为:

考世界各国审计制度,可大别为二派,一为英美派、一为大陆派。……大陆派又分为二系……德国审计不有司法实权,纯取评判态度,其批驳之结果,除随时通知各部长官,请其执行及注意外,并报告国会及元首,以待最后之裁断。然法系审计偏重法令形式,颇多具文,而德系审计注重事实,对于不经济之支出,即不违反法令,亦得加以批驳。此又德系优于法系之点也。吾国审计制度,虽应折衷各系,舍短取长,而不经济之支出层见迭出,究以采取德系审计之精神为宜。❸

上文的意思是:综观世界各国审计制度的法系,主要是英美和大陆两派,这两大派又各分两小派。在杨汝梅看来,中国的审计制度尤其应该吸纳德国的精神。的确,自近代以来,德国法以体系完整、用语精确等特点闻名世界。民国时期,中德关系友好,立法效仿德国居多,审计制度也不例外。杨汝梅的这一主张,

---

❶ 杨汝梅.论世界各国审计新制及吾国审计制度(上)[J].银行周刊,1928,12(40):32-38.

❷ 杨汝梅.论世界各国审计新制及吾国审计制度(下)[J].银行周刊,1928,12(40):40-46.

❸ 杨汝梅.论世界各国审计新制及吾国审计制度(上)[J].银行周刊,1928,12(40):32-38.

站在世界法制发展的高度,选取优秀立法典范德国法为蓝本,是非常有见地的思想和智慧之举。

简言之,杨汝梅从审计组织的设置方法、审计院与相关部门的协作关系、审计范围的决定因素及中国审计制度的法系归属四个层面,将审计领域最核心的问题进行深入分析和思考,借鉴国外的经验,结合中国的实践,做了认真构想,展现了杨汝梅精湛的科研实力。

综上所述,杨汝梅是近代中国一位了不起的审计教育者、审计管理者、审计学者。在民国初期经济不景气、国家会计审计人才匮乏的背景下,杨汝梅义无反顾地创办审计讲习所,推进了民国审计教育的发展。同时,他将自己的专业知识又奉献给了国民政府从审计处到审计院直至审计部的审计管理事业,他钻研业务,不辞辛劳,甚至参与审计机构的筹建。最值得敬佩的是,杨汝梅自始至终对审计领域学术问题的关注和研究,对当时审计事业的发展起到了重要作用。

民国会计师徐永祚对审计的贡献

在近代中国中西交会的大背景下,首先在英美等国家发展起来的现代会计制度被引入中国,在一批接受了现代会计知识训练的会计专家的推动下,传统中国的旧式会计制度向现代会计制度转型。其中,会计师徐永祚(1891—1959年,字玉书,浙江海宁人)在会计师审计制度发展、改良中式簿记等方面作出了不可磨灭的贡献。徐永祚特别强调会计师的审计功能,宣扬由会计师进行会计审核对于工商经济发展的重要功能和意义。作为近代中国第一位专门执业的注册会计师,徐永祚在从事会计师业务过程中,积极探索会计审计程序、创制审计文书;提倡进行公共团体审计,并积极投身公共团体审计实务;大力倡导改良中式簿记,推动了中国近代会计师审计制度的发展。

一、人物生平

清光绪十七年重阳节(1891年10月11日),徐永祚出生于浙江省海宁县金石墩(今海宁市祝场乡)。先后就读于海宁达才学堂、浙江高等学堂。之后,考入梁启超主办的上海神州大学,主修经济科。1914年,徐永祚以优异成绩毕业。毕业后,经张公权(1889—1979年,金融学家)介绍,进入天津中国银行为练习生。1915年,神州大学开办银行科,徐永祚受聘担任教务。1917年,张公权创办《银行周报》,聘徐永祚为编辑;1918年,徐永祚担任《银行周报》主编,在该报专辟会计研究专栏,商讨改良簿记;业余之暇,撰写论著,介绍西式借贷簿记原理与应用及国外会计师业务和社会功能。1919年,帮助草拟交易所业务规程,厘订会计制度,训练交易所所员。1920年,担任上海证券物品交易所会计科长。❶❷

1921年9月,徐永祚在上海创办"徐永祚会计师事务所"(抗日战争时期改名为"正明会计师事务所"),是近代中国实际从事会计师业务的第一人。❸20世纪20年代,受聘担任国立上海商学院、复旦大学、光华大学等高校会计学教授。

❶ 会计界人物志:徐永祚会计师[J].信会计月刊,1939(3):13.

❷ 陈元芳.中国会计名家传略[M].上海:立信会计出版社,2013:410-411.

❸ 徐永祚.我国会计师事业之现状[J].经济汇报,1926(2):9.

1923年,出任上海国立暨南大学商学院会计学会名誉顾问。1924年4月,与吴应图、徐广德等7人共同发起,于次年3月成立了全国第一个会计师专业团体——中华民国会计师公会(1927年改名为上海会计师公会)。1925年,徐永祚参与了"五卅"运动社会捐款审计。同年,受聘担任北洋政府审计院设计委员。

1933年,徐永祚创办《会计杂志》月刊及会计人员训练班(1934年,训练班报经国民政府上海市教育局立案,更名为私立徐永祚会计补习学校)。5月,出版《改良中式簿记概说》一书,在中国商界和会计界掀起重视簿记改良浪潮。同年,参加中国计政学会,当选为理事。1934年,与卫挺生、潘序伦、奚玉书等51人发起成立中国会计学社,担任理事。1937年"八一三"淞沪会战后,参加上海抗敌后援会,义务担任总会计,经手上海人民支援前线捐献财物的进出证件和账册。1941年,倡导上海会计师公会休会,抵制汪精卫政府对注册会计师必须到伪政府登记的命令。1945年12月,徐永祚加入中国民主建国会。

抗战胜利后,在中国民主建国会地下组织的直接领导下,徐永祚在上海以"聚餐会"的形式,开展争取民主、反对内战的革命活动,影响和团结会计界同仁。1946年1月,民主建国会上海分会筹备委员会成立,徐永祚为筹备委员。同年11月10日,民主建国会上海分会召开成立大会,徐永祚被推选为监事。1949年5月民主建国会上海临时工作委员会成立,徐永祚被推选为特约委员。同年12月,扩大后的临工会,徐永祚仍为委员,并任财务处处长,后为财务委员会副主任。❶

1949年9月,徐永祚以自由职业界民主人士和著名人士身份参加了中国人民政治协商会议第一届全体会议,受到毛泽东、周恩来的接见。周恩来向毛泽东介绍徐永祚为全国著名的会计师,毛泽东幽默地称他与孔夫子是同行。新中国成立后,徐永祚投入筹备全国工商界建账运动。1956年社会主义改造开始,率先停办会计师事务所,参加公私合营。同年4月,当选为民主建国会第一届中央委员。1959年,当选为全国政协第三届委员。还曾担任华东军政委员会监察委员,当选上海市第一届、第二届人民代表大会代表。❷1959年9月14日,徐永祚

---

❶ 文舟. 一位会计师的民建会情结——追寻著名会计师徐永祚[EB/OL]. (2014-05-07)[2020-08-18]. http://www.shzgh.org/shmj2011/node632/node636/userobject1ai1738856.html.

❷ 陈元芳. 中国会计名家传略[M]. 上海:立信会计出版社,2013:411–412.

与世长辞,告别为之奋斗了近半个世纪的会计事业,享年68岁。

二、宣扬会计师的审计职能

在20世纪20年代,会计师在中国是一种全新的职业,一般人并不了解会计师是做什么的。徐永祚因感于社会人士对于会计师事业之性质及其效用不甚了解,故写作了《对于会计师职务之诠释》《会计师制度之调查及研究》《英美会计师事业》等论文、著作,介绍会计师的职业内容和意义,大力宣扬会计师职业。自此国人始知有会计师这一职业。其中,徐永祚特别强调会计师的查账——审计职能。

(一)引介国外会计师审计制度

会计师职业最早出现于英美。19世纪末20世纪初,西方的会计机构随着帝国主义列强的入侵和经济扩张而出现在上海等大都市的租界内。这些会计机构的会计师大多服务于外国商人,"国人仅于向租借会审公廨请求破产及清理时,或因会计纠葛而涉讼时,由公廨制定聘用耳"[1]。至徐永祚开始从事会计师事务的1921年,会计师职业在英国也不过才出现了四十年左右,国内取得会计师资格者仅有13人。[2][3]因此,国人对于会计师职业为何物茫然不知。社会上聘请会计师从事相关业务的也寥寥无几。徐永祚会计师事务所开业第一年受理的委托业务仅二三起。[4]同时,当时的会计师事务所组织简陋,制度不发达。有鉴于此,徐永祚专门撰写了《英美会计师事业》一书,介绍英美等国的会计师职业。

《英美会计师事业》一书分为"上编英国之部""下编美国之部"及"附录"三个部分。"英国之部"介绍了英国会计师的历史、英伦及威尔斯特会计师公会、会计师事务所的组织、会计师的业务、法律上之查账员。"美国之部"介绍了美国会计师的发展历史、有关会计师的法律规范、会计师公会、会计师事务所的组织、会计师的业务。"附录"介绍了日本的《会计士法草案》《会计士会章程》《会员资格试验

❶ 徐永祚.论会计师业并抒所感[J].上海总商会月报,1927(10):1.

❷ 李金华.中国审计史(第二卷)[M].中国时代经济出版社,2004:40.

❸ 徐永祚于1926年所作的《我国会计师事业之现状》演讲中则称:"至余于十月七日领执照时,相去三载,仅有十一人。"徐永祚.我国会计师事业之现状[J].经济汇报,1926(2):9.

❹ 会计界人物志:徐永祚会计师[J].公信会计月刊,1939(3):13.

规则》《实务修习规则》，以及中国的《会计师暂行章程》、上海会计师公会源起、《上海中华民国会计师公会章程》）。

关于会计师的业务范围，徐永祚介绍了英国会计师的会计检查业务。徐永祚指出"会计检查实彼邦会计师业之主要业务也"❶，阐明会计检查的含义"会计检查（Auditor）乃就他人所为之记账计算，检其有无误谬不正，而出具报告证明书者"❷，进而介绍了会计检查的目的、程序、方法、对象等。徐永祚还用一章的篇幅详细介绍了英国的法律上的查账员制度及英国往往由会计师担任查账员的事实，并指出由会计师担任查账员有利于会计事业的发展，"英国会计师业务之最主要者为会计检查，而会计检查业务之发展，则有赖于查账员职务之充任。故凡法律之强制或奖励以会计师为查账员者，胥足以助长会计师业之发达"❸。在介绍美国会计师职业时，徐永祚同样先介绍了美国会计师的会计检查业务，指出"彼邦会计算师盖多以会计检查为主要业务也"❹，并详细介绍了美国会计师进行会计检查的详细检查、贷借对照表检查。徐永祚特别介绍了美国法律对查账员的规定，指出除马萨诸塞州之外，并无法律明确规定查账员制度，更没有由会计师担任查账员的规定，其会计检查业务的发达主要是由于社会的实际需要及会计师自身的努力。❺

（二）廓清会计师的职务范围

徐永祚认为"会计师为具备会计上特种专门之学识与技术并相当之经验与阅历，受人委托以办理会计事务者也"❻❼。所谓专门之学识与技术是指以会计学为本质理论及其应用，如会计检查、成本会计、减价折旧等。会计师与一般个人、商店或公司雇用的记账员不同，"不专为特定之个人、商店或公司所雇用，而接受社会公共之委托，处于独立之地位，不为外界所拘束。虽亦属收受报酬而供给劳

❶ 徐永祚.英美会计师事业[M].上海:徐永祚会计师事务所,1925:116.

❷ 徐永祚.英美会计师事业[M].上海:徐永祚会计师事务所,1925:117.

❸ 徐永祚.英美会计师事业[M].上海:徐永祚会计师事务所,1925:159-160.

❹ 徐永祚.英美会计师事业[M].上海:徐永祚会计师事务所,1925:236.

❺ 徐永祚.英美会计师事业[M].上海:徐永祚会计师事务所,1925:237.

❻ 徐永祚.对于会计师职务之诠释[J].银行周报,1925(1):14.

❼ 徐永祚.论会计师业并抒所感[J].上海总商会月报,1927(10):2.

力者,但能本其自己之见解,以公平之态度,自由行使其职权"❶。会计师的业务
范围包括会计设计、管理、查核、证明、鉴定及其他各种附随业务。

以往人们对于会计的理解比较狭隘,仅视会计为会计管理,即管账。徐永祚
则提出会计应有会计之设计、管理与检查三部分。"设计云者,创拟一定之法则以
为整理会计之准绳也。检查云者,查核会计之实际,以坚外界之信用也。"❷这就
扩展了人们对会计的认识,扩大了会计师的职务范围。进而,徐永祚认为会计学
是"为研求损益或财产之实质及其价额之专门学问"❸。会计学的研究应当包括
会计设计、会计管理、会计检查三部分。

会计检查即是审计,具体为会计师的职务内容则是查账。徐永祚认为在当
时中国账簿之组织简陋,弥缝便利,即明知其有弊窦错误而常苦检举之无术的情
形下,更需要建立会计师查账制度。❹查账是会计师职务的重要内容,"会计师之
职务种类繁多,凡关于会计之组织、查核、整理、证明、鉴定及和解各项事务均得
办理之。但其最重要者则为查账"❺。会计师的查账事务具体而言包括:公司制
会计簿册及每届结账时之贷借对照表应由会计师检查证明;公司当解散时之清
算事务及破产时之管财事务应由会计师执行;公司当募集公司债时之公告事项
应由会计师检查证明;国有营业及政府给予补助金或附有股份事业之会计,应由
会计师检查证明;公共团体及慈善事业之会计,应由会计师检查证明。

(三)准确认识会计师的职能

关于会计师的功能,当时一般人往往误以为会计师以检举或查察会计上之
不正或欺诈事件为职务。徐永祚明确指出这种观点是不恰当的,会计师的真正
任务是"依据会计学之原理,查核各种事业之损益计算是否正当,财产估价是否
正确,应就本期之损益计算详加推考,并与前期之损益计算相比较,而研究其相
同或相异之理由,若发现其事业不克维持预定之利益时,当调查其因果,而筹谋
救济之方,并进而阐明其财政之真相,而与经营者以相当之警告及指导,谓为事

---

❶ 徐永祚.论会计师业并抒所感[J].上海总商会月报,1927(10):2.

❷ 徐永祚.吾国会计师制度设定之必要及其推行之方法[J].银行杂志,1923(2):2-3,5.

❸ 徐永祚.论会计师业并抒所感[J].上海总商会月报,1927(10):2.

❹ 徐永祚.吾国会计师制度设定之必要及其推行之方法[J].银行杂志,1923(2):2-3,5.

❺ 徐永祚.吾国会计师制度设定之必要及其推行之方法[J].银行杂志,1923(2):2-3,5.

业经营者之营业顾问,亦不为过"❶。在徐永祚看来,会计师职业的功能在于查核企业之财政状况,以为企业经营决策之依据,以坚固企业之社会信用,以保障工商业之健康发展。

徐永祚积极向社会宣扬聘用会计师从事相关业务的好处。"吾国大规模之公司,常易失败,以致资本家不敢投资,银行家不易通融。故公司每届结账之决算报告及募集债票时之公告事项,均须聘用会计师检查账目,以证明其会计之确实。至清算及管财事务,如由会计师担任,则无利害关系之冲突,亦所以昭实在也。此外,国有营业及团体事业之会计,应由会计师检查证明者,盖可以昭信于国民,并慎重国家之度支,而增进财政上之收入也。"❷以此来树立社会对会计师职业的正确认识,对促进中国近代会计师事业的发展作出了不可磨灭的贡献。

三、探索会计审计程序及文书

在中国会计师制度创始之初,会计师执业并没有详细具体的法规可资遵循,会计工作的基本程序和方法都是广大会计师在实践中探索形成的。徐永祚作为最早执业的会计师,在会计审计工作程序及文书的探索、创制方面走在前列。

(一)《委托书》《报酬约定书》

会计师接受委托而从事相关会计事务。会计师在接受会计委托时,需要与委托方签订委托书,以明确委托事项。同时,会计师从事会计服务获取一定的报酬,需要与委托方协定报酬事宜。这就涉及《委托书》和《报酬约定书》的签订。徐永祚为上海妙机公司作的企业注册事项,采用了自创的《委托书》和《报酬约定书》。

《委托书》设有"委托事件"一栏,由委托方填写委托事项并作出授权,印有"右列事件,今委托贵会计师办理,特立此委托书,送请徐永祚会计师存照"文字。落款由委托授权的公司经理署名,并加盖公司印章。《报酬约定书》是委托与受托双方商定酬金及付款方式后,由委托方填写付款金额和付款方式。印有"今因委托贵会计师办理代理公司设立注册事件,约定报酬:'洋壹百元,约定农商部核准

❶ 徐永祚.对于会计师职务之诠释[J].银行周报,1925(1):16.

❷ 徐永祚.聘用会计师查帐之利益[J].商业杂志,1927(2):3.

公文到时付半数,执照颁到时,再付半数。'""如有旅费及垫款等项,照章另行结算。除另立《委托书》外,特立此《报酬约定书》,送请徐永祚会计师存照。"落款由妙机公司经理署名,加盖公司印章。❶

这些审计文书都是徐永祚在从事会计审计业务时,结合会计审计原理和实务,逐步摸索创制出来的。后来,会计师执业有了统一规定的价格,《报酬约定书》也就无须再用,《委托书》也在原来格式基础上简化了很多。

(二)《查账报告书》《证明书》

会计师审查公司账目后要出具《查账报告书》《证明书》,登报公布。徐永祚在开展查账业务过程中,尝试制作了《查账报告书》《证明书》等审计文书。1925年7月16日,徐永祚与闻亦有会计师共同出具了《查核上海学生联合会账目第一次报告书》,其格式如图1所示。❷

(附注)按贷出款项计全国学生总会及上大学生会二款(系何秉彝烈士治丧费洋四十元余数被解散时紧急时借用之款)

该收支表详细列出了收入、支出各项的详细数字,令人一目了然。在报告书的最后写明:"右表所列各款业经本会计师等查对簿据,并检点实物无误。除收入捐款系筹款部经管,尚未查核外,支付各款均有执行委员长签字之支款证三联单及其他相当凭证可以核对。关于应行整理事项亦均随时提出业蒙采纳施行。据此足征右表所列收支均属确实。此证。"❸这段文字表明了会计师审核的依据,并对收支表的准确性作出论断。

在长期的查账业务中,徐永祚制作的查账证明书逐步定型,并成为当时广泛行用的格式文本。1927年5月,徐永祚为上海双轮牙刷公司融资完成账目审查后,出具了如下《证明书》:"兹已审核贵公司自丙寅年正月初五日起,至丁卯年正月初四日止,期间内之会计各项账簿及一切凭证,业已审核完竣。除分期出具《查账报告书》外,本会计师特证明:前揭《贷借对照表》及《损益计算书》确与账簿

❶ 李金华. 中国审计史(第二卷)[M]. 北京:中国时代经济出版社,2004:42-43.

❷ 徐永祚,闻亦有. 徐永祚会计师事务所徐永祚、闻亦有会计师查核上海学生联合会账目第一次报告书[J]. 民国日报·觉悟,1925(20):8.

❸ 徐永祚,闻亦有. 徐永祚会计师事务所徐永祚、闻亦有会计师查核上海学生联合会账目第一次报告书[J]. 民国日报·觉悟,1925(20):8.

及凭证之记载相符合;其中所列资产负债及损益各款,系属表示上开期间贵公司之确实财政状况及营业成绩。此证。"❶该证明书明确写明了所查账目的起讫时间、范围,并作出了简明、准确的结论。这种时间、范围、结论的三段式查证证明成为当时广为流行的规范格式。

支出项下						善后费			宣传费		援助工人		收入项下					会计科目
共计	实存 中国银行存款 现金	会内开支	贷出款项	赔偿	器具	惨案照片费	医药及收殓用费	诉讼费	宣传用费	津贴	直接发给	交付总工会	共计	杂项收入	会费收入	捐助学生会	捐助工人	
一三四一八一	五六九六五 一五一	四一○	一五四	二八四	二七二	二四六	三五	一四六	八三	六三三六			一三四一八一	九四	一一二	三三○六七	一○九○八元	银元
八八五	八八五	○○		○○	○○○			八八五	○○○	三○○			五八五					
一二七○七	二七九二○ 七四七	一二三	六一四	一四	九四八一二 一三七○	三一九		一二七○七	七	三四五四			一四五三角					银角
二五三六七六	一五二六一 四二四○	九	一九	二六四七四 一○三三○	四四六二		二五三六七六	一○	七二	一三五○四一	三八五三三							铜元

图1 上海学生联合会收支表(民国十四年六月二日起至二十八日)

四、提倡并参与公团审计

(一)对公团审计的提倡

所谓公团审计即社会公共团体会计的公开检查。徐永祚指出近世诸国公共

---

❶ 徐永祚事务所资料,上海市档案馆藏。转引自李金华.中国审计史(第二卷)[M].北京:中国时代经济出版社,2004:43.

团体之会计多以委托会计师为原则。❶在《英美会计师事业》一书中,徐永祚介绍英国会计师会计检查职能时提到,在英国"公共机关团体及私人会计之由会计师为之检查者亦比比皆是。近年伦敦之组合银行,殆无一不受会计师之检查者。各慈善团体之会计,亦几无一不由会计师为之证明者"❷。徐永祚还提到一九二三年日本大震灾时,日本会计师公会曾发表宣言,列"慈善财团会计之检查证明"为应推广职务之一。❸

徐永祚认为由会计师承担公共团体审计任务有其必要性。"其承办公共团体会计,凡计算记录及理论技术上错误失实,均得公平的为之批谬纠正。正确之收支管理则为之负责证明。在公共团体方面,得所指导,益以保证,其会计之整理既可靠,对外之信用自昭著,捐款易集,办事顺手,不待言矣。在社会方面,公团会计得相当之监督与公示,则公款可免虚耗,捐助尽为实用,而亦乐于输将矣。故以效益言,足助长公益事业之健全进展。"❹故而,徐永祚主张以法令强制公益慈善等公共团体之会计由会计师为之检查证明。❺

在徐永祚的呼吁倡导下,公共团体审计逐步为社会所重视。国民政府时期,聘请会计师进行会计检查的公共团体日益增多,公团审计也逐渐成为会计师的重要业务。

(二)亲自参与公团审计

徐永祚作为当时上海著名的会计师和会计专家,主持了众多公共团体的会计检查,对公益事业的健康发展,甚至近代中国工人的反帝爱国运动都作出了贡献。

1925 年 5 月 30 日,"五卅"运动爆发后,社会各界纷纷筹款救助罢工工人。当时罢工、罢课、罢市已过半月,罢工工人毫无生活来源,遇难群众家庭正待接受救济,但捐款账目尚未审计。❻而不法分子为了破坏和捣乱,竟伪造收据招摇撞

---

❶ 徐永祚. 公团会计公开检查之必要[J]. 银行周报,1925(29):3-4.

❷ 徐永祚. 英美会计师事业[M]. 上海:徐永祚会计师事务所,1925:116-117.

❸ 徐永祚. 公团会计公开检查之必要[J]. 银行周报,1925(29):3-4.

❹ 徐永祚. 公团会计公开检查之必要[J]. 银行周报,1925(29):3-4.

❺ 徐永祚. 公团会计公开检查之必要[J]. 银行周报,1925(29):3-4.

❻ 李金华. 中国审计史(第二卷)[M]. 北京:中国时代经济出版社,2004:44.

骗,污蔑上海总工会干部中饱私囊。[1]上海会计师公会向社会发函,主动承担起统一领导审查捐款账目的工作。1925年6月25日,上海会计师公会向上海总商会发函表示:"凡关于'五卅'惨案会计事务,委托敝会会员承办者,一律义务受理。"[2]

此后,上海总工会、学生联合会聘请徐永祚会计师事务所的徐永祚、闻亦有会计师共同审核捐款账目。经过认真比对审核,7月16日徐永祚与闻亦有出具了查核上海学生联合会账目的第一次报告书,详细列明了各款项的收支情况[3];8月12日徐永祚在上海《民国日报》发布具名启事,证明上海总工会"所列收支确与簿据之记载符合"[4],有力地回击了敌对势力对工人运动的阻挠和破坏。

此外,徐永祚还对上海商会、中华麻风病救济会、中华学艺社等公共组织的账目进行了审查。1930年代初,上海商会聘请徐永祚协助清理商会财务,徐永祚按照会计年度出具了《账目报告书》和《账目说明书》。[5]1937年,徐永祚对中华麻风病救济会暨附设中华麻风疗养院1936年度的账目进行审查,编制收支决算书、资产负债表,并加具说明书。[6]1946年,徐永祚对中华学艺社1945年度的账目进行了审查。[7]

五、改良中式簿记

(一)改良中式簿记主张的提出

古代中国会计一直沿用单式簿记与"三脚账""龙门账"和"四脚账"等中国的复式簿记。徐永祚最初接触西式簿记时,认为应当以西式簿记取代中式簿记。

❶ 陈元芳.中国会计名家传略[M].上海:立信会计出版社,2013:417.

❷ 李金华.中国审计史(第二卷)[M].北京:中国时代经济出版社,2004:45.

❸ 徐永祚,闻亦有.徐永祚会计师事务所徐永祚、闻亦有会计师查核上海学生联合会账目第一次报告书[J].民国日报·觉悟,1925(20):8.

❹ 郑瑛.五卅风云的历史见证:刘少奇在五卅运动中[N].联合时报,2015-06-02(007).

❺ 参见《徐永祚会计师审查上海市商会第六会计年度账目报告书》《徐永祚会计师审查上海市商会第六会计年度账目说明书》,《商业月报》1936年第6期;《徐永祚会计师审查上海市商会第七会计年度账目报告书》《徐永祚会计师审查上海市商会第七会计年度账目说明书》,《商业月报》1937年第6期.

❻ 徐永祚.审查中华麻疯救济会暨附设中华麻疯疗养院民国廿五年度账目报告书[J].麻疯季刊,1937(2):36.

❼ 徐永祚.审查中华学艺社民国三十四年度帐目报告书[J].中华学艺社报,1946(1):72.

但在会计业务中,他发现西式簿记过于复杂而不为社会一般人所认识和接受。在经过调查工商业界中式簿记使用情况后,他认为中式簿记并非一无是处。中式簿记具有理论浅显、方法简便、通俗易晓、节省经费等优点。但也存在账户无一定之分类、账簿无一定之组织、账簿无一定之格式、账法无一定之规律的缺点。❶

因此,徐永祚倡导改良中式簿记,主张在保存中式簿记核算形式的前提下进行改良,把借贷记账法的优点融合到中式收付簿记之中。为此,徐永祚撰写了《改良中式簿记概说》一书,共有绪论、改良大纲、账户分类、账簿组织、账簿表单格式及登记法和记账规则6个部分,详细论述了改良中式簿记的观点,"采取世界最新学理,根据中国固有制度,以最经济最合用之方法,改良中式簿记"❷。

(二)改良中式簿记的具体举措

在《改良中式簿记概说》中,徐永祚列出了改良中式簿记的10条大纲。其主要内容是:一是要使会计整理明确,须采用新式会计与复式簿记之原理原则,中式簿记法中理论及法则与复式簿记法相符者,仍照旧沿用。❸

二是中式簿记的上收下付,有如西式簿记的左借右贷,两者记载分明的特质并无不同,区别在中西文字书写方向不同。中式簿记既以中文记载,应仍按上收下付的账簿格式直写。

三是中式簿记的转账,如同复式簿记的分录。中式收付簿记法,以现金为主;复式借贷,以科目为主。是中西创造记账法者的见解不同所致,无优劣之分。中式的收付,比西式的借贷更通俗易懂,故改良方案仍照旧沿用。

四是改良中式簿记仍沿用四柱结算法,能够表现一个时期收付的比较、经过及结果,在效用上优于西式簿记中仅能表现一个期间借贷结果的平衡试算法。

五是中式簿记大都以全写数字记账,在数字间注明十、百、千、万等位名,较西式簿记以阿拉伯数字记账,不免费时又多占账簿空间。改良中式簿记是否以全写数字记账,由记账者自行决定,不加限制。

六是中式账簿栏目简单,不编页码,不注明过账页,不仅查核不便,且账页丢

---

❶ 徐永祚.改良中式簿记概说[M].上海:人文印书局,1933:2-3.

❷ 徐永祚.改良中式簿记概说[M].上海:人文印书局,1933:5.

❸ 徐永祚.改良中式簿记概说[M].上海:人文印书局,1933:9-12.

失无从查考。宜仿照西式簿记,将各账簿订定格式,编定页码,注明过账页,并在每本账簿后详附登记方法。

七是中式簿记使用"过""误记""两讫"等戳记,和西式簿记使用销号(√)、双划线(=)及划斜线(/)等符号的意图相同,故可保留。中式账簿记录中的"对销"或"销"及"清讫"或"讫"字戳记,废弃不用。

八是中式簿记的记账不分项目,无适当分类与名称,原始记录也不分项目,转记时过入何项何目,全由记账员处置。以致混淆不清、勾稽不易。应根据工商业收付的不同性质,对中式簿记账户进行分类。

九是中式账簿组织漫无系统,或重复,或残缺,彼此不连贯,名称不统一,不能正确表现工商业财务状况与营业成绩。应借鉴西式账簿,规定账簿组织体系。

十是中式簿记的记账制度无一定之规则,自由度大,致使记账程序颠倒紊乱,流弊百出。改良中式簿记须对记账制度与程序作严格详细之规定。

为推广改良后的中式簿记,方便实务界运用,徐永祚拟定了账簿表单三四十种,交由标准账表文件制售所发行。为了宣传账簿使用方法,徐永祚于1934年8月聘请顾凌云、潘士浩两位会计师开办了"改良中式簿记"函授班;1935年1月,与上海市高商会计学校联合兴办中式簿记讲习科;1937年,与上海商业职业学校联合开办所得税研究班、改良中式簿记班,讲授中式簿记的账理、账法,培养中式簿记人才。徐永祚还帮助企业设计会计制度,指导它们运用改良中式簿记,经他设计指导、实行改良中式簿计的企业不下400家,使改良中式簿记得到有效推广。❶

徐永祚改良中式簿记的主张在当时中国旧有会计簿记仍然盛行、工商业会计人员素质不高的背景下,适应了当时工商业会计业务的实际需要,一定程度上促进了中国旧有会计制度向现代会计制度的转变。正如学者所言,徐永祚的这套改良后的中式簿记"吸收西方借贷会计之长,补我国单式收付簿记之短,把单式收付簿记改造成为复式收付簿记。它简便通俗,易于掌握和操作,适应了当时旧式账房先生的记账习惯,对于加强会计核算工作,提高工商企业经营管理水平,促进我国经济的发展,是起过一定作用的"❷。

---

❶ 方圆. 中式簿记改良倡导者:徐永祚[J]. 财会通讯,2012(6):117.

❷ 赵友良,朱肖鼎. 值得纪念的中式簿记改革家——徐永祚[J]. 上海会计,1991(3):34.

　　徐永祚会计师不仅以毕生精力从事会计师职业,推动了近代中国会计制度的进步,而且对于国家社会的发展,也倾注了大量心血。他主持"五卅"运动捐款审计,粉碎了敌对势力破坏工人运动的阴谋;他参与淞沪会战后抗战捐款物资的会计审计,因此被捕入狱;他主张上海会计师公会休会,抵制汪精卫伪政府;他积极投身新中国会计事业发展。在历史发展的紧要关头、在大是大非面前,徐永祚都作出了正确的抉择,彰显了一代会计大家的高尚品格。徐永祚曾经这样自我评价:"余生平无专长,惟勤奋与忠诚耳;勤奋可以创业,忠诚可以守成。"❶"无专长"是先生自谦,他对于会计事业的勤奋,对于国家和人民的忠诚,足资后人模范。

---

　　❶会计界人物志:徐永祚会计师[J]. 公信会计月刊,1939(3):110.

民国会计师谢霖的审计贡献

在民国会计发展史上,谢霖占有极其重要的地位,他是中国第一位注册会计师,也是中国会计师制度和会计师事务所的创始人。故有学者认为:"谢霖先生是对中国会计有重大影响的先驱人物,由于他的努力,至少创下了中国近代会计师史上的四个第一。"❶然而,审计与会计同根同源,"审计一词,从字义上讲,'审'就是审查,'计'就是会计"❷。审计是会计师职责的重要组成部分,因此,谢霖在会计师等方面的努力,一定意义上也是对审计事业的贡献。鉴于此,有些史料记载:"谢霖,中国著名的会计学家,审计学家。"❸本文试图从审计的角度,梳理和探讨谢霖先生的历史贡献。

一、设计会计师制度,奠定审计制度基础

作为著名的会计师,谢霖的首要贡献当在会计师制度设计方面,以此对会计师的资格条件、工作程序等予以规范。而会计师的主要职责在于民间审计或社会审计,因此,会计师制度实际上也是审计制度,为审计人才的选拔提供了规范基础。那么,谢霖为何想到设计会计师制度呢,还得从他的专业及其兴趣说起。

(一)苦读商科,重视法律

谢霖1885年出生,江苏常州武进人,"在父母的熏陶下,从小勤奋好学、孜孜不倦,记账余数过目不忘,被当地誉为'小灵童'"❹。可以说,谢霖天生就有会计师的禀赋。1905年,面对内忧外患的中国,20岁的谢霖立志知识救国,他东渡日本,专攻商科,随即开启了学习和研究国外先进会计及审计知识的模式,并为他后来的人生发展奠定了基础。当然,除了会计,谢霖还广泛涉猎了财政学、经济学、法学等专业知识,从而使他对会计学与审计学的认识水平不断提升。

---

❶ 汪一凡.会计那些事儿[M].上海:立信会计出版社,2011:8.

❷ 关振宇,刘伟.审计理论与实务[M].北京:国际文化出版公司,1996:1.

❸ 田雍,等.审计百科全书[M].北京:地震出版社,1993:36.

❹ 谢贤升.家族文化与谢氏研究[M].福州:福建人民出版社,2008:218.

值得一提的是,谢霖是跨越法律与会计的复合型人才,他"早年留学日本,先习法律,后攻商科,并取得硕士学位"❶。从日本学成回国,谢霖再中商科举人,历任大清银行总司长、交通银行总秘书、财政部特派员等职,"谢霖不仅著书介绍,还实际参与了银行会计改良"❷。他将大陆法系的会计学知识及思想传入中国,改革中国的会计制度,构建中国的会计师也即审计人才制度。史料记载:"1906至1917年间,中国会计、审计专家、教育家谢霖集中精力对大清银行、中国银行旧会计制度进行改革。"❸这里,20世纪初期的谢霖就被称为"审计专家",表明谢霖在审计方面所做的贡献。其中,1909年,"大清、交通两行当局慕名延聘年仅24岁的谢霖担任两行总司账,肩负改革两行会计的历史使命",足见谢霖的业务能力之强。

民国初年,国内政局动荡,谢霖追随孙中山先生,积极投身革命,受聘担任广州大元帅府会计长。1935年,谢霖担任四川财政特派员,整理四川财政。总体上,谢霖的职业生涯主要是在商科领域的财政管理。兼有法律与会计知识于一身的谢霖极力倡导制度管理,依法管理财政领域。其中,涉及财政监督的会计审计工作当然需要依法施行,有如学者所言:"民国时期,审计界学者也积极探索民间会计师审计的法制化和规范化。"❹谢霖就是典例,民国初期,在谢霖的极力推动之下,会计及审计逐渐步入法律化的进程。1914年3月,北洋政府财政部颁布《会计条例》,后改名为《会计法》。5月诞生的《中华民国约法》规定:国家岁入岁出之决算须经审计院审定后,由大总统提出报告于国会。在会计法及民国约法的影响之下,《审计法》10月颁布,这是中国有史以来第一部审计法,意义非凡。到国民政府时期,谢霖一如既往地重视会计和审计的制度化建设,他多次就法律与会计的关系进行了论述,如表1所列。

---

❶ 戴文鼎,喻诚然.会计学家谢霖教授//成都市政协文史学习委员会.成都文史资料选编(教科文卫卷下 人物荟萃)[M].成都:四川人民出版社,2007:278.

❷ 宋丽智.民国会计思想研究[M].武汉:武汉大学出版社,2009:28.

❸ 李金华.中国审计史(第二卷)[M].北京:中国时代经济出版社,2004:38.

❹ 方宝璋.民国审计思想史[M].北京:中央编译出版社,2010:39.

表1 谢霖就法律与会计关系论述概览

法律与会计	论述的内容	刊载期刊
工商业会计与法律之关系	国民政府成立以来,各种法律,渐经颁布,其中关于会计事项,规定亦复不少,因此工商业之会计,对于法律关系,亦见密切,爰将会计与法律之关系,一道述之	《四川经济月刊》1935年第4卷第6期
法律、国文与会计之关系	盖自国民政府成立以来,公布法律已多,设不注意,失败随之	《光华大学半月刊》1936年第4卷第10期
会计法律与工商业	近世以还,社会随经济以进化,竞争又为进化之前提。于是人与事物,各有应守之规章,法律遂日趋于严密之境域。而所谓"法治国"三字成为世界上术语。工商业在法治国中亦有应守之法律	《汉口商业月刊》1937年新第2卷第1期

由表1可知,谢霖长期关注会计与法律的关系问题。自1935年开始,他连续三年在当时的重要学术期刊上发表文章,强调近代社会以来,法律的地位越来越凸显,无论是工商业还是会计人员,都应遵守法律,"法治国"是世界主流。而且,在谢霖看来,正是基于会计与法律之间的密切关系,所以极力主张政府应该建立相关的会计制度,其本人帮助政府"设计各行各业会计制度数十种"[1]。当然,谢霖指出:"制度要简而易行,不要繁冗,不要搞复杂化,不要花了力气不讨好,要做事半功倍的工作。"[2]简言之,谢霖专注于商科,喜欢法律,具备设计会计师制度的专业知识和技能。

(二)上书政府,拟建制度

谢霖回国后,从事一段时间的财务工作实践,使他切身感受到国内财务管理在人才队伍及其制度方面存在诸多问题,严重阻碍了现有经济的发展,甚至在一定程度上还受到外国势力的欺凌。可以说,当时的中国,没有专门机构"独立公

---

[1] 商衍赤.怀念谢霖先生[J].财会通讯,1984(5):2.

[2] 戴文鼎,喻诚然.会计学家谢霖教授//成都市政协文史学习委员会.成都文史资料选编(教科文卫卷下 人物荟萃)[M].成都:四川人民出版社,2007:280.

正地为社会公众进行审计查账,提供会计咨询的公共会计师。一切对外经济纠纷、诉讼案件要听(国外)公共会计师意见的,都要受在中国开业的外国公共会计师事务所的操纵,这些机构往往使华商无端遭受欺侮和经济损失"❶。对此,谢霖深感痛心,下定决心改变这一现状。谢霖认为会计师极为重要,将会计师比作医师、工程师和律师,可以防微杜渐,审查会计账目的真实可靠,获得社会的公信力。

> 以医师比仿,人有疾病,固须延医诊治,方能痊愈,不患病时,亦宜临时检查身体,籍以保其健康;以工程师比仿,建造房屋,必须延工程师,为其设计,监造平日亦宜时常检查修理,俾使维持永久;以律师比仿,发生诉讼,必须延请律师,代为法律上之主张,平日亦宜遇事顾问,庶不致或违背法律。"但凡事业之会计,非经会计师之查核证明,不足见信于社会,即经查核证明,如有虚伪不实,会计师即应负其责任。❷

谢霖在谈到会计师对工商界的重要性时,再次将会计师比作医师、工程师和律师:"会计师与工商界,犹如疾病之于医师,建筑之于工程师,诉讼之于律师,关系密切,非偶然矣。(一)技术之作用。如营养预计决算,及成本计算等作用,皆属此种范围;(二)监督业务之作用。"❸这里的"监督业务",是指会计师的审计职权,实际上谢霖旨在强调审计监督对于经济活动的意义。而中国当时还没有会计师制度,谢霖试图补齐中国在这方面的短板。

于是,1918年6月,谢霖上书北洋政府,呈请当时的农商和财政两部,建议拟订"中国会计师制度",开设会计师事务所。谢霖认为:"会计师之作用,即为无论何种事业,必须先立会计制度,以为管理准则,而于平日及每届决算之时,及必须有超然之人为之检查,籍以察其会计有无不当,以及有无作弊情事。""至会计师之职务,无论稽核、调查、整理、清算、证明、鉴定,在在皆须夺定公正之态度,不能稍涉偏私。"❹显然,会计师的作用发挥在财务决算、稽核、调查、整理、清算、证明、鉴定等方面,这些方面实为审计工作。因此,谢霖在会计师制度方面的设计,其

---

❶ 宋丽智.民国会计思想研究[M].武汉:武汉大学出版社,2009:67.

❷ 谢霖.中国之会计制度[J].商学研究(上海),1948(7):1-7.

❸ 谢霖.会计法律与工商业[J].汉口商业月刊,1937(1):32-35.

❹ 谢霖.中国之会计师制度//魏文享.民国时期之专业会计师论会计师事业(资料汇编)[M].武汉:湖北人民出版社,2011:102,109.

实也是为审计工作服务的。

谢霖的请求很快得到批准，并且受托起草了《会计师暂行章程》10条。北洋政府在批示里对谢霖的举动予以肯定："呈暨章程均悉，该具呈人拟创会计事务所，承办计算事业，便商利民，自属可行。详核所拟章程，大致尚安，应暂行准予立案，俟将来订有专章，仍应遵照，章程存，此批。"[1]有学者认为，谢霖的这一上书之举是"为了维护主权和民族利益"[2]，其意义很高。的确，"谢霖先生为维护民族利益，抵制西洋的会计师事务所包揽我国上海和大城市的民间审计、审计事业的侵略势力，于1918年上书呈请推行执业会计师制度"[3]。1918年9月7日，谢霖起草的《会计师暂行章程》10条正式公布，规定了会计师的学历资格及实践经历[4]、禁止性条件[5]、执业手续、执业范围及执业纪律，成为建立企业财政监督专业化队伍的首份重要文件。

根据该章程，会计师的执业范围为：账簿设计、账目审核、财务整理、会计证明、会计鉴定及经济纠纷和解事项。其中，"账目审核"与"会计鉴定"就是民间审计业务的内容。根据谢霖回忆，他呈送北洋政府的原始章程第一条即是会计师的执业范围："应个人或官署公司银行商号之委托，办理左列各项事务，负相当之责任。一、检查账目，并出证明书。二、清算账目，并制报告书。三、规定会计规程，及账簿之组织。四、编制统计报告。五、答复关于会计之咨询。"[6]这里的前两项"检查账目"与"清算账目"实际上就是审计的执业范畴。可见，谢霖在会计师制度设计的时候，对审计工作的重视程度之高。

从内容上看，《会计师暂行章程》也是关乎民间审计的制度，因此，《会计师暂

---

[1] 杂项：批谢霖创设会计事务所缮具章程请予立案照准文[J].财政月刊,1918,5(55):1.

[2] 宋丽智.民国会计思想研究[M].武汉：武汉大学出版社,2009:59.

[3] 施健行.谢霖简介[J].上海会计,1991(2):30-31.

[4]《会计师暂行章程》第一条规定：会计师须"在本国或外国大学商科或商业专门学校三年以上毕业，得有文凭者"；或者"在资本50万元以上之银行或公司充任会计主要职员五年以上者"。蔡鸿源.民国法规集成(第25册)[M].合肥：黄山书社,1999:310.

[5]《会计师暂行章程》第二条规定：有下列情事之一的，不得为会计师：(一)受禁治产及准禁治产之宣告者；(二)受剥夺公权之处分者；(三)因损害公私财产受夺权或除名之处分者；(四)曾受破产之宣告尚未复权者；(五)曾受五等以上之徒刑者。蔡鸿源.民国法规集成(第25册)[M].合肥：黄山书社,1999:310.

[6] 谢霖.中国之会计师制度//魏文享.民国时期之专业会计师论会计师事业(资料汇编)[M].武汉：湖北人民出版社,2011:103.

行章程》被称为中国第一部民间审计法规,而"谢霖是我国第一部民间审计法规《会计师暂行章程》10条的执笔人"❶。还有学者认为:"谢霖起草了《会计师暂行章程》十条,这就是我国的注册会计师制度的起源。"❷而注册会计师的主要职责就是民间审计,可见,谢霖对民间审计制度设计的贡献之大。"虽然,这一章程难免存在很多不足之处,但是,谢霖推进会计师制度法制化这一思想,将会计师概念引入中国,促使中国会计师事业从萌芽到兴起,可以说功不可没。"❸从审计的角度出发,《会计师暂行章程》十条的出台,意味着中国民间审计或者社会审计制度的问世,为后世立法奠定基础。民国时期,会计师法规几经修订,不断完善(表2)。

表2　民国时期会计师法规的修订概览

序号	日期	名称
1	1918年9月7日	《会计师暂行章程》
2	1923年5月3日	《修正会计师暂行章程》
3	1927年8月27日	《会计师注册章程》
4	1929年3月25日	《会计师章程》
5	1930年1月25日	《会计师条例》
6	1935年5月4日	《会计师条例》(修订稿)

尽管会计师法规不断修订,但是会计师的审计职能没变。如1935年5月4人的《会计师条例》第一条第一款规定:"关于会计之组织,管理,稽核,调查,整理,清算,证明,鉴定事务。""盖因会计师当须为人鉴定诉讼账目,出庭说明,法院有时亦可指定会计师诉讼账目之鉴定人。"❹这里,稽核、调查、证明、鉴定仍是审计的共同职能。

概言之,由于审计业务的开展与会计师的专业素质和职业操守是分不开的。

❶ 施健行. 谢霖简介[J]. 上海会计,1991(2):30-31.

❷ 常法亮. 谢霖与中国近代会计制度的诞生及影响[J]. 兰台世界,2014(10):77-78.

❸ 宋丽智. 民国会计思想研究[M]. 武汉:武汉大学出版社,2009:69.

❹ 谢霖. 中国之会计师制度//魏文享. 民国时期之专业会计师论会计师事业(资料汇编)[M]. 武汉:湖北人民出版社,2011:107.

《会计师暂行章程》从会计师的商科法律资格、实践能力经验、品德信用修养等方面进行规定,以确保审计业务的顺利及高质量开展,这也是谢霖先生设计会计师制度的初衷,开启了审计人员管理的先河。

二、组建会计师事务所,开展民间审计业务

会计师制度是对审计人才进入职场的条件及程序的要求,但是会计师的业务开展离不开专门机构的管理,于是,会计师事务所应运而生。会计师事务所从事的审计业务主要是审查会计账目、证明与鉴定会计事项。按照谢霖的解释,"中国会计师之实际业务,大抵偏于每届决算之查核账目及公司登记事务之代办。……近来内地法院,凡遇钱财账目争执之案件,亦当有委会计师为鉴定者,是在承审推事,既可节省光阴,亦易得到平允"[1]。而审计业务的质量好坏,不仅取决于会计师的职业操守,也受会计师事务所的管理水平影响。谢霖认为"会计师与医师相仿,非有相当人力,及相当设备,不能执行业务,于是有集团执行之法,即若干会计师,合设一事务所,犹如若干医生合开医院者"[2]。这里的"会计师集团"也即"会计师事务所"。在谢霖看来,会计师必须依托于会计师事务所,才能开展包括民间审计在内的各项业务。

"我国的民间审计是在20世纪初从国外演进过来的。中华民国时期,封建帝制被推翻,我国民间审计的发展进入了近代的改良时期。"[3]而近代中国民间审计的兴起与谢霖有密切关系。《会计师暂行章程》颁行后,谢霖开始组建会计师事务所,开展民间审计业务。其实,1918年6月,谢霖在向北洋政府请求建立会计师制度的同时,也申请设立会计师事务所,以"应时世之要求,用特远法各国专门会计师之成规,近效上海佐克时之先例,设会计事务所于京师,以应公众关于会计事务所之委托……"[4]同样在9月份,北洋政府发给谢霖第1号注册会计师证

---

[1] 谢霖. 中国之会计师制度//魏文享. 民国时期之专业会计师论会计师事业(资料汇编)[M]. 武汉:湖北人民出版社,2011:114.

[2] 谢霖. 中国之会计师制度//魏文享. 民国时期之专业会计师论会计师事业(资料汇编)[M]. 武汉:湖北人民出版社,2011:113.

[3] 李俊林. 审计理论与实务[M]. 上海:复旦大学出版社,2015:4.

[4] 谢霖. 中国之会计师制度//魏文享. 民国时期之专业会计师论会计师事业(资料汇编)[M]. 武汉:湖北人民出版社,2011:103.

书,也批准了谢霖设立会计师事务所的请求。根据学者的考证:

中国最早的会计师事务所"谢霖会计师事务所",经北洋政府农商部、财政部的批准许可,在1918年7月16日的《政府公报》上刊登广告正式成立。此后同年9月7日,中国最早的关于注册会计师的法规《会计师暂行章程》以农商部令形式颁布,基于此章程的规定,农商部10月22日向谢霖发行了第一号会计师证书。以"自上而下的""法规制的"形式形成了中国的注册会计师制度。❶

1918年,谢霖在平津地区组织创办了中国第一家会计师事务所——正则会计师事务所。该事务所职能范围是接受委托培训会计、审计人才,创立新的会计和审计制度,开展民间审计业务,作撰有关商事文件,代办纳税登记等。这就"标志着近代中国注册会计师职业登上历史舞台,从此结束了洋人独霸中国民间审计业务的局面"❷。因为"注册会计师审计又称民间审计或社会审计,是经过政府有关部门审核批准的注册会计师组成的会计师事务所进行的审计"❸。由此,谢霖"也是我国第一家民间审计机构的创业者和带头人"❹。随后,《会计师暂行章程》等有关会计师的相关制度相继出台。"民国时期,中国会计师与会计师事务所在执业中,从无到有、从小到大,走出了一条艰辛而又富有特色的创业之路。"❺其中,谢霖就是"拓荒者",他所创办的正则会计师事务所,开创了中国注册会计师事业的先河,也即最早创办的专业社会审计机构,他制定了配套法规,为民国社会审计提供了组织人事及制度保障。

经过数十年的发展,正则会计师事务所先后在上海、成都等地开了分所,几乎遍布大江南北。尤其是"迁上海后该所有很大发展,在全国主要大城市设立分支机构30余个,成为中国三四十年代四大会计师事务所之一"❻。这也意味着民间审计或社会审计组织的发展壮大。随后,民间审计或社会审计业务在全国各地也相继开展起来。当然,会计师的职业地位也随之提升。1935年,谢霖指出:

---

❶ 邵蓝兰.中国最早的注册会计师法规:关于1918年《会计师暂行章程》制定的背景和过程[J].札幌学院大学经营论集,2020(13):97.

❷ 方宝璋.民国审计思想史[M].北京:中央编译出版社,2010:61.

❸ 霍全平.审计理论与实务[M].北京:对外经济贸易大学出版社,2008:2.

❹ 施健行.谢霖简介[J].上海会计,1991(2):30-31.

❺ 方宝璋.民国审计思想史[M].北京:中央编译出版社,2010:63.

❻ 田雍,等.审计百科全书[M].北京:地震出版社,1993:36.

"近数年来,无论政府社会,皆已渐知会计师与律师医师工程师同为一种专门职业,而于各项法律之中亦已取得地位。"❶表明会计师的审计职能逐步发展,法律地位明显提升。正如学者所言:"又审计部组织法,明定曾为会计师三年以上者,有为协审之资格。"❷可见,会计师与审计职业的密切关联,再次证明谢霖对审计事业的贡献之大。

在谢霖的正则会计师事务所的带动下,会计师事业迅猛发展,会计师自我组织不断健全。"据不完全统计,截至1933年,全国约有会计师1246人,到1937年各省登记在册的会计师人数达到1488人。会计师人数的增多,促进了会计师事务所和会计师组织的发展。"❸而"会计师事务所的发展,推动了会计师公会的成立"❹。1925年3月,谢霖与潘序伦等人在上海发起组建上海会计师公会;1926年8月,谢霖发起成立京津会计师公会等,为1933年10月中国会计师公会的建立奠定了良好基础。之所以要建立会计师公会,谢霖有自己的看法:

会计师条例规定,会计师非加入所在省市之会计公会,不能执行会计师业务,故公会之设立,成为法律上必不可少之事。在民国二十六年(一九三七年)以前,全国之会计师公会,计有上海、浙江、南京、江苏、武汉、九江、平津、广东、重庆、青岛、山东等十一处,三十年(一九四一)春,增加广西一处,又有各公会联合组织之全国会计师协会,足见推行将遍全国,亦工商业较有进步之结果也。❺

在谢霖看来,会计师公会是遵循会计师条例的产物。依据会计师条例,会计师必须加入所在省市的会计师公会,否则就不能执行会计师业务。所以设立会计师公会,也是执行法律的结果。1937年以前,全国一共设立了11家会计师公会,1941年增加1家。后来,各地会计师公会又联合成立了全国会计师协会,会计师公会组织遍布全国,意味着民间审计在全国的推广普及,从而推动了全国工商业经济的发展进步。

---

❶ 谢霖.中国之会计师制度//魏文享.民国时期之专业会计师论会计师事业(资料汇编)[M].武汉:湖北人民出版社,2011:106.

❷ 谢霖.中国之会计师制度//魏文享.民国时期之专业会计师论会计师事业(资料汇编)[M].武汉:湖北人民出版社,2011:106.

❸ 李金华.中国审计史(第二卷)[M].北京:中国时代经济出版社,2004:120.

❹ 李金华.中国审计史(第二卷)[M].北京:中国时代经济出版社,2004:41.

❺ 谢霖.中国之会计师制度//魏文享.民国时期之专业会计师论会计师事业(资料汇编)[M].武汉:湖北人民出版社,2011:113.

有学者认为,"在会计师事业创始阶段,由于事务所和公会成立时间较短,中国一些企业对本国会计师尚不了解,所以事务所并没有承揽重大审计项目"❶。言下之意,会计师事务所起初只承担一般的审计项目。但是,当时"正值国家衰微,列强侵略加剧,中国会计师及其组织以振兴中华、反帝爱国为己任,在业务上努力探索,开展了大量审计活动"。"经过中国会计师及其公会组织的不懈斗争,会计师审计活动有了明显进步。"❷以致20世纪30年代以后,中国民间审计得到发展。可见,会计师事务所等组织发挥了作用。

办理公司注册是会计师的一项基本业务,属于审计范畴,会计师根据《会计师暂行章程》的规定,针对欲注册公司的资产情况等进行审核检查,最后设计审计文书,予以确认,这里就有一例由谢霖代理的公司注册审查的审计业务记录:

通知　中华汽车材料股份有限公司　川商字第二六三二号

代理人　谢霖会计师

核准该公司设立登记发给执照由

本部接管前实业部卷内,据上海市社会局呈转该公司声请设立登记一案,经审核尚无不合,所请设立登记,应予照准。兹填发执照一纸,仰即具领。执照上印花,依照非常时期征收印花税暂行办法,尚应加贴两元,并仰遵照。特此通知。

中华民国二十七年四月十九日(部长　翁文灏)

这是1938年的事,在会计师事务所已发展成一定规模的情况下,谢霖作为会计师受上海中华汽车材料股份有限公司的委托,代理其进行相关信息的审核确认,注册登记。一定程度上,这就是对经济活动的真实性和合法性进行监督,属于审计工作范畴。据记载,"在事务所执业过程中,他本着'是就是,非就非'的客观公正原则,先后承接和排解处理过许多疑难案件,深得客户好评,在全国享有很高的声誉"❸。的确,"他处理问题总是有条不紊、准确及时"❹。深受客户的信赖,也赢得了同行的尊重,"谢霖与外商谈判议价,被其专业才干折服的外商称他是'世界上最有能耐的会计师'。谢霖用精算的经济账讨伐日寇罪行,唤起大

❶ 宋丽智.民国会计思想研究[M].武汉:武汉大学出版社,2009:56.

❷ 李金华.中国审计史(第二卷)[M].北京:中国时代经济出版社,2004:41-42.

❸ 汪林茂.中国走向近代化的里程碑[M].重庆:重庆出版社,1998:269.

❹ 戴文鼎,喻诚然.会计学家谢霖教授//成都市政协文史学习委员会.成都文史资料选编(教科文卫卷下 人物荟萃)[M].成都:四川人民出版社,2007:279.

众爱国热情"❶。显见,无论在经济审核还是政治监督方面,谢霖的会计师事务所及其本人都发挥了极其重要的作用。

三、进行理论教学研究,培养民间审计人才

会计师的培养及会计师事务所的管理都离不开教育与科研。这里的谢霖不仅是审计制度的创始人、审计业务实干家,还是著名的审计教育家与理论研究者。民国时期,中国审计界之所以接受日本等国外先进审计思想,固然有西学东渐的历史背景的原因,但是更重要的还是谢霖等有识之士努力的结果。诚如学者所言:"谢霖先生在国外留学期间,认真阅读了有关会计方面的各种书籍,并在了解这门专业后,对中西方的会计制度进行了比较性的研究。谢霖先生一生都致力于对会计科学知识的传播,让更多的国人了解和学习西方现代会计知识。"❷他从日本留学回来,获得大清商科举人学位之后,在蔡元培的邀请之下,执教于北京大学。后来,他又到复旦大学、上海商学院、光华大学等多所大学任教。尤其,光华大学成都分部还是谢霖亲自创办的,附设幼儿园和中小学,可以说是一应俱全的系统教育机构。此外,在多地会计师事务所附设会计补习学校,让银行界、工商局的员工补习新的会计理论与会计方法,培养了一大批新式会计人才。自然,其中的辛酸难以想象。"先生毕生为会计和教育事业,奔波南北东西,居无定所。"❸即使这样,谢霖仍义无反顾,一路向前。在艰苦的环境下,他继续进行理论教学与研究,他结合中国实际进行思考,形成丰硕成果,他爱护会计师行业、注重培养会计师人才。

首先,教育成就突出。谢霖起草的《会计师暂行章程》对会计师的专业学历和实践经历做了严格规定,"这是中国近代史上第一次从法律上对会计师的学历和工作经历做了明确规定"❹。由于"注册会计师职业实践性、操作性强、专业化程度高,而且责任重大,影响社会经济的正常运转,因此,近代审计界重视对会计师资格的规定,并通过会计考试加以选拔,以此达到保证审计工作质量,保护投资者合法权益,维护注册会计师职业在公众心目中应有的权威性,从而取信于社

---

❶ 沈居安. 交通银行史话1907—1949[M]. 青岛:青岛出版社,2017:143.

❷ 常法亮. 谢霖与中国近代会计制度的诞生及影响[J]. 兰台世界,2014(10):77-78.

❸ 商衍赤. 怀念谢霖先生[J]. 财会通讯,1984(5):2.

❹ 方宝璋. 民国审计思想史[M]. 北京:中央编译出版社,2010:327.

会"❶。在谢霖的心目中,会计师的地位决定了会计师培养的重要价值,这里也应包括审计人才在内。因此,他非常重视专业教育,除了会计师实务工作,兼职开展会计教学。谢霖最早在成都商学堂兼任会计教职,踏上了培养会计审计等专业人才之路。

此后数十年,谢霖在多家教育机构任教。"由于谢氏执业会计师多年,对当时商事法规及政府法令,深为熟悉,加之中国、交通两行会计制度的制定出自谢氏之手,故其讲授两门课时,极为生动,通俗易懂,效果显著,学生毕业后,均能胜任会计工作。"❷谢霖不仅自己亲临教学一线,还寻找到了叶圣陶、罗章龙等优质的教师资源,充实到光华大学成都分部,使这所学校快速成名。

谢霖不仅传授专业知识,还以自己的品格魅力影响学生的成长成才。据他的学生回忆:"谢霖老师不仅业务精深,更为可贵的是他为人正直,品德高尚,不谀权贵,刚正不阿。"❸这几乎是民国审计名人的共性和美德。"先生从不引为骄傲,总是虚怀若谷,平易近人,常以虚度春秋,不足为人师表而自谦。"❹他严格要求自己,为学生作出了榜样。多年后,他的学生评价道:"谢霖处事豁达,行为果决,阅历丰富,治学严谨,待人友善,生活节俭,品行高洁,是近代金融界的人杰,有良好的口碑和卓越的成绩。"❺无疑,在学生的心目中,谢霖无论是学识还是人品都是最好的。

谢霖的教育深深地影响着他的学生对待事业的态度。《会计师暂行章程》不仅是谢霖对审计从业者的法律要求,而且还包含着谢霖对会计师的其他期盼,"最重要的就是审计人员和会计人员一定要遵守相关的职业道德操守。……谢霖先生的谆谆教导是所有会计人员和审计人员的至理名言,让会计和审计工作者警醒"❻。有一位与谢霖亦老师亦同事的陈炳奎说:"谢霖是我心目中最尊敬最爱戴的师长!我要像他那样对待事业,对待生活,做一个刚正不阿、光明磊落的

---

❶ 方宝璋.民国审计思想史[M].北京:中央编译出版社,2010:331.

❷ 德清.介绍中国第一号会计师——谢霖教授[J].武汉财会,1984(4):49-50.

❸ 刘蓬,吴晓梅.师生情深[M].北京:知识出版社,1994:101.

❹ 戴文鼎,喻诚然.会计学家谢霖教授//成都市政协文史学习委员会.成都文史资料选编(教科文卫卷下 人物荟萃)[M].成都:四川人民出版社,2007:281.

❺ 沈居安.交通银行史话1907—1949[M].青岛:青岛出版社,2017:147.

❻ 常法亮.谢霖与中国近代会计制度的诞生及影响[J].兰台世界,2014(10):77-78.

人。"❶充分证明了谢霖老师的人格魅力之大。

其次,科研成果丰硕。谢霖自少年起就精于研究,孜孜以求,早在留日期间,"谢霖博览群籍和他父亲所传授的四柱会计技术,比较研究,撰写了《银行簿记学》"❷。且于1907年在东京出版了该书。实际上,这本书是谢霖将在留学期间所学的日本会计知识、结合国内银行会计问题所进行的思考,表达了改良本国会计制度的思想。1912年,谢霖将自己在大清银行和交通银行工作期间所开展的会计改革实践,撰写成《实用银行会计》一书,表明他对银行会计工作的深入思考及理论研究。他还根据西方先进的会计理论,撰写出版《实用银行簿记》,创造出以"借"和"贷"两个字为记账符号的中国新会计制度。尽管谢霖的这些成果属于会计学理论体系,但是,其中的很多内容涉及审计领域,如对银行会计簿记的审查程序及其规定,皆归于审计范畴。

另据统计,"谢霖一生著述颇多,独著及与他人合著的教材、会计制度达30多部,独撰及与他人合撰的会计论文、公文达30多篇"❸。"谢氏为传播会计和经济管理知识撰写出版了大量著作。"❹其中以审计命名的著作有《审计学》。谢霖的审计思想集中于《审计学》《中国之会计师制度》等论著之中。有学者认为谢霖在会计、审计理论上有较深的造诣,比较早地完成了审计理论成果——《审计学》,并且谢霖是中国第一部《审计学》的作者,写于1915年南通商校。❺这一成就比通常所认为的近代中国第一部审计学著作诞生的时间提早了至少10年。

谢霖不仅进行理论研究,还注重理论与实践的结合。"在他的著作当中,最强调的就是'实用'这两个字,他还重视理论联系实践,还同相关的规章制度相结合。谢霖先生的思想是,理论、实际和法律三者是缺一不可的,只有三者相结合,才是对所有会计人员最大的帮助"❻。这里,一向重视法律的谢霖将法律与理论及实践结合在一起,也是合情合理的。的确,"他的治学态度、求实精神对我们今

---

❶ 刘蓬,吴晓梅. 师生情深[M]. 北京:知识出版社,1994:100.

❷ 黄太冲. 中国现代会计创始人谢霖事略[J]. 文史知识,1991(2):77-80.

❸ 翟慈慈. 谢霖与中国的会计教育[J]. 黑龙江史志,2014(10):33-34.

❹ 宋丽智. 民国会计思想研究[M]. 武汉:武汉大学出版社,2009:59.

❺ 施健行. 谢霖简介[J]. 上海会计,1991(2):30-31.

❻ 常法亮. 谢霖与中国近代会计制度的诞生及影响[J]. 兰台世界,2014(10):77-78.

天的会计审计理论和实际工作仍有指导意义"❶。并且,"谢霖的专业水平和敬业精神让外国代表十分敬佩,因此,谢霖的名声也很快轰动了北美的财经界。不久之后,谢霖被美国加利福尼亚大学授予名誉博士学位"❷。足以证明谢霖在国际学术界所享有的影响力。

最后,清廉是审计人的重要品格,谢霖恰恰是这样的人,他极其廉洁自律。有学者评价:先生"自奉节俭,两袖清风。他光明磊落,从不沽名钓誉,善于理公财,终其身无一笔私蓄,不愧为中国第一代会计师中的第一个会计师"❸。还有"谢霖生活简朴,在光华大学只领上课工资,不领校长津贴。他有许多事务所,除发给工作人员工资外,还免费供给伙食,对少数无住处者,还提供住房"❹。从这里不难发现,谢霖是个公而忘私的人,也是民国典型的清官。

综上所述,谢霖作为近代中国出色的会计师,也是著名的审计学家。在中国近代审计学家的名录里不能没有谢霖的名字,他设计会计师制度,奠定审计制度基础;组建会计师事务所,开展民间审计业务;进行理论教学研究,培养民间审计人才。简言之,他对近代中国审计制度构建、审计机构创建、审计人才培养等方面都作出杰出的贡献。

---

❶ 宋丽智.民国会计思想研究[M].武汉:武汉大学出版社,2009:59.

❷ 陈素宁.谢霖对中国现代会计制度建立的贡献[J].兰台世界,2014(13):128-129.

❸ 商衍赤.怀念谢霖先生[J].财会通讯,1984(5):2.

❹ 陶旅枫,彭新卫.明德人轶事[M].长沙:湖南师范大学出版社,2013:50.

民国会计专家潘序伦的审计思想

潘序伦(1893—1986年)是民国时期著名的会计师,是中国会计事业的开创者之一,被誉为"中国现代会计之父"。他创办了立信会计师事务所、立信会计学校和立信图书用品社,为社会提供会计审计服务,培养会计审计人才,出版会计审计图书。潘序伦认为审计是会计师职业的重要内容,故对会计师审计作了专门研究。他与顾询合著有《审计学》《审计学教科书》,并撰写发表了《会计师查账之应用》《查账标准程序之拟订》等与审计相关的论文。潘序伦在引介西方先进会计审计知识的基础上,结合自身从事会计审计工作的实践经验,吸纳当时国内审计学术研究的成果,在审计定义、审计种类、审计方法及程序、审计学的地位等方面都有独到的见解,形成了自己的审计学术思想。同时,潘序伦积极投身会计审计教育事业,培养了大批适应社会需要、品德和能力兼备的会计审计人才。在办学教学过程中,潘序伦形成了自己的会计审计教育思想。潘序伦的审计学术思想和审计教育思想在近代中国审计史上具有重要地位,也启发着我们当前的审计事业发展。

一、潘序伦审计思想的形成

潘序伦的审计思想是其接受西方现代会计审计教育、积极开展会计审计工作,并受国内审计学术研究的影响而逐步发展起来的。

(一)接受西方现代会计审计教育

1893年,潘序伦出生于江苏省宜兴县。童年时期接受过私塾教育,后入新式学堂,先后在家乡东坡高等小学、上海浦东中学、常州府中学堂就读。中学毕业后,先考入南京法政大学,两年后又考进南京海军军官学校,学习无线电专业。毕业之后,在海军某舰任无线电收发报员,又任南京造币厂翻译员、镇江中学教员等职。1919年至1921年,潘序伦在上海圣约翰大学学习,获文学士学位。毕

业后,短暂任职于南京高等学堂、上海浦东中学。❶

　　不久,潘序伦得到南洋兄弟烟草公司的资助赴美国留学,就读于哈佛大学企业管理学院,开始接触会计课程,系统学习了初高级会计学、成本会计、银行会计、政府会计、会计制度设计等课程。据潘序伦自陈,在此之前他根本不知道"会计"是什么样的学科,进入哈佛大学之后,他才在学习会计学的征途上迈出了第一步。两年后,潘序伦取得哈佛大学企业管理硕士学位。随后,潘序伦进入哥伦比亚大学政治经济学院攻读博士学位,广泛阅读英、美、德、奥等各学派的经济书籍,以《中美贸易论》为题撰写了博士论文,并顺利通过答辩,获得政治经济学博士学位。❷

　　这是潘序伦的主要求学经历。在美国的学习、深造,打下了潘序伦此后从事会计工作、研究会计学的基础。西方先进的经济理论、会计审计知识是潘序伦审计思想形成的知识基础。

(二)会计审计工作经验

　　1924年,潘序伦学成归国,先后执教于上海商科大学、上海国立暨南大学,讲授西方新式会计。1927年,鉴于当时工商界通用的旧式簿记亟待改进、企业对会计人才需求迫切,潘序伦遂辞去教职,自行设立"潘序伦会计师事务所",专门从事会计师业务。1928年,潘序伦取《论语》"民无信不立"之句,改"潘序伦会计师事务所"为"立信会计师事务所"。此后,潘序伦又成立了立信图书用品社,编译出版会计丛书,创办立信会计学校,形成了"三位一体"的"立信会计事业"。❸

　　潘序伦将"查账"视为会计师职业的重要内容。❹而"查账"即是"审计",在《会计名辞汇译》中,潘序伦将Audit译为"查账""审计"。❺立信会计师事务所承担的业务项目之一为"会计之稽核调查证明事项",具体包括:受当事人之委托进行定期查账、临时查账,调查会计弊端事实,受政府机关委派或公司股东委托充

---

❶ 潘序伦. 我是怎么学成会计的[J]. 陆军经理杂志,1941(5):29-33.

❷ 《财务与会计》编辑部. 潘序伦回忆录[M]. 北京:中国财政经济出版社,1986:8-22.

❸ 《财务与会计》编辑部. 潘序伦回忆录[M]. 北京:中国财政经济出版社,1986:22-23.

❹ 潘序伦. 会计师查账之应用[J]. 会计学杂志,1927(1):1-4.

❺ 潘序伦. 会计名辞汇译[M]. 上海:立信会计图书用品社,1941:8.

任检查人,受公司监察人委托调查公司财务状况、查核簿册文件等。❶当时社会上委托会计师进行审计的公司企业及政府机关也日益增多。"至于今日,则公司组织之工商业,其范围较大者,几无不聘有常年会计师,代表监察人,担任查账事务……至于政府机关,以其本身及所管事务上之会计,委托会计师代为查核者,亦日见其多。而国立、省立营业机关或学校等之以会计事务委托办理者,更属难以屡举。各级法院对于诉讼上账目银钱纠纷之判断,行政机关对于私营公用事务之监督、商厂劳资纠纷之调解或仲裁,尤多指派会计师为账目之检查。观其报告之内容,以为判决裁定之根据焉。"❷

在潘序伦的主持下,立信会计师事务所承接了大量的查账审计业务。例如,1930年4月13日,受中国红十字会委托,审查赈灾处账务;1930年8月1日,受中华全国体育协进会委托,审查第九届远东运动会账目;1930年12月4日,受北平中华教育文化基金董事会委托,审核董事会经理保管的中华教育文化基金、清华大学基金等项目;1931年,受浙江省政府委托,审核浙江省属各机关预算、决算,并计划各机关会计制度;1931年"九一八"事变后,受托稽核上海十三个抗日救国捐款募捐单位的账目,出具了查账证明,公诸社会。❸大量的会计审计实践成为潘序伦审计思想的重要来源。

(三)国内审计事业的发展

在20世纪30年代潘序伦学习、研究会计审计理论、从事会计师事务的这一时期,中国的审计事业不断发展,国家审计制度已经确立,政府审计机关开展了大量的审计实践,会计师审计制度诞生,审计学术研究也取得了一定的成果。这为潘序伦审计思想的形成提供了外部环境。

近代以来,中国的国家审计机关初步设立并不断发展完善。清末变法改制过程中即有筹设专门审计机关——审计院的计划。中华民国建立后,北洋政府设立审计院,国民政府时期先设审计院,后改审计院为审计部。国民政府注重整顿财政制度,潘序伦两度受邀出任国民政府公职。1932年春,担任国民政府主计处会计局副局长;1946年5月,担任国民政府经济部常务次长。

---

❶ 立信会计师事务所承办业务项目[J]. 立信会计月报,1941(1):49.

❷ 潘序伦. 中国会计师业的过去与今后:中国会计师职业概况[J]. 新中华,1934(1):147.

❸ 王鹏. 民国时期潘序伦审计思想研究[D]. 郑州:郑州大学,2017.

20世纪初,中国会计师审计制度诞生,一批注册会计师开展了大量的审计实践活动。1918年,在会计专家谢霖的呈请下,北京政府财政部、农商部同意设立会计师制度。同年9月7日,由谢霖起草、农商部审查修订后的《会计师暂行章程》颁行。1921年,京津沪等地的会计师事务所渐次创办设立。1925年,各地会计师公会相继建立。广大会计师在开展业务的过程中对会计审核基础工作进行了探索,自行设计了《委托书》《证明书》《查账报告书》等审计文书,逐步形成了会计师审计制度。1925年"五卅"运动中,著名会计师徐永祚、闻亦有担任主审员对各界捐款进行了审计。❶潘序伦于1927年开办会计师事务所,从事会计师审计业务,应当受到了前辈及同行会计师的影响。他关于会计师从事审计的内容、查账的对象、查账报告的出具等的认识必然也与当时的会计师审计活动密切相关。

当时的会计审计学术研究也取得了一定的成果。徐永祚已经明确提出应由会计师进行会计监督审核❷,主张公司企业设立由会计师充任的监察人❸。吴应图著有专门研究审计的《审计学》一书,论述了审计的意义、发展经过、目的、效益、种类、具体程序,详细介绍了账簿监查、贷借对照表监查、损益科目监查,以及审计人员的任职资格、责任等。这些研究成果也一定程度上促进了潘序伦审计思想的形成。

二、潘序伦的审计学术思想

(一)审计之定义

"审计"这一语词在中国最早出现于南宋。在清末官制改革中,清廷派员出国考察日本及欧美各国政治,注意到了日本、普鲁士等国的会计检查机关,提出设立直接隶属于朝廷的审计院,负责财政监督。这反映了当时统治者高层对审计的认识,所谓审计即会计检查。这种认识基本反映了审计的内涵。民国时期,学者对审计做了更为精准的定义。其中比较具有代表性的是潘序伦对审计的定义:"审计(Auditing)云者,对于他人所作成之会计记录,及其有关系之文件与实

---

❶ 李金华.中国审计史(第二卷)[M].北京:中国时代经济出版社,2004:37-45.

❷ 徐永祚.吾国会计师制度设定之必要及其推行之方法[J].银行杂志,1923(2):2.

❸ 徐永祚.监察人制度之改善问题[J].银行周报,1923(40):6-11.

物,用有系统有组织之方法,为全部或一部之检查,以确定其会计记录是否恰当,是否足以正确表示该企业之财政状况及经营成绩,同时更指正其谬误,摘发其诈弊,并为其出具报告书或证明书,以表示其客观意见之谓也。"❶

在潘序伦看来,审计应当是以他人的会计记录为审查对象,审计人员是立于第三者之地位的查账员。只有如此,才能实现审计的客观公允。审计人员由会计师充任最为适宜,因为会计师具备簿记上及会计上的专门学识、技能与经验。审计的对象是他人的会计记录,所谓会计记录是交易发生时的所有原始凭证单据、记载交易的账簿表册,以及各项资产实物、债权债务关系双方当事人等。审计的目的在于纠正会计谬误、摘发会计诈弊。审计的意义不仅在于证明会计之正确与否,还可以帮助企业分析营业结果,从而改良会计制度和组织机构,增加营业收益。

在潘序伦之前,已有学者对审计做了定义。吴应图在其1925年出版的《审计学》中把审计称为"会计监查",认为:"监查(Audit)云者,对于他人之记账计算是否无谬误舞弊,决算报告表是否能制作适当,足以表现该事业之真正财政状况及营业成绩,加以检查证明之谓也。"❷相较于之前学者对审计的定义,潘序伦的定义有以下发展:一是明确指出审计的对象不仅包括会计记录,还包括有关之文件与实物,扩展了审计对象的范围;二是认为审计方法是有系统有组织的科学方法体系;三是明确了审计目的达成之方式,即以审计报告书或证明书的方式表明被审计对象的会计记录是否适当;四是特别强调审计的客观性,审计人员应当处于第三人之地位进行会计审查,发表客观中立的审计意见;五是认为审计之目的除证明会计正确适当与否,还在于取信于社会,审计兼具经济监督和鉴证功能。

(二)审计分类

潘序伦是民国时期审计界较早对审计类型作出比较系统、全面划分的学者之一。❸按照不同的标准,审计具有不同的分类。潘序伦借鉴美国学者的主张,以审查范围为标准,将审计划分为详细审计(detailed audit)、资产负债表审计(balance sheet audit)、特种审计(special audit or special examination);又采英国学

---

❶ 潘序伦,顾询.审计学教科书[M].上海:商务印书馆,1936:1.

❷ 吴应图.审计学[M].上海:商务印书馆,1929:1.

❸ 方宝璋.民国审计思想史[M].北京:中央编译出版社,2010:79.

者之主张,以审查时期和次数为标准,将审计划分为期末审计(final audit)和分期继续审计(continuous audit)。●而对于德国学者所主张的依据审查目的将审计分为创立审计、舞弊审计、资产负债审计、继续监视审计的分类方法,潘序伦认为以审查目的为分类标准难以包容各种审计种类,不如美国、英国学者的分类明晰适当,而不予采纳。

在潘序伦、顾询合著的《审计学》一书中,详细介绍了详细审计、资产负债表审计、特种审计的定义、应注意的审计要点和事项,分析了期末审计与分期继续审计的做法及优缺点,将英美国家先进的审计分类思想介绍给国人。同时,潘序伦还根据中国经济社会发展的实际情况提出具体审计过程中应当主要实行详细审计、将期末审计与期中审计相配合的建议。这些思想见解促进了中国审计理论和实务的发展。

(三)审计方法及程序

潘序伦认为,审计方法应根据被审计机关的性质、审计对象的情形而随机应变,并无一定之法则,若必须作一归纳概括,则可以依据查核次序先后区分为逆查法和顺查法,依据查核手续的繁简区分为抽查法和精查法。●逆查法和顺查法、抽查法和精查法各有其利弊,应当交相使用、互为资助,以达成审计之目的。关于抽查法的运用,潘序伦提出要考虑账项之重要性、数额之大小、牵制组织之完善与否及记账人员之品性等因素。"这表明其审计思想已初步涉及评估审计的重要性与内部控制系统完善与否,具有系统导向审计的萌芽。"●对于审计程序,潘序伦极为重视,认为查账工作之开始,必先拟订查账程序,查账程序是审计工作的索引目录和准绳。在潘序伦、顾询合著的《审计学》一书中,设计了一套详备的一般查账程序,包括查账开始时之程序、查账结束时之程序,罗列了查账开始应注意的9个方面事项及查账结束时应做的18项工作。●在《审计学教科书》中,甚至事无巨细地介绍了审计用纸及文具用品的准备,提醒查账员注意对被查机

● 潘序伦,顾询. 审计学教科书[M]. 上海:商务印书馆,1936:19.

● 潘序伦,顾询. 审计学教科书[M]. 上海:商务印书馆,1936:38.

● 方宝璋. 民国审计思想史[M]. 北京:中央编译出版社,2010:160.

● 潘序伦,顾询. 审计学教科书[M]. 上海:商务印书馆,1936:594–595,628–630.

关职员的态度。❶这套一般审计程序既符合审计原理,又切合实用,为审计工作的开展提供了参考。

(四)审计学的价值及地位

民国时期,有会计学者将会计学分为广义和狭义两种,认为审计学与狭义会计学相对立,是广义会计学的"消极部分",审计仅以会计学原理法则分析审查会计记录、研究会计记账手续及方法,以证明会计之正确,并无其他积极行为。又有称会计为"学",审计为"术"者,因为审计须要有切实之法则遵循,而审计法则来源于经验❷;"审计员对于审计工作最要在以运用会计学的原理为基础,而所谓审计本身之固有的内容不过是些举行的手续和方法而已"❸。

潘序伦认为这两种观点均非恰当。审计学有其独特的价值,审计可以为企业决策、制度改良提供依据和指引,在社会经济建设方面有莫大之价值,并非仅是正误防弊的消极工作。审计是众多查账员经验之积累,形成了系统的审查会计的方法体系,符合科学原理。因此,审计是与会计并列的学问,并非仅是会计学的消极部分,也不仅是一种技能、技术。这种观点对于确立审计学的独立学科地位,促进审计学术研究发展,以及近代中国审计事业的发展都是有益的。

三、潘序伦的审计教育思想

潘序伦不仅是一名会计专家,还是一位会计教育家。他深感于当时中国会计制度的落后和会计人才的匮乏,遂创办会计补习学校、专科学校。在办学教学过程中,潘序伦注重理论教学与实践教学相结合,注重学生诚实守信职业道德的培育,为社会培养了大量技能娴熟、品德良好的优秀会计审计人才。

(一)适应社会需求培养会计审计人才

潘序伦在从事会计师业务时,感觉中国各公司商号及工厂的会计制度简陋残缺,亟须改进。而要改良会计制度必先从培养会计人才着手。1928 年春,潘序伦开办会计夜校,教授私营工商企业青年职员及练习生以西方复式簿记技能

---

❶ 潘序伦,顾询.审计学教科书[M].上海:商务印书馆,1936:34-36.

❷ 潘序伦,顾询.审计学[M].上海:商务印书馆,1936:4.

❸ 郑行巽.审计学 ABC[M].上海:世界书局,1929:2.

及知识。如此,会计职员和职业学生可以利用业余时间补习会计学识和技能。第二期招生时改为补习学校,除招收在职青年外,还招收失学、失业青年。

鉴于补习学校仅能服务上海本地学生,其他各地学生不可能丢弃职务来沪入学,1930年8月潘序伦又增设函授学校。此后,为充分利用学生业余时间,1935年5月增设晨校,1936年秋季增设星期校,1937年春增设日校。随着工商业发展,企业组织繁复,为担负起改进会计制度的使命和培养高等会计人才,潘序伦又于1937年创办了立信会计专科学校。

潘序伦系统接受过美国财经教育,对英美会计制度尤为稔熟。在办学教学中,潘序伦注重引入、传授西方先进的会计审计知识,但同时也注意结合中国的实际国情编写教材,培养适合当时社会需要的专业人才。鉴于当时国内会计读物缺乏,所用之外文书籍"文字上既多隔膜,法律习俗上亦均扞格难合",立信会计师事务所编辑部编辑了"立信会计丛书"。❶潘序伦、顾询编写的《审计学教科书》即丛书之一本,"所论各点,尤以切合我国国情为度,其有采自东西文书籍者,亦以国内习惯法律无抵触者为限"❷。

立信会计学校所开设的课程最初仅有簿记及初级会计一科,后又增设商业算术、珠算、高等会计、银行会计、政府会计、公司会计、成本会计、审计学、初级簿记所得税等科目。自1927年至1947年,立信会计补习学校共举办了40届,入学学生达35529人;参加函授的学生共有7063人;至1952年,立信会计专科学校毕业生达1500余人,为社会培养了大量的会计审计人才。❸

(二)注重会计审计职业实践教育

潘序伦特别强调会计学习过程中的理论联系实际,"时常把自己读到的东西与自己的经验相互印证,看书本上所讲的是不是与我们接触的实际经验没有冲突,我们所见到的种种是否合于书本上所讲的原理"❹。潘序伦在写给邹韬奋的信中,自陈其办学理念和教育方法:"求学与任职必使其合而为一,方能使学生所

---

❶ 编辑部.编辑立信会计丛书之经过与现状[J].商务印书馆出版周刊,1934(94):14.

❷ 潘序伦,顾询.审计学教科书[M].上海:商务印书馆,1936:凡例.

❸《财务与会计》编辑部.潘序伦回忆录[M].北京:中国财政经济出版社,1986:30-31.

❹ 潘序伦.怎样研究会计学[J].绸缪月刊,1936(1):7.

得训练及经验切合实用,且能受事半功倍之效也。"❶在实际教学中严格要求学生,教师将自己比作雇主,将学生视为被雇之职员,对于应当学习的课程及应做的例题,视同商店内日常的簿记会计工作,不准迟交。❷

立信会计学校以"学验并重"为办学方针,重视学生的实习和经验积累。每节课后都有习题,使学生多做习题,掌握实际的会计审计运用方法和技能,并配备辅导助教批改作业、答疑解惑。对于全日制学生的培养,除了让他们掌握基本功外,还利用会计师事务所与工商企业接触密切的有利条件,组织学生到工矿企业和商店参观学习,以使毕业生一到工作岗位就可以胜任实际工作。❸

(三)重视会计审计职业道德培养

潘序伦认为"完美之会计师必具备优良之道德,高深之学识,充分之经验与干练之才能四项"❹,会计师应当具有高尚诚信之道德,会计师的学识、经验、才能都不如道德重要。"盖会计师之为职业,实为工商企业保障信用而设,苟有不道德行为,而自丧其信用,则此项职业即失其根本存在之理由,殊背国家社会期望之厚意。"❺潘序伦将会计师的职业道德区分为消极道德和积极道德。会计师的消极道德即不得违反法律的规定,不得作出与会计师职业目的相背离的行为。会计师的积极道德则包括公正、诚信、廉洁、勤奋。

立信会计学校以"立信"为名,以"立信"为校训,致力于培养讲诚实、守信用的人才。在办学过程中,潘序伦十分重视学生的品德教育,提出了"信以立志,信以守身,信以处事,信以待人,勿忘立信,当必有成"的口号,教导学生诚信做人。学校经常对学生展开会计职业道德和纪律教育,培养学生优良的职业道德和工作作风。潘序伦还把宋代王安石的名言"合天下之众者,财;理天下之财者,法;守天下之法者,吏也。吏不良则有法而莫守,法不善则有财而莫理"写在立信会计专科学校毕业同学的纪念册,意在劝勉学生们做公正无私、忠于职守的会计审

---

❶ 潘序伦.求学与任职合而为一[J].生活,1931(8):173.

❷ 潘序伦.立信会计学校之教学方法[J].立信会计专修学校同学会会刊,1931(1):1.

❸《财务与会计》编辑部.潘序伦回忆录[M].北京:中国财政经济出版社,1986:34.

❹ 潘序伦.会计师职业与信用制度之关系[J].经济汇报,1928(1):8.

❺ 潘序伦.中国会计师业的过去与今后:中国会计师职业概况[J].新中华,1934(1):151.

计人才。❶

四、潘序伦审计思想的现代启示

潘序伦是近代中国较早接触西方会计学的人之一,既有丰富的会计审计工作经验,又有较深厚的会计审计理论造诣,而且还培养了大量的新式会计审计人才。他的思想言行不仅推动了当时中国会计审计制度的发展进步,对于当下我们开展审计工作仍有重要的启示意义。

(一)立足国情开展审计工作

潘序伦虽然接受的是教会学校及美国大学的教育,学习的是西方的会计知识,但他并未"食洋不化",而是特别强调要根据中国工商业发展的状况学习西方的理论知识与制度。在论述审计目的时,虽然潘序伦认为审计的主要目的应是确定企业的财政状况与营业成绩,提出企业改进业务的建议,但鉴于中国产业不发达,企业组织规模小,内部牵制组织不健全,会计制度简陋,簿记员会计员知识技能浅薄,审计工作仍应着重注意检查账目的错误与舞弊。❷在介绍美国的资产负债表审计时,潘序伦指出美国企业组织较大,会计师费用高昂,进行详细审计的成本太高,且美国企业内部牵制组织比较发达,不作详细审计也无多大危险,但中国工商企业不发达,会计簿记落后,进行审计时仍应以详细审计为主。❸

在审计教育方面,潘序伦也强调要使用符合国情的教材,培养适应中国社会需要的人才。潘序伦学成归国在商业学校任教职,发现中国的商业学校所用教材全是外国教本,"关于教材问题,不是我说一句狂妄的话,今日中国的许多商业学校,不论其为国立、公立、私立,几无一校可算是研究中国的商业"❹。故而,他提出要研究中国的商业情形,研究的结果作为学校教材,而不是把几本外国书拿来读读就算了。此后,潘序伦主持编辑出版立信会计丛书便是立足于中国国情,编写适合中国教学需要的教材。

---

❶《财务与会计》编辑部.潘序伦回忆录[M].北京:中国财政经济出版社,1986:29.

❷潘序伦,顾询.审计学教科书[M].上海:商务印书馆,1936:10.

❸潘序伦,顾询.审计学[M].上海:商务印书馆,1936:26.

❹潘序伦.近来中国之高等商业教育[J].教育与人生,1924(59):804.

(二)从实践出发学习研究审计理论

潘序伦撰写的《审计学》等审计理论著作是建立在其丰富的会计审计实践基础之上的,是对审计实践的归纳总结。《审计学》《审计学教科书》中有大量的与审计实务密切相关的内容。《审计学》共31章,涉及实务的章节大约占2/3;《审计学教科书》除第一章总论外,其余11章基本上都是有关审计实务的内容。《审计学》中关于资产审计、负债审计、资本审计、损益审计等的介绍,详细叙明了各项审计具体的实施程序、步骤等,具有很强的可操作性。其中还包含了潘序伦所积累的丰富的会计师职业实践经验。例如,《审计学》对查账员检查存货提出了10点很有见地、行之有效的一般原则与手续;列举了29种查账工作底稿,以方便学习者参照。

审计学是一门实用性很强的学科。同时,它又有复杂严密的原理。审计学原理来源于审计实践,并指导着审计实践。学习和研究审计理论离不开审计实践。我们学习审计知识、研究审计理论也应当从审计实践出发,理论联系实际,加强知识运用能力,以实践推动审计理论不断发展。在会计审计教材编写上,增加实务案例,注重知识的实践性和可操作性;在教学上,注重实践教学,让学生亲自参加会计审计实务,提升其理论知识的运用能力。审计学术研究更应当密切结合实践,针对实践中存在的问题开展研究,给予实践以宏观性、方向性的理论导引。同时,还应及时将实践中的经验系统化、理论化,推动审计理论研究的发展。

(三)加强审计职业道德建设

潘序伦认为会计师对于社会经济的健康运行具有重要意义,会计师立于超然独立自由之地位,办理查账业务,证明财界诸般之真相,以坚社会之信用,而供公众投资之参证。可以说,会计师职业为社会信用制度之保障。❶因此,潘序伦特别强调会计师高尚职业道德的养成,提出会计师应当具有"公正之品格,诚笃之心地,廉洁之操守,勤奋之精神"❷,并将诚信视为会计师职业成功失败的关键。

在审计全覆盖的时代背景下,审计在国家政治经济社会发展中的作用越来

---

❶ 潘序伦. 会计师职业与信用制度之关系[J]. 经济汇报,1928(1):9.

❷ 桑秀藩,唐海燕,等. 潘序伦文集[M].上海:立信会计出版社,2008:40.

越重要。这对审计人员职业道德提出了更高的要求。审计人员除了要严格遵守法律法规,不得从事法律法规禁止的行为之外,还应当具备公正、廉洁、诚信、勤奋等品质。公正即客观中立地开展审计工作,不偏不倚,实事求是地作出审计证明报告;廉洁即在开展审计工作时不徇私、不受贿,不贪图钱财利益而作出偏私、欺伪之审计证明;诚信即忠诚于事实,忠诚于职业目标,以客观公正、廉洁自好的工作作风取信于人;勤奋即不辞辛劳,勤学苦练,勇于承担繁杂琐细的簿记审查工作。

综上,潘序伦少年求学求职之路颇多坎坷,三十岁才开始学习会计学,经过不懈努力终于成为著名的会计专家,在中国近代会计事业发展史上占有一席之地。他对于中国会计审计事业的贡献至少包括以下三个方面:一是引介西方先进的会计审计理论知识,推动了中国审计理论的发展;二是创办立信会计学校,编写立信会计丛书,培养了大量的会计审计人才,促进了会计审计教育事业的发展;三是积极呼吁国家和社会重视会计师职业,创办立信会计师事务所,推动了中国近代会计师职业的发展壮大。

更为重要的是,在从事会计审计工作、研究会计审计理论及进行会计审计教育的过程中,潘序伦形成了自己关于审计学术、审计教育的思想,至今仍然有其价值。潘序伦关于审计学科价值的论述使审计学作为一门独立学科的地位更加牢固;他的审计理论中已经有了系统审计的萌芽,而他总结归纳的审计技巧至今仍有借鉴价值;他的任职与学习合一、重视职业道德教育的会计审计教育思想仍然值得我们继承。

蒋明祺的审计人员运用与流转思想

审计人员是审计的主体,审计人员如何运用与流转,直接关系到审计质量和审计效率的高低。目前相关的研究主要涉及审计人员资格和责任思想❶❷,尚缺乏审计人员运用与流转思想及其对当代借鉴的研究。民国时期在引进西方审计思想与政府审计实践的基础上,一些学者对政府审计人员的运用与流转等问题进行了思考,产生了政府审计人员运用与流转思想,其中的主要代表是蒋明祺的相关审计思想。

蒋明祺(1906—1960年),别号山青,江苏南京人,民国时期著名审计专家,曾任南京国民政府审计部协审、审计,重庆市审计处处长等职。郭道扬的《中国会计学界百年星河图》中把蒋明祺列为一星人物,排第22位。❸他的代表作是《政府审计原理》和《政府审计实务》。著名会计学家潘序伦先生高度评价他的这两本著作。下面根据他的《政府审计原理》一书,分别从运用、流用和调转等3个方面探讨他的审计人员运用与流转思想,在此基础上,提出它对当代的借鉴。

一、审计人员运用思想

蒋明祺认为,站在审计机关长官的立场,审计人员的运用主要包括以下4个方面。

(一)如何使审计人员能有适当的职位

蒋明祺认为可以从"为事择人,为人置事"❹两方面观察。"果能有职位之详细分类,从为事择人或为人置事而运用之;则每一审计人员,必能尽其才,竭其力,而从事适当职务与地位之展布;每一审计工作,必能获得充分之材力,而达成预

---

❶ 朱灵通,方宝璋.民国时期审计人员资格思想及其对当代的借鉴[J].中国注册会计师,2011(7):112-114.

❷ 朱灵通,等.民国时期审计人员责任思想及其启示[J].财会通讯,2019(1):123-126.

❸ 郭道扬.中国会计学界百年星河图[J].财会通讯,2000(1):序.

❹ 蒋明祺.政府审计原理[M].上海:立信会计图书用品社,1947:222-231.

期之效果矣。于长官宣誓所称:不妄用一人之旨,其庶几乎?"❶

"能有职位之分类标准,则为事择人,必用其所学,而非可滥等充数;为人置事,亦学能致用,而不致尸位素餐。是故职位分类制之设计,为推进审计工作之要务也……有职位分类之制,则除上述之工作与能力可相当外;兼可免待遇不平允之饥矣。又在社会现象中,难免责任不分明,事务不专一,及同等职位之劳逸苦乐不均之弊。唯其责任不分明,故职事可以推诿,责任得意纠缠;唯其事务不专一,故工作漫无标准,办法遂多歧义;又唯其同等职位而劳逸苦乐不均,各职员遂减少工作之情趣,渐启敷衍因循草率浮泛之习。是皆由职位分类之制,可以切实纠正者也。"❷

即在蒋明祺看来,要把"为事择人"和"为人置事"两方面结合起来。就是说,要根据不同的职位进行分类,每一类职位要求的能力、经验和学历都不同,根据职位要求来选择能胜任该职位的人,才能既达到用其所学,又能使不同人分工合作、提高工作效率。同时,有些特殊人才,现有的职位对其来说,是比较容易的事,这时候可以根据审计计划和审计事务发展的需要,增设新的职位,使其学能所用,避免人才浪费。而要达到"为事择人"和"为人置事"的关键一步是对职位进行详细的分类,制定标准。蒋明祺看来,职位分类制度可以有以下作用:一是使工作所劳与工作所得相当;二是是使工作与能力相当,有助于降低待遇不平等现象;三是使责任分明、事务专一,避免相互推诿和工作无标准问题;四是增加工作情趣和积极性。总之,制定职位分类制度,"为事择人"和"为人置事"相结合,使人尽其才和才尽其用,以达到提高审计效率的目的。

(二)如何使审计人员能充分发挥其效能

蒋明祺认为,要充分发挥审计人员的效能需要实施工作标准制。"职位分类制之作用,仍为消极,只规定各地位人员应办之职务与应负之责任……工作标准制之作用,则为积极的,应规定各地位人员,应办职务与应负担责任之适当的标准……有此工作标准之规定,各职位之人员,即知其职责上应达成如何具体之程度,自可随时检点,随时企及,而不敢稍有疏忽放逸;一人之工作能达成标准,即一人之效能可充分发挥;全体之工作能达成标准,即全体之效能可普遍贯彻。对

❶ 蒋明祺.政府审计原理[M].上海:立信会计图书用品社,1947:222-231.
❷ 蒋明祺.政府审计原理[M].上海:立信会计图书用品社,1947:222-231.

于审计人员之运用与审计制度之推进,关系诚为巨大也。"❶

可见,在蒋明祺看来职位分类制只起到消极作用,在此基础上,还要实施工作标准制。从上可知,他的工作标准制有两层含义:一是制定每一个职位的岗位责任,使职务与责任相匹配,有职必有责。它使每一位审计人员清楚地明白自己在某一职位上的责任是什么。二是责任履行程度的标准,即相当于目标责任制。审计人员随时可以把自己的工作与责任目标完成程度相对照,努力完成责任。一个人履行好了工作责任,则一个人的效能就可以得到发挥;全体审计人员都履行好了工作责任,则全部人的效能就可以得到整体发挥。因此,工作标准制对于审计人员的运用和审计制度的贯彻执行,是非常重要的。

(三)如何使审计人员能完成预期的效果

工作标准制规定了每一个审计人员在其职位所要履行的责任及其所要实现的目标。那么如何使审计人员能完成预期的目标,从而达到预期的效果呢?

蒋明祺认为,工作竞赛制能使审计人员完成预期目标和效果。"虽审计职务,门类各别,动静不同;然每一部分同一性质之工作,仍可择其从同,配为一例,于每一期间举行工作之竞赛,则更可督促其依照规定之职位分类,达成规定之工作标准,使其效果,能如预期也。"❷

同时他提出了工作竞赛制施行与运用的6个要点:①归纳各项工作的共性并由主管人员检讨其效果,作为竞赛准则的标准;②按照工作标准,切实办理各竞赛项目;③把临时竞赛的记录作为某一期间长期竞赛的参考;④升赏或奖誉竞赛优胜者;⑤如果通过竞赛,每一个人都能达到工作标准的,则应该提高工作标准,即提高工作目标;⑥竞赛的评委既要包括本部门的主管人员也要吸收其他部门的主管人员参加,这样使评价更加客观。

(四)如何使审计人员能安心供职且能适应制度发展的需要

"考一般公务人员之不能安心供职,或由于待遇之不平,职位之不称,兴趣之不能鼓舞,成绩之不获认识;今于审计机关,酌行上述职位分类,工作标准,工作竞赛各制度,自可汰除其不安之心情矣。抑有进者,审计机关更宜实行保障制度

❶ 蒋明祺.政府审计原理[M].上海:立信会计图书用品社,1947:222-231.
❷ 蒋明祺.政府审计原理[M].上海:立信会计图书用品社,1947:222-231.

也。"❶由此可见,在蒋明祺看来,职位分类制度、工作标准制度及工作竞赛制度都有助于审计人员安心工作,但还要进一步实施审计人员保障制度,才能促使其更加安心工作。

具体而言,蒋明祺提出"对于免职及停职之限制,应照'修正审计部组织法'第十七条,再扩张及于高级之佐理员,并照一般机关之抚恤及退养办法,并施于所有人员。良以审计工作之进行,常以佐理员为干部……其办理普通事务,虽一缮校之微,或一收发之易,亦均与整个审计制度之推进有关,是故其保障及抚恤退养办法,应推及于下层也。果能如是,审计人员未有不安心供职者"❷。

当时《审计部组织法》规定"审计、协审、稽察非受刑之宣告或惩戒处分者,不得免职或停职"❸。可见,该法之对于审计、协审、稽察三类审计人员有保障,而对于佐理员没有保障。这对于下层审计工作人员是不公平的,不利于他们安心工作。因此,蒋明祺认为,保障和抚恤退养办法都应该适用于佐理员等下层审计工作人员。

"至于适应发展制度之需要,除当尽量物色专长人材,积极尊重考铨制度,随时充实干部人员外;训导培植之方,尤宜十分注重。"❹

二、审计人员流用思想

对于审计人员流用问题,蒋明祺也有自己独到的见解。他提出:"审计机关之政事,既分为普通行政与审计行政两门;后者依执掌,又可分为事前审核,事后审核与稽察三类。审计机关各人员,即悉依此门类,而为配备也。所谓审计人员之流用,即系指各该门类之人员,得于本机关临时互相调度,俾于经常处理之事务外,能有其他门类之体认……养成全部学验俱能精审之人才,以适应制度发展之需要也。盖现制既以力行就地之审计为主,将来每一审计人员,均有独当一面执行全盘审计任务之机会,设照编枯之旧状,诚难达成其效果;所谓制度发展之需要也。"❺由此可见,在蒋明祺看来,审计人员的流用既包括普通行政或审计行

---

❶ 蒋明祺.政府审计原理[M].上海:立信会计图书用品社,1947:222–231.

❷ 蒋明祺.政府审计原理[M].上海:立信会计图书用品社,1947:222–231.

❸ 审计部.审计法令汇编[M].上海:商务印书馆,1948:13–14.

❹ 蒋明祺.政府审计原理[M].上海:立信会计图书用品社,1947:222–231.

❺ 蒋明祺.政府审计原理[M].上海:立信会计图书用品社,1947:222–231.

政部门内部之间的调度,又包括审计人员在普通行政和审计行政两部门之间的调度。

接着,他具体分析了审计人员流用的作用:"①就个人之学验,促其进步;使其能力扩张,技术精纯,乃为显然之裨益。故执著保守之习,受制于一时;而能力技术之长,获福于永久。未有不乐于更调者。且吾人每易对经常服务之工作,发生厌倦,故俗有'做一行怨一行'之谚。能常为更调,使接触新鲜之对象,其服务兴趣,即可获增进矣。②经常工作所熟悉者,固非生而知之,亦系探索而来……且审计事务之进行,须遵守有关法令,须明悉对象之内容,须正确精细等共通原则,凡各门类职掌,莫不适用,被更调之人员,执此以接触新鲜对象,加以详细事项之咨询、研究、模拟与学习,未必不能胜任。由此不断积累,遂能成就全材。③人员更调,必有接替,所谓事务之停顿,督察中如能周到,事实上或非必然。且各人员经办之案件,以更调故,必须自为检点,自行辩结;则延压之弊,因交替而可免;平时恐有更调,为防临时积累之赶办不及,处理工作,必更精勤。则纵有一时之停顿,于整个工作之推进,显仍有益也。④公务人员之服务,完全为对事的,而非对人的,假使能尽忠职守,奉行法令,固无须主官之关照与同僚之维持。则虽更调,无烦过虑。且此种流用,常在同一机关,旦夕可聚会,情愫复得维持也。⑤甄用新进人员,为主官之常事,对其学验性行,但能仔细观测,未几即可了然。此种流用更调之人员,譬如新进之甄用,则观测亦为易事。且既为同一机关之人员,改归管辖;对其原主官,必为同僚,谊甚密切,固可详为询问,以助其体认也。⑥以普通行政人员,改任审计行政事务,或有困难;然其人员苟非十分庸劣与衰老,自仍可不断学习。抑其流用之际,必依据职位分类,考察专长能力,酌派适当任务,不致过于悬绝;而平时更可施以训遵,补其闪失,果能勤奋,必少烦难。"❶由此可见,在蒋明祺看来,审计人员流用的作用包括促使审计人员学识与经验进步、能力提升、全面发展、工作精益求精和勤勉等。

在此基础上,他进一步阐述了审计人员流用在审计方式、审计组织、审计人才培养和审计人员考核业绩方面的积极作用:"①审计机关既力行就地之审核,注重实际之稽察,能有熟悉全部审计事务之人员,自可增进效能,发展职权,而调度运用,诸多顺利。②推行系属制之组织,于事务单简之机关,不能多设人员;则

---

❶ 蒋明祺. 政府审计原理[M]. 上海:立信会计图书用品社,1947:222-231.

能有熟悉全部审计事务之人员,即可普遍设置,并樽节公布。③年来各机关团体之注重会计事务,多延揽审计人员,以求其妥贴熟练。为普遍改进计政,整饬财务计,此种趋势,宁可乐观……流用办法,即为造就此全能人材之途径。④在审计机关被其他机关团体延揽人员,离职他就之际,其原办工作,每不及补充,物色妥当人选,匆遽颇非易事。如素有流用更调办法,即可就原有人员,酌为调度,以事补充。⑤依国家培养人材之意义,各公务机关,实亦为造就养成专门人材之所。除以相当薪俸之酬报,以购致工作之劳力,而达成法定之任务外;允宜以各种机会,使每一公务人员,在学识上,在经验上,与在性行资质上,能不断有所进益,以冀对社会国家,有更多贡献。则流用更调,适符厥旨。⑥考绩之制,如无具体之办法,每由各主官依据其主观而自为衡断。有流用更调之制,则经过若干主官之各期铨考,自能有一致之评议,而确定公允之标准。此于各被流用人员,亦为有利而无害也。近来流用审计人员之办法,已有付之实施者,如湖北省审计处是。将来各审计机关及其他机关,必有继续采行者。"❶

即在蒋明祺看来,审计人员流用有助于就地审计方式的推行、系属制的审计组织方式的实施、全能型审计人才的培养、审计工作的正常运行、审计人才为国家社会作出更大的贡献。

三、审计人员调转思想

当时《审计部组织法》规定,审计人员属于专职,难以调转。蒋明祺主张应当对法律予以补充,实行调转:"①对于各审计机关主管长官及重要审计人员之转职,宜规定相当期间;且其期间不宜过长,至多以两年为准……过去有深觉人地不宜,碍于情面,不能随时调整调转者;初虽隐忍,而终致决裂,平时之痛苦既多,事后之怨隙尤甚;能有转职期间之规定,则其机关长官,向上级机关陈述后,可以暗为调整;而被转职者,认为任期已届,加法应然,必不致有所怨尤。②审计人员于法定任期届满后,虽得留任或连任,但其留任或连任,宜以一次为限。缘各该主要审计人员,在某省市之期间过久……绝不瞻徇,而各被审计机关之请托干求,仍所难免……抑于操守不坚,性行不善之审计人员,如其有之,亦可有所防范也。③审计部与各省市审计处,各机关审计办事处,及各驻审机关之审计人员,

❶ 蒋明祺.政府审计原理[M].上海:立信会计图书用品社,1947:222-231.

宜按期互为调转,应使上下无所隔阂,内外可以贯通,则各依经验,互为匡补。④各审计机关长官,以不在其桑梓省份服务为宜,重要主管人员同……其以新设机关,须明了本省市之财务沿革及施政情形;或须利用人事熟识关系,以更推行制度者为例外。在任期届满之始,即可重予调转也。"❶

由此可见,在蒋明祺看来,审计人员的调转应做如下规定:一是审计机关主官长官和重要审计人员应两年1调,政治需要的除外。二是审计人员期满最多连任1次。三是审计部与审计处等应进行纵向相互调转人员。四是审计机关长官应进行籍贯地回避制度。通过审计人员的调转可以促使人地相宜和消除怨隙、防范那些操守不坚和性行不善的审计人员、使审计人员能够互补经验、避免乡土亲情的关系影响正常工作。

对于蒋明祺认为调转审计人员可以防止审计人员长期在一地工作导致出现操守问题的观点,与吴宗焘的观点不谋而合,吴宗焘认为:"又防审计员之串通舞弊,必须有审计院时常更替审计员。"❷

四、对当代的借鉴

科学使用审计人员,可以调动审计人员的积极性,做到人尽其才。适当流转审计人员,可以增长审计人员的学识与经验,防止串通舞弊,改进工作方法,提高审计工作效率,保障对审计人员的评价公平。当前我国尚没有统一的政府审计人员使用与流转制度。我们可以借鉴民国时期的审计人员运用与流转思想,建立与完善当代政府审计人员使用与流转制度。具体包括以下6个方面:

(一)因岗设人和因人增岗相结合

根据各种审计岗位不同,配备和选择不同知识、经验和技术能力的审计人员,使审计人员与岗位相匹配。一般来说,对于政府审计管理岗位来说更看重审计人员的管理知识和经验,对于审计专业技术人员岗位来说更看重审计人员的技术能力。对于各级审计机关负责人,不但要有业务能力,更要具有政治能力,懂政治规矩,具有"核心"意识和切实践行"两个维护"的能力。同时,对于特殊高

❶ 蒋明祺. 政府审计原理[M]. 上海:立信会计图书用品社,1947:222-231.

❷ 吴宗焘. 谈吾国之审计制度[J]. 银行周报,1929(34):13-18.

级人才,没有合适岗位匹配的,也要不拘一格创造岗位,使岗位与人才相匹配,否则,可能造成人才无用武之地的情况,进而造成人才流失。这些岗位按常规来说,现在不需要增设,但未来可能要增设。这时可以先做好战略性的研究,增设能影响审计工作长远性、全局性和战略性的研究型和技术性岗位。例如,研究国家审计重大理论创新的岗位和研发先进数字化审计技术的岗位等。总的来说,以因岗设人为主,因人增岗为辅,使两者相辅相成和有机结合。

(二)制定各种岗位的工作标准制和目标责任制

因岗设人和选人是事前行为,还要在事中和事后对审计人员履行岗位责任情况进行监督和考核。因此,还需要制定各种职业岗位的工作标准制。不但要制定审计外勤工作标准制,而且要制定审计内勤工作标准制。通过制定工作标准制,提高审计工作质量。当然,不同时期的审计标准也不一样,所以,工作标准制须要与时具进。遵循各种岗位的工作标准制,这是对审计人员的最基本要求。在此基础上,还应该进一步提高要求。目标责任制就是对审计人员在工作标准制基础上的进一步要求。政府审计可以借鉴企业目标管理的理论与方法,实施目标责任制。根据某一时期的审计总体目标,制定审计目标责任制,层层分解,层层落实,对审计人员履行责任情况加以科学考核,奖勤罚懒,促使审计总体目标的实现。通过不同时期审计目标的层层递进,推动政府审计质量的不断提高。

(三)开展审计工作竞赛

审计工作竞赛是提高审计工作质量和提升审计人员战斗力的一个有效途径。为此,应该兴起政府审计大练兵、大竞赛活动。竞赛内容包括但不限于党的路线方针政策、审计法律法规、审计管理制度、审计文书撰写、审计业务操作、审计相关的财务、金融、工程等知识。竞赛方式可以包括面试、笔试和实务操作等。竞赛项目可以包括团体赛、个人单项赛和个人全能赛等。竞赛考核的能力包括但不限于预防和识别重大风险的能力、查账取证能力、沟通协调能力、新技术应用能力、建言献策能力、危机公关能力和创新能力。竞赛时间可以分为定期和不定期。竞赛级别可以分为县级、地区级、省级和国家级。通过开展审计竞赛,实现"以赛促学、以赛促改、以赛促新、以赛促进",最终提高审计工作效率和质量,把竞赛成绩与审计人员的晋升与待遇相挂钩。

(四)合理调度审计人员

审计人员的岗位不是一成不变的,应该根据对审计人员的考核结果,进行必要的合理调度。审计人员的合理调度主要是指审计人员在某一审计机关(如某省审计厅)内部的调度。通过对审计人员岗位的调度,除了能落实审计考核结果外,还可以起到其他3个作用:一是有助于审计人员了解不同岗位的工作内容和接受不同岗位的锻炼,培养复合型、全能型的审计人才。二是可以让审计人员发现不同岗位可能存在的漏洞甚至舞弊,起到事中和事后控制审计舞弊的作用,从而降低原岗位审计人员继续舞弊的可能性。三是增加审计人员对工作的新鲜感,焕发创新意识和增强创新能力。审计人员的调度可以按照3条路线展开:一是审计管理部门与审计业务部门相互调度。例如,省审计厅办公室与财政审计处、金融审计处的人员相互调度。二是审计业务部门相互调度。例如,省社会保障审计处和企业审计处相互调度。三是同一个处室内部不同岗位的调度。例如,省外资运用审计处不同科室之间审计人员的调度。

(五)审计人员跨机关定期交流和轮换

审计人员除了在某一审计机关内部合理调度之外,还需要进行跨机关定期交流和轮换。它可以推进审计人员经验的交流,从而提升审计人员整体的业务能力;可以促进审计人员更加熟悉被审计单位,从而降低审计风险;可以联络审计人员的感情,从而培养审计团队精神。审计人员交流和轮换主要可以从3个层面展开:一是纵向交流,即上下级审计机关审计人员的交流。例如,审计署工作人员与地方审计机关人员之间的交流。二是横向轮换,即同一级别审计组织之间审计人员的轮换。例如,审计署下属各司之间、特派办之间、省审计厅之间、审计局之间的审计人员横向定期轮换。三是审计人员与被审计单位之间的横向交流与轮换。例如,把财政部门、国有企业等部门的财经人员调到审计机关工作。

(六)实行审计领导籍贯回避

中国社会是乡土社会和关系社会,血缘和地缘深深影响着每一个人的精神和行为。"籍贯只是'血缘'的空间投影"❶,因此,籍贯对政府审计人员的影响不可避免,它可能会损害审计人员的独立性。为此,应该实行政府审计人员籍贯回避制度。规定政府审计机关局级领导以上干部不能在其籍贯所在地担任职务。具体来说,籍贯回避可以分为三个层次:县(市)籍回避、地区籍回避和省籍回避。县审计局局级领导不能在其县籍担任;地区审计局局级领导不能在其地区籍担任;省审计厅厅级领导不能在其省籍担任。舞弊三角理论认为,压力、机会与借口是造成舞弊的三大原因。审计人员的籍贯回避可以减轻审计人员来自家庭、亲戚、同乡对审计工作的不正当压力,减少审计人员与被审计对象存在各种血缘和地缘关系的可能性,从而减少舞弊机会。即审计人员籍贯回避有助于消除舞弊三角中的"压力"和"机会"两角,降低舞弊发生的可能性,从而提高审计人员独立性。

---

❶ 费孝通.乡土中国[M].北京:北京出版社,2016:109.

蒋明祺的政府审计思想评述

蒋明祺(1906—1960年)是民国时期著名的政府审计专家。先生早年从事会计工作,1933年通过国民政府考试院第二届高等文官考试,获优等成绩,后进入审计部工作。先后担任协审、稽查、审计、国民政府审计委员会委员、重庆审计处处长等职。新中国成立后,继续担任重庆大学经济学教授,并在西南军政委员会财经委员会工作。❶

民国是近代政府审计制度建立和发展的重要时期,审计制度初步走上了法制化规范化的道路。蒋明祺长期在政府审计部门工作,不仅有着丰富的政府审计工作经历和实务经验,同时对政府审计理论也有着深入的研究。20世纪30年代中期,蒋明祺加入由潘序伦、徐永祚、杨汝梅等人发起成立的中国会计学社,参与《立信会计丛书》的编著与编辑工作。30年代末期,受聘担任重庆大学商学院经济学教授。蒋明祺除了在会计类期刊发表文章之外,还撰写了专著《合署办公与集中购置》《政府审计原理》《政府审计实务》三部,其中《政府审计原理》系统探讨了政府审计的理论问题,在当时的会计审计界有深远的影响。潘序伦曾评价说:"蒋君以抱献身事业之夙志,有从事述作之热忱;兹所议论,创造多于因循,理解堪供观摩,诚有裨于学术治理也。"❷

当前,国家审计在我国的经济社会发展中具有举足轻重的作用,建立具有中国特色的国家审计理论是我国国家审计发展的重要支撑。审计理论研究者们要完成这一历史使命,有必要全面检视中国古代和近代学者们在推动国家审计理论发展上作出的努力。蒋明祺的政府审计思想在近代中国审计史上具有重要的地位和深远的影响,然当前的审计学术界对其思想了解得并不多。本部分梳理了蒋明祺的相关著作和文章,对其政府审计方面的思想进行了检视和评述,以期对构建今天国家审计理论体系有所启发和借鉴。

---

❶ 陈元芳. 中国会计名家传略[M]. 上海:立信会计出版社,2013:166.
❷ 蒋明祺. 政府审计原理[M]. 上海:立信会计图书用品发行社,1942:序.

一、政府审计定义思想

蒋明祺认为:"政府审计者,由政府专设机关,于各级政府岁出入实现收付与发生权责之原因事实与结果加以审核,并对其达成收付实现与权责发生诸程序及关系问题加以稽察;依政府法令与经济理则;除纠正谬误摘发诈弊,暨特为证明,使财务主管官吏之行为,有不经济不法与不忠于职务时得以确断,否则其责任亦可获予解除,仍检查行政能效,提供适当意见之制度也。"❶蒋的政府审计定义可概括如下:①审计主体即政府专设机关;②审计客体(对象)即财政财务收支的原因、事实、结果、程序;③审计依据即政府法令和经济理则(社会对经济的共识);④审计作用即查错纠弊、肃清吏治、解除责任和提高行政能效;⑤审计职能即检查、鉴证、评价。

蒋明祺之前,其他审计专家在各自论著中对政府审计定义也有涉及,如潘序伦指出:政府审计为会计上的司法监督,而依据国家法规预算及经济原则,求财政运用之正确切当,为其审查之目的。❷雍家源指出:政府审计者,乃就各机关会计上之报告簿籍及凭证,由专设之审计机关予以审核或证明;并就其关系事项,随时随地,加以稽察。❸徐以懋认为"官厅审计云者,乃审核全国各级政府即附属机关对于财政上各项事务是否确当,其收支之情形是否遵照法定预算。依据各项财政章则,而适合经济原则者"❹。

相比较而言,上述前两个定义将政府审计限定为会计报告账簿和凭证的检查,审计目标相对单一。徐以懋则将政府审计对象笼统地概括为财政事务和收支。相比较而言,蒋明祺政府审计定义十分全面,包含了审计主体、客体、依据、作用和职能,专业而系统。审计对象没有局限在账簿上,而是指出政府的收支过程和结果都是审计内容,对于审计作用论述更是详细。在讨论政府审计定义的同时,蒋进一步指出了政府审计和一般审计虽然在审计的原理和技术是共通的,但是在审计主体、审计客体、审计依据、审计要求、审计目标、审计作用、审计资金和项目的规模、审计独立性、审计形成方式、审计的强制力等多方面均有不同,可

❶ 蒋明祺.政府审计原理[M].上海:立信会计图书用品发行社,1942:1-2.

❷ 潘序伦.政府会计[M].上海:商务印书馆,1935:291.

❸ 雍家源.中国政府会计论[M].上海:商务印书馆,1933:352.

❹ 徐以懋.民国以来我国官厅审计之概况[J].会计杂志,1933(5):69-76.

见其对政府审计认识的全面。

蒋明祺认为政府审计学是集合政府审计理论和技术的学问,研究的是审计理论问题和审计的技术方法问题,前者重在说明为什么要做审计,如何做得更好,后者要说明怎么做审计,这也是审计理论和审计实务的关系。蒋先生的《政府审计理论》《政府审计实务》二书正是基于此而著。这一观点对于目前我们政府审计学的教学和科研仍然有启发意义。

二、政府审计功能思想

对于审计的功能而言,民国时期人们大都认为审计只是在财务收支实现以后,审核谬误,剔除浮费,是一种消极的监督,这是当时人们对审计的共识。[1]蒋明祺则将政府审计的功能分为消极功能和积极功能两类。在其著作中,蒋明祺不仅对政府审计的消极功能开展了详细的论述,同时分析了政府审计的积极功能并尤为强调之。

蒋明祺认为,审计人员如果遇到会计手续和记录中,存在原理、事实、记录、计算等非刻意的错误,应该随时加以纠正,以求政府会计手续和记录或实现收付与发生权责之原因、事实、结果、程序均无问题。如果有窃取现金财务、隐蔽事态真相之贪污舞弊欺诈行为,自当"详于勾考,发其隐伏,而证实之"。此为政府审计之消极功能。

政府审计的积极功能可从三个方面体现。

一是鉴证官员经济责任之履行。蒋明祺指出官员有贤、不肖两类,开展政府审计可以揭露财务主管官员不经济、不法与不忠于职务的行为,使相关官员受到处罚或惩戒。如果未发现违法乱纪行为,则可证明相关官员已经尽心尽责,可以解除其相关责任。这一点和普通审计之证明财政状况与营业成绩相同,可以算为审计的积极功能。另审查官员不经济不忠于职务之行为,可以作为检举纠弹之依据,以期"弊绝风清,诚属于积极作用。虽防止贪污意趋消极,而澄清吏治实收显效"[2]。

二是检查政府行政效能,促进国家良治。蒋明祺指出审计机关据决算法审

---

[1] 赵友良.中国近代会计审计史[M].上海:上海财经大学出版社,1996:331.

[2] 蒋明祺.政府审计原理[M].上海:立信会计图书用品发行社,1942:7

查各机关或各基金的决算报告时,要注意:违法实质或不当情事有无;预算数之超过或剩余;施政计划营业计划或事业计划之已成未成之程度;经济与不经济的程度;施政效能、营业效能或事业效能之程度及与同类机关或基金之比较等。蒋明祺认为这些是政府审计的要务,目的是依各级政府财务收支之结果,按原定施政计划,检查其行政效能。"此为审计职权之积极性与建设性者。"❶蒋明祺进一步指出政府审计在检查政府行政效能的基础上,还可以发挥维护国家利益,纠察财务秩序,证实政府资产负债和盈亏和提高政府公信力等积极作用,从而促成现代国家善良进步之政治也。

三是提供适当建议而督促被审计单位改进。蒋明祺指出审计机关在审核各机关收支计算、决算时,都会针对被审计单位发现的财务等问题,提出改进的意见。审计机关在审核各级政府编制的年度决算时,应注意岁入岁出是否和预算相符,是否平衡,是否与国民经济能力相适应,是否与国家施政方针相适应,如不符合不适应,则要好好分析其中原因,提供针对上述问题的改进建议,这些都是审计积极功能的体现。

可以看出,蒋明祺对审计消极功能和积极功能的分类,与今天我们常说的政府具有审计的批判性作用和建设性作用相一致。批判性指的是以质疑和批判的眼光来对被审计事项或人员查错纠弊,建设性指的是针对被审计或审计事项的问题、风险提出改进建议和防范对策,优化内部控制与管理,完善法律法规和规章制度,促进国家良治。而后者在蒋看来,才是审计最主要的功能。"鉴证官员责任履行,检查行政效能,提供适当意见,皆为政府审计之积极功能与主要目的。"❷蒋明祺对审计消极和积极功能的论述,透过现象看到了审计的本质。他在审计积极功能中提及的鉴证官员经济责任之履行,正是当下我国国家审计机关开展经济责任审计的理论基础。他所提及的政府审计可以促进国家良治,也和当下人们对政府审计在国家治理中发挥重要作用的认识高度一致。

---

❶ 蒋明祺.政府审计原理[M].上海:立信会计图书用品发行社,1942:351.

❷ 蒋明祺.政府审计原理[M].上海:立信会计图书用品发行社,1942:8.

三、与政府审计组织相关之思想

(一)审计组织当隶属监察系统之思想

蒋明祺是监审合一制度的坚定支持者,他认为自民国十四年广州国民政府时期开始审计职权即已隶属监察系统,后虽一度成立过隶属于政府的审计院,但两年后审计院改称审计部,重新隶属于监察院,即恢复了旧制。十多年来审计部机构已经遍布全国,审计效能得到了充分发挥,自然在宪政时期,应该继续隶属于监察院,驾轻就熟,继续推进。

除了历史因素之外,蒋明祺还指出审计隶属于监察系统的根本原因是监察院的弹劾权和审计权可以相互配合发挥有效作用。因为在行政监察中会发现与财务有关的不忠不法事件,交给审计可以进一步查处。在审计时也能发现很多行政上的失职行为,交给监察可以依法弹劾,移付惩戒。如果审计职权隶属于立法院行使,"绝不会有如唇齿相依"❶的便利。

针对宪政时期有人提及要把审计职权并入立法院以加强国家财务人民监督的想法,蒋明祺明确表示审计机构不宜设于立法院内,因"立法院的监督国家财务,重在制定实施大计及预算政策,已足充分表现其能力。而审计职权的行驶,须有熟练的技术,须设分支机构,须以平时的事前审核和事后审核、稽察、驻审即巡审等项工作的记录,汇总而为总决算之审定的依据,更须独立行使职权之绝对超然的地位"❷。同时他还对比了当时其他各国议会的通例,指出世界各国的议会均无附属的分支机关。在五权体制下,监察院相当于国会的上院,立法院相当于国会的下院。监察立法关系密切。审计归属监察系统,同样可以达到人民监督国家财务的初衷。

蒋明祺的主张和当时审计学届一些同人看法较为一致。中国审计学会以学会名义发表的《评宪草的审计制度》提出应吸收传统中华审计中某些有益因素,"行宪"后审计机关仍然应隶属于监察院而非立法院。❸专家学者的思想对南京国民政府产生了一定程度的影响,促使其放弃取法英美派立法型审计的原有思

---

❶ 蒋明祺. 宪政时期之审计制度[J]. 财政评论,1947,16(5):11-17.

❷ 蒋明祺. 宪政时期之审计制度[J]. 财政评论,1947,16(5):11-17.

❸ 中国审计学会. 评宪草的审计制度[J]. 中华法学杂志,1947,5(9-10):234-236.

路❶,故宪政时期公布的《中华民国宪法》规定,审计部仍隶属于监察院而不是立法院。

监审合一制度在中国历史上有较深的渊源,民国时期监审合一的实践及蒋明祺对监察审计两者关系的认识,对于我们今天的审计制度和监察制度之间权力分工、业务配合方面仍然有着历史启发。

(二)区域制和系属制审计组织思想

蒋明祺认为民国时期政府审计机关的组织系统有两种,一是依照行政区划来设置,即按照省市地方行政区划来分别设置,二是根据行政系统来设置审计组织。1935年起,审计部依法先后在江苏、上海、浙江、湖北、湖南、河南、陕西、广东、贵州、四川、广西、福建、江西等地建立了审计处。蒋明祺将上述审计组织视为区域制组织。《审计部组织法》规定:在京各机关之审计稽察事务,由部内不兼厅长科长之审计、协审、稽察兼理。审计部根据需要依法向经济部、交通部、赈济委员会等机关派遣不兼行政职务的审计、协审、稽察驻在办理审计事务。蒋明祺将向各机关派驻在审计人员视为系属制。

在其著作中,蒋明祺详细论述了区域制的缺陷:①审计部仅在省会城市设审计处,审计范围遍及本省及下辖市县各机关,以及本省及邻近地区的中央机关。审计对象广泛,审计人员少,难求尽悉;②地方审计处开展就地审计时,一般只能达到其主管机关,大量的附属机关收支也繁杂,均无法实际监督;③临时派遣人员办理就地审计业务,技术不能专精,对被审计单位情况不熟悉,不能利用各机关常备之资料,耗时费力,且多有延误。

基于上述问题,蒋明祺对其设想的系属制组织——(地方)首脑机关——各部门高级审计人员——各部门驻在审计人员的体系进行了阐述:

一、中央以审计部、地方以审计处为首脑部,主要负责设计、决策与管理、监督。由首脑部向中央及地方各级机关单位分别派驻审计人员,与主计、公库、财务各系统,形成联综组织。二、按照其来源别与政事别各门类向各机关派驻审计人员,设置审计办事处所。每一门类之审计人员,均以高级管辖低级。各门类最高级审计人员对于首脑部之审计机关与长官负完全责任。三、各级机关审计人

---

❶ 肖高华.立法型、行政型抑或独立型:近代我国审计监督法治转型之多重取向[J].江汉论坛,2020(8):109-118.

员,应秉承该门类最高级审计人员及部处主管首长之意,兼办审计稽察工作。省市地方各门类最高级审计人员,除应受该省市首脑部审计机关之直接管理外,并当秉承中央同门类最高级审计人员之意见而听其指导。

蒋认为系属制的优势主要在于:①可普遍实施就地审计;②可简化部处的行政组织;③审计人员术业有专攻;④被审计单位的资料得以常备;⑤审计遇有疑难问题,各类高级审计人员能当机立断,及时处理。

南京国民政府时期审计组织主要存在两个问题。一是因为无论是中央审计部还是审计处、审计办事处,内部业务部门的划分均按照审计方式事前审计、事后审计和稽察来划分。这种分工模式针对性不强,导致审计人员术业难以有专攻。二是仅在省一级设置审计机构,加之人员又少,很难覆盖其应有的审计对象。所以民国时期的政府审计组织的根本问题不在区域制本身。蒋明祺强调系属制的目的就是为了强调根据审计对象的性质来分工更为合理。但是其所希望建立的系属制,需要在各门类单位中均设立驻在审计人员,如何分类是个问题,管理不便也是个问题,因此设立系属制审计组织可操作性不强,同时审计人员长期驻在被审计单位本身也不利于审计的独立性。

当前我国中央设审计署,审计署在中央各部门设驻在的审计局,地方设立18个派出机构,地方省市县均设立相应的审计机关。审计机关内部均按照具体审计对象的业务性质如财政、金融、国企等来进行设立下属部门,从某种程度上来讲,是将区域制和系属制较好的结合在一起,既方便管理,同时术业也有专攻。

四、与政府审计人员相关的思想

(一)政府审计长官不宜选举产生的思想

蒋明祺在《宪政时期之审计制度》一文指出,审计部的长官不宜选举产生,因为如果要选举产生,必定要有党派的拥护才能获胜。但是如果有党派的拥护,之后在行使职权时就难以保持中立。如遇政局变迁,也难免受到各种牵连。故蒋明祺提议审计部的正副部长由总统提请监察院同意任命。蒋明祺的这一主张和当时很多审计专家们基本一致。早在1923年《中华民国宪法》起草期间,时人围绕审计组织的产生问题进行了热烈讨论。参议院议员楚纬经提出了《审计院编制法案》,黄锡铨、林炳华提出了《选举审计院长案》,主张审计组织由参议院选举产生。李济民❶、徐沧水❷、杨汝梅❸等人纷纷反对,主张要么采取元首任命制,要么采取议会选举制与元首任命制相结合的折中方式,以免审计组织受制于立法机关而影响到审计监督的执行力。

政府审计组织本身以稽察财政财务收支为基本职责,审计部门长官的产生不掺杂金钱运动或党派政治,方能保持独立。在当时历史条件下如果采取议会选举制度,明显弊端是审计组织会受到党派的影响,"由选举产生,非有党派之拥护,不能当选,而当选后,对其所属党之措施,难免偏袒"❹,党派政治的跌宕起伏也势必会影响审计组织的稳定性,如此审计独立地位必然受损。另一弊端则是议会选举制度无法摆脱贿选行为,贿选背后的利益关系同样必然有损超然审计,降低审计监督的执行力。即便是今天,审计机关的领导人也不适合通过选举来产生。

(二)政府审计人员资格之思想

对于基层的审计人员的任用,蒋明祺推崇通过考试制度来选拔,他指出:"事实上甄用考试及格人员,尚多能表现其优异之能力与擅长之学验。审计机关尤宜采行,以为各机关之示范。"❺

蒋明祺指出,审计机关虽是政府机关,然其更接近技术机关,审计人员也不是单纯的行政人员,更属于技术人员。因此审计人员之资格应有更高要求。蒋明祺把审计人员需要的资格分为了消极资格、应有资格和积极资格三类。其认为法律规定相关要求是政府审计人员的消极资格,涵盖审计组织法中提及的学历、专业、工作资历等要求。审计人员事实上应具备的资格具体分为:①学识,即审计及与审计相关的会计、经济、法律等方面的学识。也包括基本普通的常识、关系学识。②才能,即分析复杂现象提出改善建议的能力、说明事物和与人沟通的能力。③经验,即知道如何运用审计法律法规,以及针对不同审计对象运用审

❶ 李济民.宪法内选举审计院长之先决问题[J].银行周报,1923,7(42):3-4.

❷ 沧水.审计院院长改由参议院选举问题[J].银行周报,1923,7(41):9-11.

❸ 杨汝梅.解说宪法上之审计制度[J].银行周报,1924,8(20):5-8.

❹ 中国审计学会.评宪草的审计制度[J].中华法学杂志,1947,5(9-10):234-236.

❺ 蒋明祺.审计学原理[M].上海:立信会计图书用品发行社,1942:356.

计方式和技术方法的经验。除了上述的消极资格和应有资格之外,蒋明祺还提出了审计人员应该具备积极资格,即奉公守法之精神、志节行廉之抱负、强健之体魄、睿敏之机智。

蒋明祺所提及的三种资格中,学历专业等消极资格当属入职的基本条件;学识、才能和经验等应有资格当属审计工作需要的职业素养,当为胜任政府审计工作所必备。积极资格类似职业道德,是一名卓越的审计人员所必备的优秀道德品质。三者之间存在层递关系,三者合一也是判断政府审计人员是否胜任和优秀的标准。这一资格分类思想对于我们今天的审计人员职业道德准则的制定有一定的借鉴意义。

(三)加强政府审计人员后续培训的思想

蒋明祺指出审计人员的胜任能力和职业道德并非生而具有,所以除国家考试机关按期举行资格考试外,审计机关并应自行举办任用考试及经常的训练,使新进者之学识和旧有者之经验,可讨论观摩而互相交流。

审计部及审计处虽曾设有高级初级审计人员补习班,但是并不常设,效果并不理想。因此蒋明祺建议审计部常设一训练委员会,并在各省审计分处分别设置训练委员会分会,而听其指挥。训练委员会直接对部长负责,并接受审计会议之设计与建议。分会除受其指挥监督外,并应直接对审计处负责,仍接受审核会议之设计与建议。训练的教官,除了由审计机关自行委任外,可以向各有关机关聘请。受训之人为经过任用考试合格之新进人员和分期抽调已经工作的审计人员,训练时间至少三个月。训练科目除了参照全国各训练机关的训练纲领外,还应涵盖审计法令、审计制度、审计成例、审计学、会计学、簿记术、财政学等项目。训练中应注重实习,严密考核,具备详细之记录,并举行切实测验与考试。同时要特别注意资质和性格行为的训导,并利用小组讨论,增加交换学识和经验、解决问题与互相批判之机会。训练考核优秀者,除了名誉上的奖励之外,还可提高待遇升调等级。其成绩低劣者,应给予减薪降级及记过免职之处分。此外,蒋明祺还提及审计部也可以委托教育机构如法商学院或商业专科学校,专设政府审计之班次,或政府审计之讲座,按期训练审计人员。

蒋明祺如此重视审计人员的培训工作,是因为"近年来公司会计事务所之发展,各机关团体,对于服务于审计机关之人员,莫不设法延引,提高待遇,至其改就离职者为数甚多,尤以审计干部未能补充,每影响审计机关之效能,是则训练机构与其办法的厘定,视为审计机关之急务"❶。经常开展培训,一来能及时补充审计干部,二来对于从审计部门流转到其他机关团体的人员来讲,由于其接受过系统的培训,也可称为"整饬财计澄清吏治之良助",如此既利于审计机关也有利于审计制度。

身为资深的政府审计人员,蒋明祺深知开展培训对审计人员,以及对审计机关和审计制度的重要性。因此在其著作中他详细论述了如何开展政府审计培训,包括培训的机构、培训的方式、培训的时间、培训的内容、培训的过程、培训的考核等,论述十分全面。他的这些设想在今天的政府审计机关尤其是中央层级的审计署基本一一实现,可见其观点符合历史潮流。

(四)政府审计人员回避思想

民国时期,多部《审计法》均规定审计人员与被审计案件有利害关系时,对该案件应行回避,不得行使职权。这里的利害关系,主要指审计人员与被审计单位的长官或主管会计出纳人员,或为配偶;或有七亲等内之血亲;或五亲等内姻亲关系。蒋明祺认为审计的回避制度不属于一般的公务机构和公务人员的回避制度,而是与司法机关的回避制度同等重要,目的是维护审计制度之尊严,防止审计人员之徇私,让"政府审计人员能够独立行使职权,更可能获社会普遍之信任"❷。审计人员处理审计案件主要以其主观判断为依据,更需要严格制定回避办法,否则不足以防止弊端,杜绝私情。鉴于回避制度对审计的重要性,蒋明祺建议应该参考民事刑事诉讼法的规定来对审计回避制度作出明确的规定,将回避在不同情形下分为自行回避、申请回避和裁定回避。同时也可奖励自行遵守回避者,惩罚应行而未行回避者。

审计回避制度不仅有利于加强审计的客观公正独立,同时也可避免政府审计人员陷入两难的境界,对审计人员也有一定的保护作用。目前我国的审计法和国家审计准则中均提及了审计回避制度,对于应回避的情形也阐述比较清楚。不过对于回避的程序及应行未行回避等情况则未有详细的规定,似乎仍可借鉴

❶ 蒋明祺.政府审计原理[M].上海:立信会计图书用品发行社,1942:212-213.
❷ 蒋明祺.政府审计原理[M].上海:立信会计图书用品发行社,1942:201.

蒋明祺的思想,进一步完善与回避相关的规章制度。

(五)审计人员保障之思想

审计人员由于工作的特殊性,对其行使权利进行法律保障尤为重要。南京国民政府的多部《审计部组织法》均规定:审计协审稽察,非受刑法之宣告或惩戒处分者,不得免职或停职。❶蒋明祺指出,之所以需要对审计人员加以保障,是因为审计人员由于执行审计事务,"每易引起各该机关各人员之不快或不满,此为人之常情,亦事实使然。倘无法律之保障,被审计机关必可运用政治上之势力,从事变动审计人员的地位以削减其力量,而胁迫其意志。在审计人员亦必畏葸退缩,而减少其活动,降落其效能,俱大有影响审计职权之行使和审计制度的发展,是故非以法律明定其保障条文不可"❷。

1945年的《审计部组织法》还明确规定审计人员转职的条件:①在年度开始,因职务重新分配,有转职之必要;②审计机关有添设或裁并者;③因法定原因有缺额者;④因法定回避原因,有转职之必要者。对于《审计部组织法》新增之转职条文,蒋明祺认为是"切要之保障"。可"避免审计人员循例与主管长官同进退之绩习,并防止主管机关长官因时因地置亲私,在考核政绩的平允上,能有较合理的调度。抑使其行政效能不至于因随意之调度而有所减退也"。对于审计人员而言,"有此保障,既不能任意令其调转,则必能安定其心情,激励其奋进"❸。

笔者认为,限定审计人员停职免职的条件,主要是为了防止审计人员受到外来政治因素的干扰,能够保证审计机构的独立性。限定审计人员转职的条件,更多是抑制了审计部门长官随意之调度,之所以如此规定当与南京国民政府时期审计机关的长官和职员之间的裙带关系十分明显有关。❹例如,于右任和茹欲立、李元鼎三任部长均为陕西人,他们在任期间审计部陕西籍的职员占比最大,等到广东籍林云陔担任审计部部长时,陕西籍的职员明显减少,广东籍职员明显增加。由此可见,民国审计部内部审计人员和主管长官同进退的现象确实存在。因此蒋明祺十分强调对转职作出明确要求,正是想要抑制这一现象。

---

❶ 谢冬慧,等.民国审计法规资料选编[M].北京:知识产权出版社,2019:46-53.
❷ 蒋明祺.政府审计原理[M].上海:立信会计图书用品发行社,1942:213.
❸ 蒋明祺.政府审计原理[M].上海:立信会计图书用品发行社,1942:214.
❹ 夏寒.近代中国国家审计职业化:历史发展与启示[J].南京审计学院学报,2016(6):98-105.

审计工作性质某种程度上类似公检法,查错纠弊是其主要职责之一,审计人员容易受到报复打击,故法律上保障实为必须。《中华人民共和国审计法》第十七条规定,审计人员依法执行职务,受法律保护。任何组织和个人不得拒绝、阻碍审计人员依法执行职务,不得打击报复审计人员。审计机关负责人依照法定程序任免。审计机关负责人没有违法失职或者其他不符合任职条件的情况的,不得随意撤换。上述法律条款规定也正是基于审计工作性质而定。至于审计人员的转职似没有必要进行约束,一来因为目前审计人员入职需通过公务员考试,不存在裙带关系的问题,二来我国《国家审计准则》第十九条规定:审计机关应当建立审计人员交流等制度,避免审计人员因执行审计业务长期与同一被审计单位接触可能对审计独立性造成的损害。因此可以看出,对于审计人员转职条件的限制是应对南京国民政府时期特殊的政治环境和官场文化而设定的,有其历史意义。但是从审计机关本身来讲,则不是必需的。

五、政府审计职权之思想

(一)审计职权之审定总决算思想

蒋明祺在其文章和著作中多次提及审计机关的主要职责为:①监督预算之执行;②稽察财务上的一切行为;③审定总决算。"其中最重要的一项就是审定总决算。审计机关审定总决算乃是依据监督预算之执行和稽察财务上的一切行为的结果,监督预算之执行和稽察财务上的一切行为,乃是作为审定总决算的准备。"❶"审计部得以审查国民政府主计处所编之总决算书,迳编审计报告书呈送国民政府公布之,不必再交立法院通过,是在职权尤为重大者,良足以表示其独立性质与司法精神。"❷

民国审计专家大都主张审计机关应具有审定总决算职权。民国初年,金松岑即提出"决算之权审计院主之"❸。1914年《中华民国约法》、1923年《中华民国宪法》都规定国家岁出岁入之决算要经审计院审定。南京国民政府时期,审计部

---

❶ 蒋明祺.宪政时期之审计制度[J].财政评论,1947,16(5):11-17.

❷ 蒋明祺.审计制度论[J].会计杂志,1934,3(5):79-95.

❸ 金松岑.审计院制之商榷[J].独立周报,1912,1(4):13-14.

第三厅厅长林襟宇指出："决算由审计部审核后即可由监察院转呈国府公布。"❶审计部职员马文钰也指出"关于决算之监督,则惟监察院内之审计部有最后决定之权,无须再向立法院报告"❷。1938年《审计法》第四十五条规定,各级政府编制之年度总决算,应送审计机关审定,审计机关审定后,应加具审查报告,由审计部汇核呈监察院转呈国民政府。

财政决算是财政预算执行的总结,是国家经济活动在财政上的集中体现,反映国家的政策和各项事业的进程与成果,是研究经济问题,制定经济政策的参考,也是对预算设计、实施、管理、平衡、资金使用效果和财政监督的全面检验。财政决算审计是指对地方政府年度财政预算执行总结果及所编制决算的合法性、合规性、真实性实施的审计,其必要性和重要性也不言而喻。近代财政审计专家们包括蒋明祺在内将审定总决算视为审计机关最基本的职权,是所有审计职权中的重中之重,确实十分明智。

(二)撤除审计限制思想

民国时期政府审计职权之行使,法律常有规定之限制。1914年《审计法》就将大总统副总统岁费暨政府机密费排除在审计外。1928年《审计法》则提及国债用途之审计程序依特别规则行之。1928年《审计法》规定该法与国民党党部决算计算之审查不适用之。1937年4月,中央为谋民族生存国力充实起见,提出经济建设和国防建设两大计划,对于建设专款预算,为保守秘密力求敏捷起见,经过中央政治委员会决议,不适用寻常审计程序,公布办法另行组织建设事业转款审核委员会行之。蒋明祺认为上述限定审计的做法:"在事实上或为必需,然就审计法之立法精神与依条文规定而言,则犹根本未承认其存在也。"❸在蒋明祺看来,民国时期,无论是总统机密费、外债、党费等都涉及甚多政治、党派等秘密和利益,在审计法里对审计权限作出限制不仅与审计立法精神背离,同时容易成为滋生腐败的沃土。正因为如此,蒋明祺认为1938年《审计法》对"审计职权之限制,无所规定,悉已撤除","其进步发展,正复未可限量"❹。

---

❶ 林襟宇. 五院制之审计职权[J]. 计政学报,1933,1(1):45-49.

❷ 马文钰. 从各国审计制度说到我国今后审计之推进与希望[J]. 会计季刊,1936,2(3):67-89.

❸ 蒋明祺. 政府审计原理[M]. 上海:立信会计图书用品发行社,1942:37.

❹ 蒋明祺. 政府审计原理[M]. 上海:立信会计图书用品发行社,1942:38.

　　笔者认为,审计职权之撤除限制思想与今天审计全覆盖的概念有异曲同工之处。近代审计本为公众监督公共财政需求而产生,公共资金应审必审,如果因为政治、党派等各种原因,设立各种限制,必然损坏审计之独立精神及公众对审计的认知。从这一角度来看,审计全覆盖概念的重要性同样不言而喻。

　　蒋明祺先生从事政府审计工作多年,在审计实务历练的过程中,对政府审计理论也进行了深入全面的思考,其在政府审计之意义和功能、审计组织机构、审计人员、审计职权等各方面均有独特的思考和和深入的见解。阅读其著作,可以让今人窥得民国时期政府审计理论之全貌,对于建立我国当代的国家审计理论体系也有一定历史借鉴作用。更加值得关注的是,蒋明祺常常针砭时弊,指陈得失,尤显审计人员独立客观的精神,他的政府思想虽有一定的时代局限性,但大部分思想内容已然是今人对审计的共识,如重视审计独立性,强调审计积极功能,强调审计人员的职业道德,重视审计总决算等思想内容,对于我们今天的审计制度仍有一定的启发意义。

民国会计学家吴应图的审计思想

吴应图(1885—1925年),湖南邵阳人,会计学家,会计实务专家,审计学家,中国编撰《审计学》著作第一人。吴应图青年时留学日本山口高等商业学校,回国后曾在上海开设吴应图会计师事务所,并兼任上海多个大学的会计学教授。他又是上海市中华民国会计师公会发起人之一和公会理事。方圆提出吴应图是中国审计拓荒者,高度评价了吴应图对中国审计学发展的贡献。❶本部分在此基础上,进一步深入系统地分析吴应图的审计思想,以丰富民国审计人物的审计思想研究。

一、审计定义思想

民国时期,较早对审计概念作出定义的是吴应图。他在1925年初版的《审计学》中指出:"监督(Audit)云者,对于他人之记账计算,是否无谬误舞弊,决算报告表,是否能制作适当,足以表现该事业之真正财政状况及营业成绩,加以检查证明之谓也"❷。吴应图在此把审计又称为"会计监查",略称为"监查"。

吴应图对审计概念定义的第一个本质特征是审计必须由第三者执行。文中"对于他人"暗含了审计必须由会计人员之外的第三者执行,正如他在下文解释的:"监查为检查他人记账计算之当否,若自己之记账计算,他日自加检查者,则非监查。故监查必由与其会计事务无关系者行使,其法有于公司内设监查科,使对会计科独立者,有托外部专门家为之者。"❸审计必须由第三者执行,而且还必须由与被审者没有任何利害关系的第三者执行,这样才能保持审计的独立性,使审计执行者处于公平无私的地位。吴应图认为:"监查者与记账计算上为同事,因感情关系,自不能不稍有客气或庇护,故有不能充分严格监查之缺点,又董事或其他重要人物,有不实不尽时,服务其下之监查科员,纵欲如何严重,然必不能实行,盖弊在不能保其监查之独立也。惟然,欲由监查得最良之结果,惟有委托

---

❶ 方圆.中国审计拓荒者:吴应图[J].财会通讯,2012(3):135-136.

❷ 吴应图.审计学[M].上海:商务印书馆,1927:1.

❸ 吴应图.审计学[M].上海:商务印书馆,1927:3.

有充分专门智识经验并具备监查人应有资格之外部专门家,以公平无私之地位,严格行使而已。即公司内部,设有监查科者,更进而利用专门监查人(Professional auditor),亦不能指为无益,此欧美各国,所以常以监查委托专门监查人也。"❶这里,吴应图具体说明了审计执行者因与被审计者是同事关系,碍于私人感情或面子,稍有客气或庇护;另一种情况是被审计者是审计执行者的上级或有权势的人,故很难对其实施审计监督。因此,必须在公司内部专门设置"监查科",或聘用专职的审计人员,来承担审计工作。这样,才能取得良好的审计效果。

吴应图对审计概念定义的第二个本质特征是审计的对象是会计资料和活动,即"记账计算"与"决算报告表"。对此,他进一步阐述说:监查"首先推敲事业之会计账簿,及关系书类,视其日常交易,是否适当记账整理,其记账是否确实,即检查其记账实质之当否,与其计算之确否;次视其贷借对照表及损益计算书,是否根据确实之记账与计算,加入各科目之适当盘存估价,而制成之,及此等表册,是否能真实正当,表现当时之事业财政与该期间之经营成绩也。夫监查之意义,固视行使之目的如何,而略有不同。其以特殊目的行使之者,如会计某一部分,有舞弊之嫌疑,欲搜查其证据,或关于营业之转让,欲决定其收益力,或股东与债权者,欲调查对该事业放资之安否,或股东之入股、退股,欲决定该业之招牌价格,其行使监查之意义,在范围及手续上,皆各有一定限制,惟普通多数所行使者,则为检定该事业会计全体,是否正当"❷。由此可见,审计的工作对象先是确认会计资料是否真实正确,然后是这些会计资料是否恰当反映了该企业的经营情况,从而为投资者的决策提供参考。

二、审计目的与效益思想

(一)审计目的

这里的审计就是监查。吴应图认为:监查的目的,主要可分为3项。其一是"发见记账计算之谬误",如"记账事务上之谬误"与"原理上之谬误"。其中原理

---

❶ 吴应图. 审计学[M]. 上海:商务印书馆,1927:3-4.

❷ 吴应图. 审计学[M]. 上海:商务印书馆,1927:1-2.

上之谬误,"较记账事务上之谬误,其影响于会计,更为重大,故惟有以监查发见之,此监查人不可忽视之一也"❶。其二是"发见记账计算之欺诈舞弊"。"监查人之宜倾注全力者,乃在欺诈舞弊之发见。尤如专门监查人,其为委托人所感赏者,亦以发见欺诈舞弊为最甚。"❷其三是"检验报告表之当否"。"监查之第三目的,为查实记账计算后,根据此种结果,对于加入各科目适当之盘存估价制成之决算报告表,即贷借对照表及损益计算书等之当否,加以检查证明焉。"❸

吴应图不仅介绍了监查这三项目的,而且更深层次地揭示监查的最终目的是要促进企业改良内部管理,防止类似弊端再次发生;对外鉴证其财务状况,维持公司之信用。吴应图指出:"监查之目的,以发见谬误及欺诈舞弊为主,但同时又须防止此等谬误舞弊之将来再行发生。惟然,监查上必须明示谬误或欺诈行使之部分及其理由,并改良其会计组织及记账手续,以绝将来之祸根。如发见商品现售上,屡有欺诈,则须改正现售之经理手续及其记账处理方法,使此后不能再生欺诈;若发见仓库之窃取,则须改良仓库制度及物品收支之记账手续是也";"监查之目的,在昔不过如上述(一)谬误之发见,与(二)欺诈舞弊之发见二项,今则聘用监查人之重要目的,乃在根据此等监查,由彼等制成正当决算报告表矣。此无他,一则各种企业之经营,进而为大规模,财政愈益复杂,一则专门监查人智识经验渐增,信用渐高,而其实力人格大为一般社会所承认之结果耳。是以实业界之委托监查,前述二项从来认为主要之目的,毋宁反置诸次要,而第一位之目的,乃在委托制作表现事业财政真相之贷借对照表,与表现营业确实成绩之损益计算书……股份公司,定期发表其财政状况,普通每委托会计师等职业的专门家制作之,或以经其检查证明之贷借对照表公告之,此于维持公司之信用,予出资者债权者以安心,极为必要也"❹。

(二)监查效益

吴应图把监查效益分为直接效益和间接效益。其一,"监查之直接效益,与监查之目的同,若其记账计算,有一为事务上或原理上之谬误,则发见之。有欺

---

❶ 吴应图.审计学[M].上海:商务印书馆,1927:11-15.

❷ 吴应图.审计学[M].上海:商务印书馆,1927:11,16.

❸ 吴应图.审计学[M].上海:商务印书馆,1927:11,20.

❹ 吴应图.审计学[M].上海:商务印书馆,1927:19-21.

诈舞弊,则举发之,以防将来之再发生;即令并未由此直接发见何等谬误或欺诈舞弊,然举行监查之事实,足以紧张从事会计事务者之精神,戒其记账上之怠慢疏忽,而萎缩其欺诈舞弊之念虑焉"❶。由此可见,监查的直接目的是揭错防弊,防患于未然,并对会计人员起警戒作用。

其二,监查的间接效益是"使利益关系者为之安心""巩固事业财政之基础""保护股东及债权者""增加公司信用使易募新股或公司债""使公司易于合并或营业之转让""使有金融之便利""使保险金易于支付""使无限公司两合公司股东入股退股容易计算""增加仗捐款维持之慈善宗教等社会事业之信用,使其资金容易募集""改良事业之会计组织"❷。总而言之,吴应图想通过"定期检查证明记账计算及决算各表之正当","有定期之正确贷借对照表发表","能定期接阅此等确实之决算报告表","定期发表事业财政之真相,与营业成绩于社会",以此达到"则一般公众之信用自大,此种公司如招新股或公司债时,因平素信用关系,自易额满";"则其财政自有信用,而营业之转让或与他公司合并之举,亦易成立";"股东能安心以得红利之分派,永久保存其股票,债权者亦然,可由此确实测定其公司之债务偿还力,而安心与公司交易焉";"金融业者可对该表(贷借对照表)表现之财政,安心予以金融上之通融";"保险事故发生之时,被保险者之账簿,如平日曾受外部专门家严正之监查,则自有信用,故能立即协定损害额,取得保险金焉";"现在捐款者,知其(慈善宗教团体)资金用途适当,其会计亦极确实,则对该事业之援助心,更受一层刺激,将来捐款之劝诱,亦自容易"❸;等等。由此可见,监查的间接效益是,被审计单位只有通过会计师的审核与查验,得到其经济鉴证后,才能取信于社会,然后顺利地开展各项经济活动,使自身得到应有的发展。

三、监查程序思想

(一)监查开始前准备事项

吴应图指出,凡受人委托,着手会计监查事务,所应准备之重要事项,有以下几个方面。

---

❶ 吴应图.审计学[M].上海:商务印书馆,1927:21-22.

❷ 吴应图.审计学[M].上海:商务印书馆,1927:22-25.

❸ 吴应图.审计学[M].上海:商务印书馆,1927:22-25.

其一,监查人如为初次接受委托,则须先行详细商定监查范围、应报告之事项及报酬数目等事,并精细制成契约书,以免日后委托人与被委托人发生纷争。

其二,监查人必须逐一阅读支配该事业的法律书类,如关于该事业之特别法令、各种章程及股东大会、董事会决议录等,并将其中关于该事业会计的规定,记于监查备忘录,以备将来参考。

其三,监查人须就该事业之会计组织,调查账簿组织、记账手续、事务分掌等项规定,进行了解,明确其内部牵制组织是否完全。若其组织不完全,则对何处有易生谬误或舞弊之缺点加以判定。监查人对此应特予注意。

其四,"监查人在监查之先,须熟知该事业之性质,与所生各交易之特征,并通晓该事业特有之方法习惯,即所谓营业实务者……盖此种实地考察所得之智识,于了解该事业之交易,及会计组织上,亦可大供参考也"。

其五,监查人须检查委托者在监查开始前是否已做好以下准备:"(1)会计上所用一切账簿之名称、担任记账人姓名及各科主任姓名之一览表,曾否备制。(2)各种分录账,曾否算出合计,加以总结;现金出纳账,曾否算出贷借余额,加以总结。(3)一切转记,曾否完了,试算表曾否作成,该表贷借是否平均。(4)关于一切支付凭证,曾否按现金出纳账记账次序排列。(5)一切物品存数,曾否作成完全之盘存估价表。(6)决算日曾否作成关于所有一切有价证券及应收入票之明细表。(7)决算日之手存现金,因监查便利上,是否先行存入银行,又往来存款账折,于是日以前银行已付之支票,是否悉行记入"。

其六,"监查人于监查开始之先,作成监查目录,举本人及部下应办事件之种类范围,及次序手续,所需预定日期时间表等,于各员所任事件各区分终了时,加以签章,则一阅该目录,随时皆可安坐而知全体监查之进行达何程度。尤如大规模之会计监查,主任者惟有依此方法,能充分指挥监督多数部属之服务,故极为便利必要也"。❶

(二)监查期内注意事项

吴应图认为,监查人在临查期内应注意的重要事项有以下几个方面。

其一,"监查人对于委托人方面之事务员,尤如从事会计者,须守相当尊敬,

---

❶ 吴应图. 审计学[M].上海:商务印书馆,1927:39-42.

出以谦让态度,使对我怀好感情,以便遇有记账上不明事项,请求彼等无敌意之说明而得其援助"。

其二,"监查人对监查上必要之观念,最初须毋以记账关系者,得无有某种欺诈舞弊之猜疑心临之。盖以此种先入为主之观念执行监查,决不能得好成绩故也。故在未发见舞弊以前,毋宁以为记账者证明其记入计算确实而行监查之观念临之为宜……虽然,一经发见舞弊形迹,则职责所关,无论当事人如何压迫,亦须绝无畏怯而有彻底遂行职务之勇气"。

其三,"监查人在监查中,遇有不明事项,须质问记账者,以充分了解为止,盖完全不解之记录,任其含糊过去,最为危险故也"。

其四,"监查时阅数日,如期间中,监查人不能占有一切账簿书类,则事务之各区分,务须了结一次。此由各区分之事务,如不了结一次,任其搁置,而暂还关系账簿于委托人事务员,则监查进行中,难保无改窜更变之危险故也"。

其五,"监查中对于账簿书类金额栏中半就消灭不甚分明之数字,及暧昧之数字,须常注意……遇此等暧昧不明之数字时,须就记账者确查该数,加以注销,使就上部朱书确实数额,以防监查后变更之危险。关于订正之数字,同时于该页之合计额,与转记其他账簿之数字,须检查是否订正"。

其六,"一切凭据书类,与关系记录核对既终,加盖'监查讫'章记,使同一凭据书类,次期监查,不能再行充数。又监查人或对各账簿已经检查之科目金额及合计额等,分别各盖本人独有之'查阅讫'章记"。

其七,"监查人于监查中,须常置监查备忘录,遇特别之调查或感觉有质疑之必要者,或账簿中发见之谬误舞弊,及此外监查了结后,对委托人作成报告书所必要之事项,皆记载之。此外,并备监查日记,记载每日所事监查事务之性质及其从事时间等,永久保存,以为他日发生当时关于监查事故时,证明某种事实之材料,或为追忆当时事情之资料焉"。❶

(三)监查终了手续

其一,凡各种监查,普通所行事务,大体可分类为三项:①检证各种账簿之合计额,及其他数字之计算之当否;②检查转记之当否;③核对账簿记录凭证书类

---

❶ 吴应图.审计学[M].上海:商务印书馆,1927:44-47.

及关系书式。"在监查幼稚时代,此种常规,每认为专构成监查之内容,即在今日,其于多数之监查,亦尚不失为重要事务。"❶

其二,"监查人在从事监查中,凡特须调查及认为必须质疑之事项,一切皆载监查备忘录,故当监查事务既终,则检查备忘录所载事项,是否皆已明了,即特须调查之事项,已否调查,又必须质疑之事项,已否质问,关于此类,必须毫无遗漏"。

其三,"由委托人方面,因监查所提一切书类账簿,须全部整理,令与收入时同一状态,同一次序,以交还之"。

其四,"一切监查事务既终,监查人乃搜集必要材料,携至本人事务所,制作对委托人之监查报告书焉"。❷

吴应图的监查程序思想主要针对监查开始前、期间及终了时三个阶段分别提出了一些注意事项。这些观点主要是在长期实践的基础上提出的,符合客观实际,具有很强的经验性和可操作性,至今在审计工作中具有参考价值。

吴应图指出,在监查开始之前,监查人与委托人应就监查范围、应报告事项及报酬等达成约定书,以防日后发生纠纷。监查人必须熟悉被查对象所从事行业的性质、法律法规及其内部牵制组织、检查委托人是否已做好了相应的准备,并编好详细的工作计划书,所有这些对顺利完成该项审计工作都很有必要。

吴应图认为,在监查期内,监查人对被查者应抱以谦让态度,并给予必要的信任,以取得被查者的配合和帮助。如遇到不明事项或暧昧数字,必须予以确查,并加以注销,盖上章记,以防再行充数。监查中还应置备忘录或监查日记,记录有关事务。吴应图强调,在监查终了之时,监查人必须对照备忘录,检查所载事项是否已都处理,没有遗漏。同时应将委托人书类账籍整理归还,并携必要材料回事务所制作监查报告书。

四、分项审计思想

吴应图的《审计学》全书共有5编,除第一编总论和第五编监查人之外,其余3编均为分项审计的内容,其中第二编为账簿检查、第三编为贷借对照表监查、

---

❶ 吴应图. 审计学[M]. 上海:商务印书馆,1927:47—48.

❷ 吴应图. 审计学[M]. 上海:商务印书馆,1927:59.

第四编为损益科目监查。由此可见,吴应图对分项审计实务非常重视。以下就吴应图这三方面的分项审计思想略作介绍。

(一)账簿检查

吴应图认为:"所谓账簿之检查,乃就各种账簿检查有无上列谬误及欺诈,而推敲其记录,是否适当正确,表现交易之事也。"❶具体而言,账簿检查主要查五个方面的问题。第一查"合计额及其他数字计算上之谬误"。第二查"转记之谬误"。吴应图认为:"各账簿金额栏合计及余额等数字计算当否之检证,在各种营业上,多数账簿中,多以商品或原料制品等物品之进货、销货之账簿,及关于现金之账簿为最要。盖会计上之欺诈舞弊,通常每与现金或物品关联,或为隐蔽弊窦计,对于有关系之账簿,为虚伪之记入,或故意使其合计额与实数不同,且因此种账簿中,有最多数之记账,故疏忽之误算,亦易发生故也。故商事公司之会计监查,于查阅合计额特为必要之账簿,为现金出纳账、进货账及退往品记入账、销货账及退来品记入账等特别分录账,又总账中,则为总账及进货总账、销货总账等项。"❷"凡转记皆由各种原始分录账对总账行之,故查阅之次序,当然亦由原始分录账之记载,追踪总账关系户名之记录,但由其效果言,毋宁反对举行,以总账各户之记入,追踪其渊源所自之原始分录账之记录为便利有效。盖如此则每总账上各户,逐一查讫,不若由分录账再及总账之反复于同一户名之不便,而发见转记谬误之效果必大,且有并查各户贷借合计额及其余额之便利故也。若对此时查讫之项目,于总账与分录账无所记载之项目,与后者有记载前者并未转记之项目等类,自能发见之也。"❸第三查"交易之漏账"。吴应图主张:"交易漏账之谬误欺诈,亦照查出纳账借方之记录,与其根据之关系书类,关于进货之漏账,则核对进货账之记录,与其凭证书类之发票及物品收入账等各记录,以发见之。"❹第四查"交易事实之误记或虚伪之交易记载"。吴应图指出:交易事实之误记"亦由偶然疏忽所致,故与第三之谬误相同,严重监查,则易发见。然若以隐蔽欺诈舞弊之目的故意行之,尤如该记载巧妙行使,绝不惹起他人嫌疑,则仅用普通手段,必

---

❶ 吴应图.审计学[M].上海:商务印书馆,1927:67.

❷ 吴应图.审计学[M].上海:商务印书馆,1927:50-51.

❸ 吴应图.审计学[M].上海:商务印书馆,1927:53.

❹ 吴应图.审计学[M].上海:商务印书馆,1927:68.

难发现,而非待监查人根据锐敏之观察,与经验上之智识,施行特别监查手段不可"❶。第五查"理论上之谬误"。吴应图认为:"反乎会计理论之谬误,其于会计上之影响更大,亦不能以监查常规发现,如后述总账监查项下所谓科目户名之分解,非赖监查人根据技俩(当为技术)经验之特别手段不可。"❷

吴应图认为:账簿检查主要包括现金出纳账之检查、各种分录账之检查及总账之检查。由于"会计上欺诈舞弊之大部分,通常多与现金有关,即因窃取或消费现金,而于现金出纳之记账,舞弄种种奸策,以求隐蔽其弊窦也",因此,"对于现金出纳账之记入,须为最绵密周到之检查,关于其贷方记载尤然"❸。他指出:"现金出纳账,因使用之目的不同,故其样式,有多数之种类变化,然其职分,皆在记录现金之收支,与表现其余额。故此账簿之检查,在查其借方及贷方一切现金收支,是否适当记录无遗,各页之合计额及其滚存转记,是否正确计算记入,又由此账簿转记总账,是否无误,然后确查其贷借余额是否与实际手存现金或银行往来存款余额一致。"❹

吴应图认为:各种分录账之检查主要有进货账之检查、销货账之检查、票据记入账之检查和普通分录账之检查。其中"进货账之检查,首须注意该商号或公司购入手续,如何组织,即于此是否设有有效制度。盖商品及其他物品之购入,其定货收货记账及代金支付等手续不备,且无适当之内部牵制组织,则购入上,势必易生种种舞弊故也"❺。"销货账之检查……照查销货账记入所用之书类,第一为卖出发票之复写,而物品发送账及承接定货之记录,亦重要之关系凭据也。"❻票据记入账之检查包括应收票据记入账和应付票据记入账两项检查。"应收票据记入账之检查,须先推敲此账簿中,一切应收票据,是否均适当记账。次就此等票据中其到期已收款者,及到期以前,已向银行贴现者,检阅其所收金额及贴现实收额是否正当记账。""应付票据记入账之检查,首据票据存根,检查一

---

❶ 吴应图. 审计学[M]. 上海:商务印书馆,1927:68.

❷ 吴应图. 审计学[M]. 上海:商务印书馆,1927:68.

❸ 吴应图. 审计学[M]. 上海:商务印书馆,1927:70.

❹ 吴应图. 审计学[M]. 上海:商务印书馆,1927:71.

❺ 吴应图. 审计学[M]. 上海:商务印书馆,1927:90.

❻ 吴应图. 审计学[M]. 上海:商务印书馆,1927:96.

切发出之票据,是否竟无遗漏,悉经适当记入此账。"❶普通分录账之检查,"若因期初记账开始之前期滚存记账,或期末估价整理之记账,固须全部查阅,但此外之记账,则仅查阅特别重要科目之转记而止"❷。

吴应图认为:总账之检查包括总清账之检查和补助总账之检查。其中"总清账包括表现全体事业财政之状态,即表示事业成绩及财产状态之损益计算书及贷借对照表,亦由此账簿制成之。故监查以此账簿为中心,根据其记录以行,因之监查人须确查此账簿之记录,是否悉当,而不仅查阅由分录账转记之当否,且进而充分检查各交易是否对适当户名以正确之金额记账焉"❸。补助总账最主要为进货总账和销货总账,"关于进货总账,监查人所应检查之重要事项,在确查该总账各户余额,是否正确……最有效手段,为每月底或期末,行监查时,或请求各进货客户开示往来账单,注明该月底或期末贷借尾数,或开具账单寄往请其承认,以检查该总账各关系户名之余额,是否一致";"关于销货总账或销货客户总账,监查人所应检查之重要事项,亦在确定该总账各户余额之是否正当,其最有效之手段,亦与确查对进货客户债务之手段同样,在各销货客户发送该期间之往来账单,表示贷借关系及期末之余额,请其承认"❹。

(二)贷借对照表监查与损益科目监查

吴应图的贷借对照表监查,其实就是通常所指的资产负债表审计。吴应图指出:"资产负债之存在及其估价,委托人账簿所载,非必能为确实决定的,故监查人非独立检查此等事项定其当否不可。"由此可见,他认为资产负债表是否真实反映被审单位的财务状况,非经过审计人员检查不可。有关其检查的基本做法及理由,他提出了自己的看法:"资产及负债之存在,虽可依总账各记录而知,但仅就账簿推敲,则必不充分,欲加确查,则资产中如现金、有价证券、应收票据等能检阅实物者,可以实查确定,不能实查者,则须推敲其可表实在之证据。负债须核对关于债务发生之凭证书类,其重要者,须就债权者询问以证其实在。资产及负债之估价,用上述手段,既可确知其存在,又可确定其价格。资产之原价,

---

❶ 吴应图.审计学[M].上海:商务印书馆,1927:100-101.

❷ 吴应图.审计学[M].上海:商务印书馆,1927:104.

❸ 吴应图.审计学[M].上海:商务印书馆,1927:104-105.

❹ 吴应图.审计学[M].上海:商务印书馆,1927:110-112.

虽亦可由取得之凭证书类而确知,但多数资产之估价,并非继续其取得之原价,事实上常有变动,故贷借对照表所载各资产之估价额,须照会计学上之原则,并忖度当时事情,推敲其是否公平正当,故为监查人者,关于资产估价之一般原理,无论矣,即关于减价摊还之智识,亦非充分具备不可"。最后,他还客观中肯地指出:"各种资产之估价,无论何人,皆不能为绝对正确之决定,要不过一种估计而已……监查人虽其所证明之贷借对照表,亦非证明能绝对正确表示该事业之财政,不过表示照会计学上公认之估价原则,用相当方法检证各资产已经比较的公平正当之估价已耳。"❶

吴应图在《审计学》一书中,"就普通商工会计,贷借对照表所载各种项目,分流动资产、盘存估价资产、固定资产、特殊固定资产、滚存资产、负债及资本主科目七类说明各项监查法"❷。但是,由于其内容繁多琐碎,限于篇幅,兹不再做进一步阐述。

吴应图认为:"损益科目或损益计算书,乃事业之会计以复式簿记记账整理,根据总清账期末余额试算表中关于损益各科目,斟酌此等损益项目之期末盘存而制成者,贷借对照表则表现期末之财政状态,此则表现该期间之营业成绩者也。即该表一项目所载该期利益金,在此科目,如何得来,表示其内容详细经过,而供给判别事业成绩良否之材料者也。"因此,他提出这样一个观点,即检查损益计算书比检查资产负债表更为重要。这是因为"贷借对照表所载资产负债,皆表示制表日之价额,而非亘及全营业期间者。故此等资产负债之监查,前既言之,但检查特定日各种实情,与其估价之当否足矣,并无逐一检查其关系记账之必要。但监查包含于损益科目或损益计算书之各种收益及损失者则反是,其期间所生关系此等项目各交易记录之检查,极为要紧,盖损益项目中之金额,非若资产负债之表示特定时之价额,乃表示该营业期间中之发生额故也。故第二编账簿检查项下之所说明,关于资产负债之监查,虽非绝对必要,但关于损益之监查,则绝对必要,换言之,关于损益科目中所含各项目,则查阅各关系之交易记账,实其监查之主要部分也"❸。

---

❶ 吴应图.审计学[M].上海:商务印书馆,1927:121-122.

❷ 吴应图.审计学[M].上海:商务印书馆,1927:122.

❸ 吴应图.审计学[M].上海:商务印书馆,1927:208-209.

吴应图主张,损益科目之监查的通常程序是:"须先查阅构成此内容之各损益项目之记账,一切损益交易,是否正确记录计算,又期末之盘存,是否皆适当记入,然后检查其是否依此等项目之正当金额,并网罗一切损益,而作成此科目也。"❶

吴应图重视分项审计实务,其著作《审计学》共5编,其中3编是有关分项审计的。而且其论述的账簿检查、贷借对照表监查和损益科目监查已代表了分项审计的最重要项目,即今天所谓的账簿审计、资产负债表审计和损益计算书审计。吴应图的账簿检查主要查合计额及其他数字计算上之谬误、转记之谬误、交易之漏账、交易事实之误记或虚伪之交易记载、理论上之谬误5个方面的问题;贷借对照表监查则涉及流动资产、盘存估价资产、固定资产、特殊固定资产、滚存资产、负债及资本主科目7类的监查。他认为检查损益计算书比检查资产负债表更为重要,因为损益科目中所含各项目,通过检查损益计算书,就相当于查阅各项目的交易记录,达到了监查账簿主要部分的目的。

五、监查人资格思想

吴应图认为:"监查人(审计人员)欲完全尽其职责,自有种种必要之资格,但可大别之为技能的资格与性格的资格。"❷他的监查人资格包括以下两个方面。

其一,监查人技能资格。

吴应图所谓"技能的资格,为监查人适当执行职务上所应备之技术素养,由与监查有关之学问智识及实地经验而成"❸,主要有以下四个方面。

(1)关于簿记会计学有专门智识。"监查人为检阅据簿记、会计学记账整理之账簿及决算各表之人,故欲就他人之记账,正确解释,妥善批评,必监查人对斯学有完全之智识,且其必要之程度,盖居技能资格之第一位也。"

(2)通晓监查之理论与实际。"会计学为阐明会计整理之基础的原理法则者,簿记为准据会计学设定之原则,以为交易之记录计算者,监查则讲究解剖据簿记之记录,照会计学之原则,查阅其当否之手续方法者也。三者在会计上之职分各

---

❶ 吴应图. 审计学[M]. 上海:商务印书馆,1927:208.

❷ 吴应图. 审计学[M]. 上海:商务印书馆,1927:247.

❸ 吴应图. 审计学[M]. 上海:商务印书馆,1927:247.

异,故为监查人者,除关于簿记及会计学专门智识外,须通晓监查之理论与实际也明甚。"

(3)明了民商法及其他关系法规。"为监查人者,除以上关于会计之各种智识外,尤须具备民法、商法、破产法、手续法等法律智识,而各种事业直接有关之特别法规,及其他税法等,亦非通晓不可。"

(4)有各种事业会计实务之经验。"各种事业之会计,各有其特有之常规,且营业之方法习惯亦异,若不通晓此等实务,无论如何具备监查人所必要之学问素养,亦必不能为有效之监查。盖不通实务,则其营业交易及此等记录之会计组织,必不能明确了解故也。关于此等实物之智识,惟由实地经验,可以养成,故为监查人者,一面须有关于会计学及法律学之学问智识,一面复须有关于各种事业会计事务,有实地的经验素养……所以除学术试验之外,须有五年至七年或三年至五年之实地经验也。"❶

其二,监查人性格资格。

吴应图所谓监查人必须具备的性格资格,其实就是人的思想品德、素质修养。而且,他认为性格资格比技能资格更重要,更必不可少:"为监查人者,除以上专门智识及实地经验之技能的资格以外,更非具备左列性格的资格不可。"吴应图的性格资格主要有以下两个方面。

(1)对于职务,有极强之责任观念,且有为职责不屈于任何诱惑或威压之勇气与信念。"监查人之正当监查证明,于委托人不利益时,彼等即有种种之诱惑与威压,故斯时非自觉其职责之重大,有忠实遂行其正当所信之信念与勇气不可。若监查人而无此资格,则必辱其职责,欺其利害关系人,转为经济社会之毒也。"

(2)有能对事物精细、准确、敏锐、公平地观察,且具有对事物严密处理的性格。吴应图引用德克悉(Dicksee)在其著作《监查论》中所阐述的,"为监查人所必要之性格:警觉(Tact)、注意(Caution)、确固(Firmness)、温厚(Good-temper)、勇气(Courage)、诚实(Integrity)、思虑(Discretion)、勤勉(Industry)、判断(Judgment)、忍耐(Patience)、明敏(Clearheadness)、信赖(Reliability)"❷。

---

❶ 吴应图. 审计学[M]. 上海:商务印书馆,1927:247-249.

❷ 吴应图. 审计学[M]. 上海:商务印书馆,1927:249-250.

六、监查人责任思想

吴应图在《审计学》第二十三章监查人之资格与责任中通过对英国有关会计师案件的判决例的研究,得出监查人必须承担以下法律责任的结论:

(一)监查人对于所监查之会计,明知其有欺诈舞弊,而予以正当之证明,则有刑法上之责任。

(二)监查人因怠慢致令委托人负损害时,如经委托人证明监查人之确有怠慢,则不得不负损害之责。怠慢者,不适当注意之谓,而注意之程度,则视各该时地之事情,与为此职责所认定之一般的标准定之。故对于以相当之注意及熟练,所不能发见之巧妙欺诈,监查人虽未必见,亦不必负其责任。

(三)关于某种问题,因其他实际家之经验上,或一般承认之大家意见,监查上有一定之法则,则监查人如忽于准据,即不能免怠慢之责。

(四)监查人就其需要特别智识事项之监查,可采用专门家之意见。

(五)又监查人自始对于委托人方面使用人,不必以探侦的嫌疑之眼目临之,故以相当之注意,如无弊窦,则信赖彼等之报告或提出之书类可也。

(六)盘存估价,非监查人本来职责,除已根据平素之智识经验为相当之注意外,信赖委托人方面之责任者所制造盘存表可也。

(七)监查人对委托人关系,极为心腹的(Confidential),故无委托人之许可,不能泄漏其监查事项于外部,且非得委托人之许可,不能与其主顾直接通信。❶

从以上吴应图所归纳总结的英国会计师案件判决例可以看出,其会计师的责任主要有三个方面。一是对审查的会计对象根据情况要负不同的责任。如明知对方欺诈舞弊却予以正当之证明,则要负刑事责任;如因工作怠慢疏忽而出现差错,则依据程度不同负相应的责任;如工作已尽职尽责,但没能发现隐蔽的欺诈,一般不必负责任。二是审计人员可以对委托人方面使用人(即审计对象)给予必要的信赖,如在审计中没发现什么弊端,则可相信被审查者的会计报告、盘存表等。审计人员对一些不熟悉的专业领域,可采用该领域专家的意见。三是审计人员必须为委托人保守秘密。

综上所述,吴应图详细而系统地阐述了审计定义、审计目的与效益、审计程

---

❶ 吴应图. 审计学[M]. 上海:商务印书馆,1927:254–255.

序、分项审计、监查人的资格与责任,从而构成了一个相对完整的审计思想体系。他的审计思想既继承了中国古代审计思想又借鉴了当时先进的西方审计理论和方法,是中西结合的产物。他的审计思想既有对审计定义、审计目的与效益等理论的介绍,又详细阐述了审计程序等审计实务,体现了审计理论与实务并重。他的审计人员资格和责任思想,在当时具有先进性,对于当代审计人员如何提高自己的职业道德和专业胜任能力也具有指导意义。他的审计思想对于促进西方审计理论和方法在中国的传播、中国会计审计人才的培养、中国会计师事业的发展都具有积极意义。

奚玉书的审计法思想初探

在近代中国众多的会计师当中,奚玉书是一位独特的审计法学者,他自幼便受到家庭公道正派的思想熏陶,并且接受了正规的法科教育,对法律制度有独到的见解。后来,他从事会计师职业,对审计与法律之间的关系有着透彻的理解,倡导审计乃至整个会计工作必须在法律的框架下运行,尤其重视事前审计,以节约执法成本,增加社会效益。他的审计法思想对规范民国时期的审计程序,指导审计工作实践,促进经济发展起到了促进作用。然而,学界对奚玉书的审计法思想未有专门成果,本部分试图弥补这一不足。

一、思想基础:家教及法科学习经历

一个人的某种思想的形成,与其接受教育的经历有关系,奚玉书也不例外。1902年也即20世纪初出生于上海的奚玉书有着良好的家庭教育与法科学习背景,他"从小深受祖父教诲,以为社会做公益善举、主持公道、造福人群为己任"❶。"主持公道、造福人群"的家庭教育,其效应是相当好的,实际上将法科教育公道正派及心怀民众的核心理念传给了奚玉书,在他幼小的心灵里种下了"公平正义"及"热爱人民"的种子。

1922年,20岁的奚玉书进入东吴大学法学院学习,开始接受正规的法科教育,由此奠定奚玉书一生重视法治的观念基础,也是奚玉书审计法思想形成的力量源泉。我们知道,成立于1915年的东吴法学院,是当时相对独立的法律专门学院,名气蜚声海内外,"在当时中国的法学教育领域长期保持领先地位"❷。东吴法学院堪称近代中国最著名的法学院,东吴校训"养天地正气,法古今完人"出自孙中山先生,意思是培养天地间坚毅不屈的浩然正气,效法学习古今圣贤的完美道德,它非常契合法学教育的精髓。并且,奚玉书入读东吴法学院时,正值该校的法科教育处在上升期。1922年4月,东吴法学院创办的中英文合刊——《法

---

❶ 崔新婷. 奚玉书:会计人的家国情怀[J]. 新理财,2017(5):87-89.

❷ 孙伟. 近代中国最著名的法学院——东吴法学院之研究[J]. 江西社会科学,2010(11):140-143.

学季刊》(China Law Review)问世;1923年,东吴大学法学院《东吴年刊》第一卷年刊出版。这些刊物的创办是东吴法学教育发展成熟的标志,也为培养高素质的法科人才奠定了学术环境基础。就是在这样的学习环境里,奚玉书接受了正规的法科教育。

事实上,东吴法学院的确培养出了王宠惠、董康、郭卫、赵琛、吴经熊等一大批著名的法学家,因而成为民国法学教育成功的典范。奚玉书就是在这所著名的法科教育基地接受了法学理论的熏陶和法律智慧的点拨,这一学习经历使他对"公平正义"有了更加深刻的理解,对法治精神有了系统的掌握。他自己也曾谈到在东吴法学院学习的体会和感受,他"认为在东吴大学三年辛苦钻研令自己'对于法律方面的问题处理,或有特殊的心理'"●。也即是说,他经过东吴法学的学习之后,对法律有了实质性的把握与观念层面的提升。

值得一提的是,当时的东吴大学采用英美教育体制,所以学制三年。即使短暂的学习实践,也使奚玉书收获颇丰。与此同时,法科教育也塑造了"奚玉书性格儒雅正直、坚持正义"●的形象。虽然奚玉书后来没有直接从事法律职业,但是在会计师行业,奚玉书坚定不移地践行公平理念,贯彻法治精神,他特别坚持会计师必须具备法律素养,这种观点非常有见地。

首先,会计师必须具备公正态度。公正是法律的核心价值和精髓,奚玉书认为从事审计工作的会计师必须具备法科人的公正态度,包括两点:"其一,会计师能够在执行任务时保证不偏不倚的公正态度,不受任何方面的牵制;其二,会计师具有财务上、商事上及法律上的学识经验。"●这两点是一位优秀的会计师必须具备的基本素养,态度决定一切成效,公正的态度决定会计师的形象,尤其是其在审计等工作中的效率和信誉。而具备法律常识,可以预防犯错,维护国家、集体及个人权益,从而更加坚定其公正的态度。的确,"1929年,先生创办了公信会计师事务所,先生及其事务所坚持公正、严明从事审计工作多年,使公信会计师事务所成为新中国成立前最著名的会计公司之一"●。个人认为,公信会计师事务所的这一成就,与其创始人奚玉书的公正态度及其法治精神是分不开的。

● 崔新婷.奚玉书:会计人的家国情怀[J].新理财,2017(5):87-89.

● 崔新婷.奚玉书:会计人的家国情怀[J].新理财,2017(5):87-89.

● 朱鸿翔.论会计学家奚玉书的会计师思想[J].中国注册会计师,2014(1):117-119.

● 贝蓓芝.奚玉书会计文集[M].上海:立信会计出版社,2014:2.

正是这种公正的态度和品格取得了业界同行的信任和支持,从而赢得了快速发展的机会。

奚玉书还从公正的角度,阐述会计师的职业道德内涵,他认为:"所谓职业道德,乃职业上应有之伦理观念,此种道德观念之确立,并持以坚毅之意志,使会计师执行业务时,不失公正第三者之地位。"❶这里,奚玉书再次强调会计师应具备公正的职业道德,才能在执行业务时,不失公正第三者的社会角色形象。在奚玉书看来,公正就是会计师职业道德最应有的内涵,对社会有巨大的作用。诚如学者所认为的那样:"奚玉书认为会计师职业道德不仅关系到本身的存亡,而且也关系到社会各种利益的公平公正。"❷由此,可见一斑。

其次,会计师必须坚持法律依据。"先生认为,一个公正会计师的毕生事业,既是坚持以相关法律制度为依据,去解决生产经营、财税、会计、审计问题的事业,也自始至终是为落实执业法律制度与维护、保障这些法律制度而奋斗的事业。在执行与维护法律制度方面,会计师与律师是没有区别的,会计师应承担的责任,首先当是对法律制度的贯彻执行。"❸在奚玉书看来,会计师的公正品质应该体现在:其终身与法相随,始终依法办事,忠诚地执行法律,维护法律的尊严,承担法律的责任。简言之,会计师与法律人无异,应当具备法律素养。

再次,会计师积极推进法制建设。会计师在广泛的法制实践当中,对相关法制的需求最有发言权,理应成为法制建设的积极推动者。作为资深会计师的奚玉书正是这样做的,对此,有学者认为,"奚玉书不遗余力推动会计、税制等相关法规建设和落实,尤重视会计师制度的完善……先后参与了《会计师服务细则》《全国会计师协会章程》《会计师公费标准》等一系列法规章程的制定或修订工作"❹。奚玉书的立法工作为其他会计师树立了榜样,也是其法律素养的最好体现。"他认为会计师和律师一样,'本身也是熟谙法律,也是预备参议立法的。'"❺虽然职责不同,但是在知识结构及法律素养方面,会计师与律师有共同之处。鉴于此,当时的社会实践中,就有部分会计师兼任律师或者是律师兼任会计师的情

---

❶ 方宝璋.民国审计思想史[M].北京:中央编译出版社,2010:340-341.

❷ 方宝璋.民国审计思想史[M].北京:中央编译出版社,2010:341.

❸ 贝蓓芝.奚玉书会计文集[M].上海:立信会计出版社,2014:序评2.

❹ 陈敏.奚玉书:会计人的民族情怀[J].新理财,2017(4):90-91.

❺ 朱鸿翔.论会计学家奚玉书的会计师思想[J].中国注册会计师,2014(1):117-119.

况。因此,会计师的知识结构足以推进法制的进步。

最后,会计师应该承担法律责任。奚玉书指出:"会计师一方面为一种特殊资格,一方面为国家之公民,故法律所规定会计师之责任,以及公法私法上公民应有之责任,会计师均须尽之。"❶在奚玉书心目中,会计师与律师一样,都是法律从业者,理应在法律的高度承担严格的法律责任。无论是公法还是私法,作为会计师必须统统遵守,承担所有法律责任。

可见,接受过良好家庭教育及东吴法科出身的奚玉书,具有深厚的公正理念和法治思想,并且将这种理念思想运用到会计师的教育及工作实践之中,要求会计师必须具备秉持公正态度、坚持法律依据及推进法制建设等法律素养,一个优秀的会计师必须具备良好的法律素养,才能真正维护国家和人民的利益。

二、思想核心:对审计及其制度的诠释

奚玉书是一位复合型人才,他除了接受东吴法科教育之外,还接受过复旦大学和东南大学的商科教育,尽管他选择了会计师职业,但是他对审计及其制度有其独到的理解。在他看来,会计师的主要工作是审计,因此会计师制度实为审计制度的一部分。在奚玉书的文章中,至少有四处表达了审计在会计师业务中的地位,如"在今日会计师业务,辄以审计居首要"❷,又如"夫会计师事务之间,辄以审计为最重要"❸,复如"夫会计师业务之间,无论在英在美,辄以审计居为首要"❹,再如"审计者,又谓会计检查,此种事务其成为会计师业务间最重要之一种,则考诸任何国家均如此,非仅以英国为然也"❺。无论是会计师的业务还是事务,均以审计为最主要,凸显了会计师与审计的密切联系。他认为:"所谓审计者,即以一定检查程序而测定会计,是否正确之谓也。故吾人以为审计之于会计,犹影之随形;会计之功绩,因审计而完成。"❻也就是,审计是按照一定程序检查测定会计是否正确。可以说,从工作角度看,会计师就是审计师,会计师制度

❶ 贝蓓芝.奚玉书会计文集[M].上海:立信会计出版社,2014:28.
❷ 贝蓓芝.奚玉书会计文集[M].上海:立信会计出版社,2014:25.
❸ 贝蓓芝.奚玉书会计文集[M].上海:立信会计出版社,2014:116.
❹ 贝蓓芝.奚玉书会计文集[M].上海:立信会计出版社,2014:99.
❺ 奚玉书.英国会计师职业[J].公信会计月刊,1939,2(1):2-5.
❻ 奚玉书.审计与直接税[J].公信会计月刊,1941,6(3):66-67.

很多就是审计制度。显然,奚玉书对会计制度的研究,也包含对审计制度的关注。

(一)对"审计"做了不同视角的解释

由于会计师的主要职业是审计,所以在多篇文章中,奚玉书对"审计"做了不同视角的解释。其一,在《论会计师事业》一文中,奚玉书指出:"所谓审计者,乃就他人所作之会计记录与报告,检视其有否不确定之情形,而为其出具报告书。"[1]在奚玉书看来,审计是会计师的职业。具体而言,会计师通过审查会计记录及报告,审视其是否存在不确定项,判断其真伪谬误,且为其出具报告书。简言之,审计就是审查会计记录与报告。

虽然在奚玉书之前,也有学者对"审计"做了诠释,如"审计系检查会计记录及关系书类之真伪,决算报告书之符合实情与否,而行使'正失''正误''正弊'三项职务"[2]。或者"审计云者,对于他人所作成之会计记录,用有系统有组织之方法,为全部或一部之检查,以确定其会计记录之是否适当,是否足以正确表示该企业之财政状况几经营成绩,同时更指其谬误,摘发其诈弊,并为出具报告书或证明书,以表示其客观意见之谓也"[3]。但是,奚玉书从会计师职业的视角对"审计"的解读精准、恰当、接地气。因为审计是会计师的重要职责,这样解释更易助人理解。

其二,在《论事前审计》一文中,奚玉书从语词学的角度解释"审计",认为"审计一词,会计检查之谓。故其涵义较通常概念为尤广,实不仅以工商会计为检查而已;换言之,审计以一般工商业会计为检查之对象时,可谓之工商业审计,其以政府会计为检查之对象者,则属于政府审计;斯两种审计之对象既异,其性质迥不相同"[4]。从这里可以发现,奚玉书认为"审计"一词的含义包括工商业审计与政府审计两种性质各不相同的对象。也就是说,"审计"应该涵盖会计师对工商业会计和政府会计两种会计的检查。这也是奚玉书从审计的业务范围来对"审计"所做的另一种解读。

[1] 贝蓓芝.奚玉书会计文集[M].上海:立信会计出版社,2014:25.

[2] 钱祖龄.会计及审计[M].上海:世界书局,1934:319.

[3] 潘序伦,顾询.审计学(上册)[M].上海:商务印书馆,1935:1.

[4] 贝蓓芝.奚玉书会计文集[M].上海:立信会计出版社,2014:112.

(二)关于"审计目的"的意义解读

"审计目的"是审计领域的重要理论命题,由于"审计目的不仅是审计理论结构中不可或缺的首要组成部分,也是审计实践活动中起决定方向作用的因素"❶,因此,从传统到现代,研究者甚众。民国时期,"审计目的"是一个热点话题,不少学者都考察过。如有学者认为:"审计的目的有三:一、阐明事业之真相;二、发现计算记账之谬误;三、发现计算记账之欺诈舞弊"❷。实际上,将"审计目的"归结为阐明真相和发现谬误舞弊两个方面,稍显表面与浅显。

关于"审计目的",奚玉书也做了研究,且从深层次挖掘审计的终极目的。他在两篇文章中对"审计目的"做了描述,一方面指出"审计之消极目的,在于揭发有否故意之作伪以及无意之谬误,其积极目的,在管理方法与营业政策之改进"❸,另一方面指出"审计之消极目的,当在于揭发不尽不实之表示"❹。由此,审计目的分消极与积极两种,奚玉书认为审计的消极目的,旨在揭发故意的虚假与无意的谬误;而审计的积极目的,就是通过审计,达到管理方法和营业政策的改进。奚玉书对"审计目的"的论述,让我们看到了审计的崇高价值,更加崇敬会计师的职业。

今天的学者从经济学的视角,"将民国时期审计界的审计目的思想分为三个层面:其一,通过经济监督的层面,检查账目上的错误与舞弊,促使企业经济活动和会计记录依法依规;其二,通过经济鉴证层面,证明被审对象财政财务状况及营业成绩的真实正确,增加企业的社会信用;其三,通过经济评价层面,评价被审计单位的内部组织和营业政策是否合理,为企业提供管理建议,以提高企业管理水平"❺。这种归纳表明:民国其他学者关于"审计目的"的论述,并未超越奚玉书的研究。

值得一提的是,审计目的与审计目标不同,正如学者所言,"审计目的是长期的,而审计目标是阶段性的。审计发展到今天,审计目的始终未发生变化,而审

❶ 刘兵.论审计目的[J].审计研究,2002(4):49-52.

❷ 钱祖龄.会计及审计[M].上海:世界书局,1934:314-315.

❸ 贝蓓芝.奚玉书会计文集[M].上海:立信会计出版社,2014:25.

❹ 奚玉书.最近美国会计师事业之动态[J].公信会计月刊,1940,4(5):132-133.

❺ 朱灵通.民国时期审计目的的思想及其启示[J].财会通讯,2016(34):114-116.

计目标却经历了一个不断变化的过程"❶。因此,奚玉书对"审计目的"的精辟归纳和分析,对今天我国探索审计的目的、实现审计工作的目标,依然有一定的参考价值。然而,审计目的的实现,得依赖相关的法律规范,尤其是审计制度的支持,正如著名的会计事业开创者潘序伦先生所言:"审计为会计上之司法监督,而以依据国家法规预算及经济原则,求财政运用上之正确切当,为其审查之目的。"❷因此,对审计及其目的理解,非常有必要将其与法律法规相联系。

(三)对审计法重要性的独特论述

从奚玉书对"审计"的解释,不难发现,审计职业实际上是对会计行为的监督。的确,审计的最主要功能就是监督。❸民国时期,人们非常重视这种监督的力量,并从法制的角度予以规范。诚如当时的学者所言:"近世法治国家对于监督财政之职务特别注重,在宪法上通例设有三种监督机关。"❹其中"司法监督之职权,在依据现行法令及预算,审定国家收支及其结果,以为最后之报告,审计院行之"❺。民国时期,审计被纳入司法监督的范畴,于是,奚玉书从司法监督的角度对审计法的重要性做了进一步论述。

第一,只有审计法制才能尽会计监督之能事。奚玉书认为,"审计法为审计制度之基础"。"审计为会计上之司法监督,其所审查之对象为政府之收支,其审查目的,则求财政运用正确切当。苟一国无严密审计制度之存在,则虽有出纳系统、主计系统之设置,仍未能尽监督之能事。"❻也即审计法为制定具体的审计制度奠定了坚实的法律基础,由于审计是针对会计的司法监督,但是如果没有审计法律制度的支持,这种司法监督的效果很难维持,也难以具有权威性,或者不能尽到监督的最佳效应。所以,国民政府非常重视审计法制建设,从宪法条文到审计条例,再到审计法及审计法施行细则,以及相关的法规,形成了一整套审计法律体系,为会计监督提供了坚实的法律基础。

---

❶ 车丽娟.论审计目的[J].吉林商业高等专科学校学报,2005(1):57-59.

❷ 潘序伦.政府会计[M].上海:商务印书馆,1933:291.

❸ 根据审计学专家的解释:审计最初最基本的含义,一般是指由原会计人员以外的第三者主要通过查账对有关部门的经济活动进行审查监督。方宝璋.中国审计史稿[M].福州:福建人民出版社,2006:1.

❹ 杨汝梅.论审计制度[M].南京:军需学校,1930:1.

❺ 杨汝梅.论审计制度[M].南京:军需学校,1930:1.

❻ 奚玉书.论计政法规[J].公信会计月刊,1940,4(1):2-4.

也正因为如此,民国时期的审计制度非常发达。一方面,"民国时期的审计工作已经步入现代化阶段"●;另一方面,"经过立法程序,先后公布四部《审计法》,奠定了依法审计的基础,使审计工作走向法制化轨道"●。当然,审计法制的进步,离不开学者的建言献策。奚玉书将对会计的司法监督与审计制度联系起来考察,一定程度上推进了民国审计制度的发展和完善。

第二,审计法内容的明确规定起监督的决定意义。奚玉书认为,"审计法内容即对于审计制度之实施,加以明确规定,倘任何机关之收支,未经审计认为合格,即未能解除其责任,盖审计之为会计上司法监督,实为最后决定之意义焉"●。任何制度的制定都是为了在实践中执行和落实,"法律应当明确是显而易见的道理"●。因此,该制度的内容必须明确和具体。在奚玉书看来,审计法的内容当中,应当将具体的实施制度予以明确规定。如规定任何机关的收支,未经审计机关的审核与合格认定,就不能解除其法律上的责任。由于审计是针对会计的司法监督,这种监督被审计制度明确规定更具有权威性,因此带来监督的决定意义。

简言之,奚玉书对"审计"的多视角解释、"审计目的"的意义解读及审计法重要性的论述等方面,应是奚玉书审计思想的核心内容,让人们领略到审计的深刻内涵和深远意义,他的审计思想奠定了审计制度科学性的基础。

三、思想实践:审计程序运用及考量

审计程序是审计机构及人员对审计项目从开始到结束的整个过程,所采取的系统性工作步骤。当会计师进入审计程序时,就意味着是在审计制度的基础上,细化流程和要求,并且将其充分落实到整个审计项目之中。审计工作实为执法行动,离不开审计制度的引导,在实践中尤其应该重视审计程序的运用。奚玉书认为审计工作必须依法行使,他高度重视实践当中,会计师对审计制度的运用。

以政府审计为例,奚玉书认为:"至于政府审计之实施,由审计机关执行之,

● 李金华.中国审计史(第二卷)[M].北京:中国时代经济出版社,2004:序3.
❷ 李金华.中国审计史(第二卷)[M].北京:中国时代经济出版社,2004:序6.
❸ 奚玉书.论计政法规[J].公信会计月刊,1940,4(1):2-4.
❹ 何勤华.西方法律思想史[M].上海:复旦大学出版社,2012:353.

依审计法规之规定行使其职权。此种审计会计师虽可接受委托命令办理,然揆诸我国今日实际情形,则唯有审计机关始可行使其职权,中央政府及地方政府,由其审计部、审计处或审计办事处办理之。"❶显然,依法审计就是依据相关法律法规按照审计程序进行审计活动。有学者认为:"奚玉书认为,作为一名合格的会计师必须学识与经验并重。"❷意思是会计师不仅要掌握扎实的理论知识,还要广泛实践,取得丰富的经验。就审计业务实践而言,会计师不但要把握审计规范,而且要熟悉审计程序,在具体审计工作中娴熟地处理相关案件。

首先,关于审计程序的运用价值。审计程序,即是开展审计工作的步骤和次序,一般分为事前审计程序、事后审计程序和稽察程序三大类。民国时期的审计学者已对审计程序的意义有了深刻的认识,奚玉书也不例外,他认为:"审计程序在确定某期间发生之损益,或收支之是否正当,与某期日资负状况是否确实。详细审计之程序,必须彻查财务现状,与夫所以达于现状之过程,资产负债审计之程序,则仅限于财务之现在状况。"❸再好的审计制度,也必须到审计实践之中,通过审计程序的详细过程,实现审计的目的,发挥审计制度的作用。今天的审计学界对审计程序的意义也认识比较清晰,指出"只要注册会计师对被审计单位财务报告的合法性、公允性发表意见,就必须通过实施审计程序来获取充分、适当的审计证据,得出合理的审计结论"❹,由此可见一斑。

的确,在审计实践中,审计程序对审计会计师来说至关重要,只有审计会计师严格遵守职业道德,依照审计程序去开展审计活动,确保每个程序细致周到,避免失误,在每个工作环节对审计证据进行认真分析,对结果作出谨慎判断,才能确保审计质量。基于审计实践中审计程序的重要意义,"是故会计师于执行审计业务时,乃采用适当之审计程序,以确定经其审核账册报表及一切书据凭证,是否尽属翔实正确"❺。这里,奚玉书主张:会计师在进行审计业务过程中,采用适当的审计程序,妥善处理一切凭证,获取真实翔实的审核信息。因此,恰当审计程序的运用,有利于市场信息的真实可靠。

❶ 奚玉书.论事前审计[J].公信会计月刊,1940,4(3):68-69.

❷ 朱鸿翔.论会计学家奚玉书的会计师思想[J].中国注册会计师,2014(1):117-119.

❸ 奚玉书.论会计程序与审计程序[J].公信会计月刊,1941,5(2):35-38.

❹ 钱薇.审计程序在审计实务中的具体运用[J].产业与科技论坛,2018(10):243-244.

❺ 奚玉书.最近美国会计师事业之动态[J].公信会计月刊,1940,4(5):132-133.

与此同时,奚玉书坚持会计师的工作与经济不可分离,认为"会计不能游离经济而独存,盖会计所处理者,实为经济现象之一环"❶。亦即会计所处理的事务,往往涉及经济账目,实际上是经济领域的一部分,所以会计师的工作与经济相关,甚至"会计师辅助经济之繁荣,责无旁贷"❷。可见,会计师通过工作,发挥审计对经济发展的鉴证监督作用,更好地为投资者保驾护航。

其次,关于审计程序的运用范围。奚玉书认为:"审计程序实施范围有广狭之别,其广者为详细审计,其狭者为资产负债审计。"❸也就是在奚玉书看来,审计程序的具体施行有广义和狭义之别。广义是泛指详细审计,狭义专指资产负债审计。进言之,"详细审计之程序,必须彻查财务现状,与夫所以达于现状之过程;资产负债表审计之程序,则仅限于财务之现在状况"❹。也就是说,广义审计程序反映的是财务发展的历史过程,必须彻查全部财务状况,因此其适用范围广泛;而狭义审计程序展现的是财务的现状,其适用范围自然狭窄得多。奚玉书对审计程序运用范围的界定,进一步延伸了审计法思想在实践当中的内容。至于"审计程序是否有效,则为另一要题"❺。也就是说,无论是否有实际效果,审计程序施行是不可或缺的。

再次,关于审计程序的调整变化。由于社会处于动态变化之中,审计制度及其程序实践也随之调整。奚玉书认为:"由于麦洛案件之发生,因之引起审计程序之种种改进与变更,系值吾人加以注意。夫审计程序之发展迄今,虽循序渐进,要以视环境而为转移,其中尚有种种技术上及法律上之问题,在平时注意未及,其因事实上发生困难时,则可不得不思合理之解决。"❻"麦洛案件"是1939年1月发生在美国麦洛公司的著名舞弊案件,麦洛公司通过伪造大量会计账册文书,严重违背了财务管理法纪。奚玉书认为:"美国自麦洛案件发生以后,司法界及会计界咸瞩目于此案之发展。当其时也,美国会计学术界,俱有一种印象,认

---

❶ 奚玉书.会计之透视[J].公信会计月刊,1939,1(1):2-7.

❷ 奚玉书.最近美国会计师事业之动态[J].公信会计月刊,1940,4(5):132-133.

❸ 奚奚玉.论会计程序与审计程序[J].公信会计月刊,1941,5(2):35-38.

❹ 奚奚玉.论会计程序与审计程序[J].公信会计月刊,1941,5(2):35-38.

❺ 奚奚玉.论会计程序与审计程序[J].公信会计月刊,1941,5(2):35-38.

❻ 奚玉书.论美国麦洛案件[J].公信会计月刊,1940,3(6):175-176.

为此后之审计程序,将有更弦易辙之举。"❶美国因"麦洛案件"而改革审计程序。在中国,审计程序也一样面临改进的问题,并且考虑审计程序的最低限度,"欲根治一般之误解,确定审计程序上之最低限度标准,乃感必要"❷。也即确定一个基本的考量指标,作为完成审计任务,实现审计目的的参照。

从次,关于审计程序的类型选择。奚玉书认为:"审计系统,由审计部或审计处等机关办理事前审计、事后审计及临时之稽查。"❸但是,事前审计有其优越性,"考事前审计于政府审计之重要,较事后审计为尤甚"❹。也就是说,与事后审计相比,事前审计对政府审计的重要性更加凸显。"盖事前审计足资防患于未然,所以富有积极性,不若事后审计,仅能弊于既发,虽使舞弊者无法含糊逃避责任,终以错误弊端业已铸成,不免发生种种损失,此事后损失所以仅有消极之作用也。事前审计既有防止弊端与错误之作用,此所以各国审计制度均以事前审计为财务监督之重要方法。"❺也就是说,事前审计以其自身的优势,成为政府审计的首选方法或者审计程序类型。

当然,"民国国家审计采取了事前、事后审计和稽察相结合的思想,事前审计主要审查预算与支付命令,事后审计主要审查决算和计算,稽察的对象为一切财政上的不忠不法行为"❻。可见,事后审计也不可或缺,尤其是政府审计。奚玉书认为"查我国政府之审计制度以事前审计、事后审计及稽查为三大因素,各有效益,相辅为用"❼。只不过,三类之中,事前审计优势更明显而已。

最后,关于审计程序施行的相关配合因素。奚玉书认为,审计程序之实施,必须兼及会计制度和内部牵制组织。"倘会计制度不良,内部牵制组织不密,则吾人可断言,其弊端与错误必较多,则审计程序实施时,深有事倍功半之感矣。"❽也就是说,在审计程序执行过程中,如果相关的会计制度不配套,涉及的内部组织不配合,将大大阻碍审计程序的施行效果,降低审计质量,使审计制度的执行力

---

❶ 奚玉书.论美国麦洛案件[J].公信会计月刊,1940,3(6):175-176.

❷ 奚玉书.论美国麦洛案件[J].公信会计月刊,1940,3(6):175-176.

❸ 奚玉书.论计政法规[J].公信会计月刊,1940,4(1):2-4.

❹ 奚玉书.论事前审计[J].公信会计月刊,1940,4(3):68-69.

❺ 奚玉书.论事前审计[J].公信会计月刊,1940,4(3):68-69.

❻ 朱灵通,等.系统论视角下的民国国家审计思想[J].会计之友,2018(10):13-17.

❼ 奚玉书.论事前审计[J].公信会计月刊,1940,4(3):68-69.

❽ 贝蓓芝.奚玉书会计文集[M].上海:立信会计出版社,2014:134.

大打折扣。

概言之,奚玉书从审计程序的运用价值、运用范围、调整变化、类型选择及审计程序施行的相关配合因素等多视角、全方位阐释了审计程序理论,展现了奚玉书作为审计法律思想家的特质。

综上,作为民国后期著名的会计学家,奚玉书也是审计法律思想家,他从小接受了家庭"公道正义"的法律思想启蒙,后来在东吴大学法学院经历了正规的法科教育,深受法学理论思想的熏陶和法律知识体系的塑造,具有牢固的法治观念与法律思维,尽管没有进入法律职场,但是却将法律思想运用到审计会计领域,认定会计师的主要职业是审计,必须遵循审计法律,并在审计实践中实施审计程序,发挥审计对经济发展的鉴证监督作用,更好地为投资者保驾护航。

结　　论

　　民国时期是近代中国探索与建立现代政府审计体制与国家治理体系的重要时期,形成了特有的审计监察理念与较为完整的制度体系,并且紧密结合当时社会经济发展的现实国情而不断完善审计制度及审计技术。实践中,依法审计受到一定程度的重视。归纳起来,近代中国审计法治的发展,除了民国社会对审计需求的政治经济背景之外,其背后的推动力量源自于三大因素:孙中山先生审计监督思想的指引,民国历届审计官员对审计立法与实践的重视,民国众多会计学家兼审计学者们的精心研究与实践。

　　第一,孙中山先生审计监督思想的指引。起源于三民主义及五权宪法理论的审计监督思想,是孙中山先生对中国传统文化价值的认同和传承,并受西方国家治理思想的影响和启发,也是他密切关注社会腐败问题的解决而深入思考的结果。该思想内蕴"权能分治"含义,是民国时期成立监察审计机构及开展审计监督工作的重要理论依据。在从政过程中,孙中山将审计监督思想用于权力监督实践,组建监察及审计机构,制定相关法律规范,开展监察审计工作。南京国民政府时期,随着"五权宪法"的实施,监察审计制度更加完善,监察审计并重的监督体制在国家治理中的地位更加凸显,它有力地监督了当时政府的财政工作,也有效地惩治了官吏贪腐的现象。

　　第二,民国历届审计官员们对审计立法与实践的重视。其一,北洋政府审计处时期,作为民国首任审计处总办,王璟芳重视审计法治建设,主持起草审计法规法令,并且严格执法,凸显审计的规范性,为民国后来历任审计机构负责人从事审计制度建设提供了典范,奠定了基础。其二,北洋政府审计院时期,第一任审计院院长丁振铎,在管理审计院期间,他非常重视审计法治,将审计院内部机构的职责范围及工作程序制度化,并严格落实到审计实践之中。第二任代理院长李兆珍,尽管代理时间只有短暂的三个多月,却正常履行了审计院院长职责,严格依法审计,规范文书格式,改革簿记方式,强调审计的范围和程序,让员工做到态度端正,认真审核材料,推动审计制度逐步完善。第三任审计院院长孙宝琦将重视立法并严格执法作为他从事管理工作的一贯理念。孙宝琦早年曾驻法国、德国等欧洲国家多年,对这些国家的法律制度颇有感触,多次建议本国政府积极立宪,依法治理。而担任审计院院长12年之久的第四任审计院院长庄蕴宽,更是从审计人才队伍建设、审计执法立法及经验总结等规范化方面加强审计管理,推动审计法治化进程。他对自己严格要求,有时不拿薪水,无私奉献;他对下属的监督严而有序,毫不护短,确保了整个审计队伍的良好形象。

到了南京国民政府时期,于右任认为审计院作为国民政府新办机构,其开展活动需要在审计法规完备、审计人员选定等条件具备之后,尤其强调审计和协审人员的专业技能和实践经验,需要不断强化审计院工作人员的思想认识和业务素质。后来,随着国民政府审计体制改革,监察院下设审计部,首任部长茹欲立。在主政审计部期间,茹欲立重视审计法制建设,依法审计;无论是审计程序,还是实体事项,茹欲立都要求按照已有审计法及施行细则的规定来做,规矩意识非常强。第二任审计部部长李元鼎认识到审计工作对法制的需求度非常高,审计工作与法律法规的密切关系,所以在他执政审计部以后,密切关注审计的法制化建设,促使审计部加强法规的制定,并严格依法审计。而末任审计部部长林云陔根据战时情形,不断因地制宜变革审计制度,先后推广巡回审计、就地审计还推动修订《审计法》等一系列法律,并一直恪守审计工作的原则,始终坚持厉行审计制度,对抗战时期国家审计监督有一定的功绩。

第三,民国审计法治的进步,离不开众多会计学家兼审计学者们的精心研究和实践。20世纪初,中国会计师审计制度诞生,一批注册会计师开展了大量的审计实践活动。广大会计师在开展业务的过程中对会计审核的基础理论进行了探索,自行设计了《委托书》《证明书》《查账报告书》等审计文书,逐步形成了会计师审计制度。并且,相继成立了一批会计师事务所,开展审计工作,执行审计制度,审计法治得到有效推行,具体表现在以下四个方面。

其一,倡导借鉴世界上先进的审计制度。在湖北籍的会计师杨汝梅看来,中国的审计制度尤其应该吸纳德国的精神。杨汝梅的这一主张,站在世界法制发展的高度,选取优秀立法典范德国法为蓝本,是非常有见地的思想和智慧之举。的确,自近代以来,德国法以体系完整、用语精确等特点赢得了世界地位。民国时期,中德关系友好,立法效仿德国居多,审计制度也不例外。另一会计师徐永祚专门撰写了《英美会计师事业》一书,介绍了英美等国的会计师制度,以及日本的《会计士法草案》《会计士会章程》《会员资格试验规则》《实务修习规则》等审计法规,在国内开展了审计制度的广泛宣传。

其二,主张实施会计师制度等系统工程。谢霖是跨越法律与会计的复合型人才。作为著名的会计师,谢霖的首要贡献当在会计师制度设计方面,以此对会计师的资格条件、工作程序等予以规范。民国初期,在谢霖的极力推动之下,会计及审计逐渐步入法律化的进程。而会计师的主要职责在于民间审计或社会审计,因此,会计师制度实际上也是审计制度。在中国近代审计学家的名录里不能不有潘序伦和谢霖的名字,他们设计会计师制度,奠定审计制度基础;组建会计师事务所,开展民间审计业务;进行理论教学研究,培养民间审计人才。

其三,建议发挥审计人员效用的配套制度。如何使审计人员能安心供职且能适应制度发展的需要,如何使审计人员能充分发挥其效能? 对于这些问题,近代政府审计专家蒋明祺均有精深的研究。在他看来,职位分类制度、工作标准制度及工作竞赛制度都有助于审计人员安心工作,但还要进一步实施审计人员保障制度,才能促使其更加安心工作。与此同时,蒋明祺从事政府审计工作多年,审计实务经验丰富,理论功底深厚,他对政府审计定义、审计组织机构、审计人员、审计职权、审计法规等都有独到的思想见解,这些思想不仅促进了近代政府审计理论和实务的发展,对于今人构建当代的具有中国特色的国家审计理论体系也有着历史借鉴意义。

其四,认为审计必须遵循审计法律。作为民国后期著名的会计学家,奚玉书也是审计法律思想家,他从小接受了家庭“公道正义”的法律思想启蒙,后来在东吴大学法学院经历了正规的法科教育,深受法学理论思想的熏陶和法律知识体系的塑造,具有牢固的法治观念与法律思维,尽管没有进入法律职场,但是却将法律思想运用到审计会计领域,认定会计师的主要职业是审计,必须遵循审计法律,并在审计实践中实施审计程序,发挥审计对经济发展的鉴证监督作用,更好地为投资者保驾护航。

此外,民国时期的最高审计官员几乎都是清正廉洁的楷模,除了孙宝琦,还有北洋政府首任审计院院长丁振铎、任职12年之久的庄蕴宽、国民政府审计院院长于右任、首任审计部部长茹欲立等。他们无一不是刚毅禀直与清正廉洁的模范。尽管当时的政治经济环境恶劣,他们却出污泥而不染,坚定地坚持原则,秉持清廉,即使个人和家庭生活困难,也不向国家伸手要扶持,他们的为官品格值得当下的我们学习。另外,从民国最高审计官员大多愤然离职的史实,我们不难推测民国审计作用的发挥受到了极大的限制,甚至是失控的状态,这与民国时期政权动荡、经济失控的社会背景是相一致的。

后　记

本书稿是由我牵头的学校审计文化与教育研究院学术规划"民国审计文化研究系列"之一,也是团队成果的一部分。2018年年初,根据学校工作安排,我来到审计文化与教育研究院。从此,我的研究领域从民国司法拓展到民国审计,也意味着我从民国司法研究转入相对全新的领域,具有一定的挑战性。虽然同属一个历史时段,毕竟"隔行如隔山",我努力熟悉审计领域的基本理论,试着从民国审计法规资料选编为切入点,逐渐涉猎民国审计的浩瀚领域。

该选题就定于我来审计文化研究院工作的当年。在从事本校课题研究的过程中,我萌生了撰写本书稿的想法,研究思路在2019年下半年已经考虑成熟,本书稿的整体框架也已经于2020年上半年基本敲定,计划完成28万字的著作,组织民国法团队撰写,任务分到每个成员头上。随即开始实施写作计划,直到2021年3月份,本书稿的初稿草成,共27.8万字,经过近3个月时间的修改,书稿定名为《近代中国审计法治的推动力量——以民国审计人物为例的考察》。

本书的撰写,得益于民国审计研究团队的共同努力,他们是:

谢冬慧,南京审计大学审计文化研究院,教授,博士。

朱灵通,浙江科技学院经济与管理学院,教授,博士。

方宝璋,莆田学院商学院,教授,博士。

李相森,南京审计大学法学院,副教授,博士。

许梦阳,南京审计大学审计文化研究院,讲师,博士。

夏寒,南京审计大学政府审计学院,副教授,博士。

以上人员,除了方宝璋教授年岁已高,其他四位才俊是我最密切的合作伙伴,他们都实质性地参与了本书的撰写工作,大大地分担了我的压力,在此深表谢意。

本书在酝酿设计过程中,得到了学校分管领导的大力支持,得到原博物馆馆长肖建新教授的精心指导,得到了博物馆领导和老师们的大力支持和帮助,在此一并致谢。本书将由知识产权出版社公开出版,多谢策划编辑于晓菲、责任编辑张珑及执行编辑苑菲等不辞辛劳的校对和审核工作,在此,我们致以衷心感谢。

"雄关漫道真如铁,而今迈步从头越",尽管我们在撰写的过程中,因史料的局限,很多困难萦绕,但是,只要能够将审计文化的研究向前推进一步,我们的工作就非常有价值,也诚恳地希望学界朋友多多批评斧正。

谢冬慧

2021年10月